高等院校公共基础课系列教材

大学生就业指导

第 3 版

主　编　胡钟华　竺照轩
副主编　许鲁挺　李浪浪
参　编　马海燕　毛　腾　方　舟
　　　　王其全　朱　蕾　李　昭
　　　　陈　雯　杨文澜　周宝松
　　　　钱　舒　徐增鎏　戴俊豪

机械工业出版社

本书以大学生就业、创业指导为主线，结合美术类专业大学生这一群体的个性特点和专业特色，参考国内外就业、创业指导的做法，以理论分析和案例指导并举为编写原则，共分8章，即大学生的就业形势和政策、美术类专业的职业发展形势、适应大学生活与提升综合素质、大学生职业生涯规划、求职择业的方法与技巧、大学生创业、网络创业概论和职业艺术家指导，全面介绍了美术类大学生就业、创业的基本知识和技能。本书对于大学生，尤其是美术类专业大学生的就业和创业，具有较强的指导性。

本书的读者对象为高校大学生及大学生就业与创业指导课程教师、辅导员，大学生就业指导工作人员等。

为了方便教学，本书配备电子课件等教学资源。凡选用本书作为教材的教师均可登录机械工业出版社教育服务网 www.cmpedu.com 下载，咨询电话：010-88379375。

图书在版编目（CIP）数据

大学生就业指导／胡钟华，竺照轩主编．—3版．—北京：机械工业出版社，2020.7（2022.5重印）
高等院校公共基础课系列教材
ISBN 978-7-111-65585-5

Ⅰ.①大… Ⅱ.①胡… ②竺… Ⅲ.①大学生—就业—高等学校—教材 Ⅳ.①G647.38

中国版本图书馆 CIP 数据核字（2020）第 077723 号

机械工业出版社（北京市百万庄大街22号　邮政编码100037）
策划编辑：杨晓昱　　　　　责任编辑：杨晓昱
责任校对：张莎莎　梁　静　封面设计：马精明
责任印制：刘　媛
北京盛通商印快线网络科技有限公司印刷
2022年5月第3版第4次印刷
184mm×260mm・11.5印张・254千字
标准书号：ISBN 978-7-111-65585-5
定价：36.00元

电话服务　　　　　　　　　　网络服务
客服电话：010-88361066　　　机　工　官　网：www.cmpbook.com
　　　　　010-88379833　　　机　工　官　博：weibo.com/cmp1952
　　　　　010-68326294　　　金　书　网：www.golden-book.com
封底无防伪标均为盗版　　　机工教育服务网：www.cmpedu.com

序

大学生就业是当今我国社会的热门话题。每年都有数百万的大学生告别大学生活，走上社会，开始自己的职业生涯。如何认识就业、如何理解就业、如何进行就业，都需要大学生们去学习、去思考、去实践、去适应。

受多种因素的综合影响，大学生就业市场的严峻形势已众所周知。特别是在当前我国经济结构处于转型时期，高校就业工作面临更多新的挑战和机遇。

从目前我国大学生就业市场的现状来看，存在着供求失衡、地区失衡、产业结构和学历需求差异较大等现象，这在一定程度上使毕业生在就业市场中面临着极大的挑战。可喜的是，一方面，党中央、国务院高度重视，明确提出把毕业生就业摆在当前就业工作的首位，并相继制定和出台了一系列促进毕业生就业的重大政策和措施。各地党委、政府也以空前的力度推动高校毕业生就业工作。另一方面，"市场导向、政府调控、学校推荐、学生与用人单位双向选择"的市场化就业机制逐渐完善，这有力地促进了人力资源的合理使用和调配，对经济社会的发展起到了重要作用，同时也使大学生的择业意识、观念、标准、渠道和技巧发生了明显的变化。因此，从国家经济社会发展的总趋势来看，大学生就业的前景总体上是光明的。

大学生顺利就业，需要多方的支持和配合，其中大学阶段的就业指导与服务至关重要。提供就业指导与服务，不仅仅是表层意义上的向毕业生提供就业信息和向用人单位推荐毕业生就业，更是深层次意义上的职业辅导与服务。与其他专业的大学生相比，美术类专业大学生在就业活动中有其独特性。因为美术类专业的特殊性、多样性、开放性、自由性、创新性和专一性，使得美术类专业大学生思想活跃、个性鲜明、情感丰富、富有创造性。他们追求个性，崇尚自由，但不善于深入而细致地进行理性分析，缺乏具体的市场分析与调研能力。因而，美术类专业大学生在就业过程中存在着就业口径不够宽阔、就业行业与专业依附性较单一的现象。因此，如何有效地做好美术类专业大学生的就业指导与服务就尤为重要。

本书此次修订整体上是以理论分析与案例指导并举为编写原则，结合当前就业创业的时事政策，突出实用性和针对性。根据美术类专业大学生这一群体的特点和求职择业的需求，并参考国内外就业指导的做法，在内容编排上通过案例分析、实训练习设计，介绍了美术类专业大学生就业的基本知识和技能，使美术类专业大学生从中获得就业的基本知识，提高就业能力。

2014年中央文艺工作座谈会上，习近平总书记指出："实现'两个一百年'奋斗目标、实现中华民族伟大复兴的中国梦，文艺的作用不可替代，文艺工作者大有可为。"相信通过本书的指导，通过自身的努力，大学毕业生们一定会在挑战中把握机遇，展示自己的才华，打拼出一片属于自己的天地。

中国美术学院 钱晓芳

前言

本书第 2 版已出版 5 年了。在这 5 年间，就业形势发生了很大变化。高校应届毕业生人数屡创新高，2020 年毕业生人数已经达到 874 万，政府对大学生就业问题投入了更多的关注。大学生就业指导服务体系，已经不仅仅是向毕业生提供就业信息和向用人单位推荐毕业生就业，而是深层次意义上的职业生涯规划、职业指导与服务。特别是近几年，大学生创业已经成为社会上一个热门话题。在这个"大众创业、万众创新"的时代，伴随着互联网产业的兴起、国家对大学生创业政策的不断完善，大学生创业已经成为一个时代的命题，一种新的就业选择。

本书的内容当然也需要适应时代的发展进行修订。修订的总体原则是以理论分析与案例指导并举而展开，结合当前就业和创业的时事政策，将大学生创业教育引入教材，突出实用性和针对性。在修订的过程中，我们认真学习了党中央、国务院关于加强大学生就业、创业等一系列文件精神，对各章内容均做了修订和补充，其中最大的调整是增加了大学生创业案例的相关内容，以便为大学生们提供可借鉴的诸多信息。其他部分对数据和政策进行更新和梳理，使行文更准确。基本修订情况：全文更新了近几年来大学生就业的整体形势，更新了部分与就业相关的数据和政策；第 3 章和第 4 章更新了部分案例；第 6 章和第 8 章更新了相关案例。

本书在修订过程中，借鉴、参考了大量国内外就业指导方面的文献资料，在此对原作者表示感谢。由于水平有限，书中难免有错漏及不妥之处，敬请读者和专家批评指正。

编　者

目 录

序
前言

第1章 大学生的就业形势和政策 / 001
1.1 大学生就业形势 / 002
　　1.1.1 当前大学生就业的基本情况 / 002
　　1.1.2 大学生就业的前景展望 / 004
1.2 大学生就业政策概述 / 007
　　1.2.1 当前大学生就业制度的特征 / 007
　　1.2.2 现行就业政策框架下的制度摘要 / 010
1.3 鼓励、支持大学生创新创业的政策措施 / 023
　　1.3.1 国家、地方出台的创新创业相关文件 / 023
　　1.3.2 大学生自主创业可享受的优惠政策 / 025
【思考与练习】/ 027

第2章 美术类专业的职业发展形势 / 028
2.1 美术类专业的职业特征 / 029
2.2 美术类专业的职业发展前景 / 029
　　2.2.1 造型艺术类专业的职业发展前景 / 029
　　2.2.2 设计类专业的职业发展前景 / 031
　　2.2.3 美术理论类专业的职业发展前景 / 033
2.3 文化创意产业——艺术类毕业生就业创业的新天地 / 034
　　2.3.1 文化创意产业的内涵 / 034
　　2.3.2 文化创意产业的范围 / 035
　　2.3.3 国外文化创意产业的发展状况 / 037
　　2.3.4 我国部分城市文化创意产业的发展概况 / 038
【思考与练习】/ 041

第3章 适应大学生活与提升综合素质 / 042
3.1 尽快适应大学生活 / 043
　　3.1.1 适应新的环境 / 043
　　3.1.2 实现角色的转换 / 044
　　3.1.3 做好大学生活规划 / 045
　　3.1.4 安排好课余时间 / 046
3.2 认真制订学习计划 / 046
　　3.2.1 计划是成功的一半 / 047
　　3.2.2 不同年级的学习特点和目标 / 047
3.3 着力提升综合素质 / 048
　　3.3.1 提高艺术类学生对复合型人才重要性的认识 / 048
　　3.3.2 提高艺术类学生的思想道德素质 / 049
　　3.3.3 提高专业和文化理论素质 / 050
　　3.3.4 加强身体和心理素质的培养 / 051
　　3.3.5 做好"第二课堂"学习计划 / 051
案例1 / 053
案例2 / 053
【思考与练习】/ 054

第4章 大学生职业生涯规划 / 055
4.1 职业生涯规划的基本概念及相关理论 / 056
　　4.1.1 职业生涯规划的基本概念 / 056
　　4.1.2 职业生涯规划的相关理论 / 059
4.2 如何进行大学阶段的职业生涯规划 / 062
　　4.2.1 认识自我 / 062
　　4.2.2 认识职场环境 / 073
　　4.2.3 制订职业生涯规划书 / 075
4.3 大学生职业生涯管理 / 079
　　4.3.1 大学生职业生涯管理的内容 / 079
　　4.3.2 大学生职业生涯管理的方法 / 082
案例1 / 082
案例2 / 083
【思考与练习】/ 084

第5章 求职择业的方法与技巧 / 086
5.1 求职择业的准备 / 087
　　5.1.1 观念准备和心理准备 / 087
　　5.1.2 知识准备和能力准备 / 090
　　5.1.3 求职择业的材料准备 / 093
5.2 求职择业信息的搜集 / 099
　　5.2.1 求职择业信息搜集的基本原则 / 099

5.2.2 求职择业信息搜集的途径与方法 / 100
5.2.3 求职择业信息的处理 / 102
5.3 求职择业的基本流程 / 104
　5.3.1 自荐 / 104
　5.3.2 笔试 / 106
　5.3.3 面试 / 107
5.4 求职择业中的自我保护 / 110
　5.4.1 签约 / 110
　5.4.2 派遣与报到 / 114
　5.4.3 常见的侵权和违法行为 / 116
　5.4.4 劳动争议 / 117
案例 1 / 117
案例 2 / 117
案例 3 / 119
案例 4 / 120
【思考与练习】/ 121

第 6 章　大学生创业 / 122

6.1 扩大就业新战略，以创业带动就业 / 123
6.2 大学生创业的内涵及现状分析 / 124
　6.2.1 大学生创业的内涵 / 125
　6.2.2 大学生创业的现状分析 / 125
　6.2.3 大学生创业的认识误区 / 126
6.3 大学生创业素质的构成 / 128
　6.3.1 心理准备 / 128
　6.3.2 知识准备 / 129
　6.3.3 能力准备 / 130
6.4 大学生创业的实践宝典 / 131
　6.4.1 良好的企业构思 / 131
　6.4.2 准确的市场评估 / 132
　6.4.3 高效的人员组织 / 133
　6.4.4 充裕的投资资金 / 134
　6.4.5 翔实的计划文本 / 136
　6.4.6 便捷的注册流程 / 137
案例 1 / 138
案例 2 / 140
案例 3 / 142
案例 4 / 144
【思考与练习】/ 147

第 7 章　网络创业概论 / 148

7.1 网络创业的概念、本质及类型 / 149
　7.1.1 网络创业的概念及本质 / 149
　7.1.2 网络创业的类型 / 149
　7.1.3 网络创业的发展趋势 / 152
　7.1.4 网络创业就业现状 / 153
　7.1.5 网络创业就业特点 / 153
　7.1.6 网络创业就业趋势 / 153
　7.1.7 网络创业 SWOT 分析 / 154
7.2 电子商务创业的概念、本质及类型 / 156
　7.2.1 电子商务创业的概念及本质 / 156
　7.2.2 电子商务创业的类型 / 157
7.3 创业意识评估——企业创办前的必要条件 / 157
　7.3.1 将自己作为创业者来评价 / 157
　7.3.2 为企业创设一个优秀的构思 / 158
案例 1 / 158
案例 2 / 159
案例 3 / 160
案例 4 / 161
案例 5 / 161
【思考与练习】/ 162

第 8 章　职业艺术家指导 / 163

8.1 走向艺术市场 / 164
　8.1.1 市场的挑战 / 164
　8.1.2 创作（设计）自由与走向市场 / 164
8.2 职业艺术家的自我市场形象塑造 / 166
　8.2.1 心中有相应的艺术消费受众 / 166
　8.2.2 具有精品意识 / 167
　8.2.3 形成鲜明的风格 / 168
　8.2.4 注重自我"包装" / 168
　8.2.5 保持艺术家的人格 / 170
8.3 职业艺术家的公关意识 / 171
8.4 与艺术商界的合作 / 172
案例 1 / 173
案例 2 / 173
【思考与练习】/ 173
附　录 / 174
参考文献 / 177

第1章
大学生的就业形势和政策

  大学毕业生是宝贵的人力资源，他们能否充分就业，关系到我国高等教育所培养的人才能否充分发挥作用，关系到人民群众的切身利益和社会稳定，关系到国家的科技发展、经济发展、文化发展，关系到教育事业的深化改革和持续发展问题。

1.1 大学生就业形势

伴随着我国高等教育改革的深入和发展,从 1999 年高校扩招以来,2020 年大学毕业生总人数达到 874 万人,大学毕业生就业所面临的形势是十分严峻的,概括起来就是挑战性、竞争性、紧迫性和艰巨性等特点并存。大学生就业面临的问题,各国都有,可以说是一个世界性的难题。

就我国来讲,现在的主要矛盾,是劳动者充分就业的需求与劳动力总量过大,以及素质不相适应的矛盾。我国传统工业的改造、软化和升级,贸易进出口扩大和第三产业发展,以及各种产业的蓬勃发展为人才成长提供了广阔的空间,促使人才在更大范围内择业,人才的争夺加剧,人才的地位不断提高。在高校毕业生就业机会增多的同时,就业难度也在不断增大。随着高新技术企业的飞速发展,对高新技术人才的需求量也将大大增加。而传统专业人才则面临着转型升级。用人单位的标准将会越来越严格,英语、计算机水平已经成为就业基本条件。从人才流向看,留学人员的大批回流,台湾、香港、澳门地区的高校毕业生也会在内地寻找发展机会,这些势必会给内地高校毕业生就业带来一定压力。

1.1.1 当前大学生就业的基本情况

就高校毕业生来讲,当前就业面临的总体情况大致呈现以下特点。

1. 高校毕业生人数不断增加

从 1999 年开始高校已连续多年扩大招生规模,2003 年全国高校毕业生总数达 212.2 万人,比上年增长 46.2%。2010 年全国高校毕业生为 631 万人,2015 年全国高校毕业生为 749 万人,2020 年全国高校毕业生为 874 万人,加上过去数年未能就业的一部分毕业生沉淀到下一年度竞争就业岗位,毕业生就业压力进一步加大。

发展高等教育,实现高等教育的大众化,使尽可能多的国民接受高等教育,可提高劳动者素质和劳动技能水平,是国民对高等教育的极大需求,也是社会经济发展对高等教育的迫切需要,同时有助于让劳动适龄青年接受高等教育,缩短社会劳动力就业总年限,降低就业压力。高校毕业生就业难的问题是我国现阶段社会劳动力供求失衡问题的一部分,高校毕业生的规模在近期不会降下来,毕业生就业面临的竞争压力将会一直存在,如图 1-1 所示。

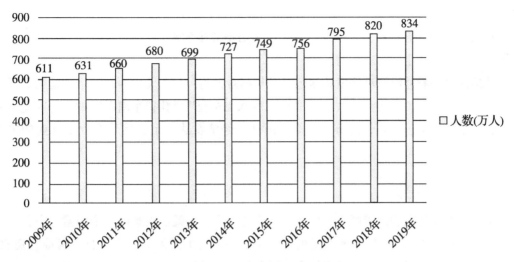

图 1-1 2009—2019 年全国高校毕业生人数

从图 1-1 可以看出，2009 年以来全国高校毕业生呈逐年递增之势，2019 年全国毕业生总数为 834 万人。相关统计数据表明近年来全国高校毕业生的初次就业率在 70%～80% 之间。不断增加的毕业生人数，再加上往届没有就业的人数，加剧了高校毕业生的就业压力。

2. 受客观环境的制约

国际政治经济形势复杂多变，这些变化会通过各种渠道传导到国内，从而对国内的经济和就业产生影响。在经济方面，经历过 2008 年的金融危机之后，美国经济的逐渐复苏和欧洲债务危机的逐渐化解都增强了世界经济发展的动力，有利于我国扩大对外贸易和出口，从而带来就业的增长；而印度、巴西、俄罗斯和南非等金砖国家和新兴经济体的增长乏力又会减弱对我国出口产品的需求，从而直接或间接影响到我国的经济增长和就业。

我国改革开放 40 多年来，经济长期保持了高速增长的水平，1978—2013 年经济增长的平均增速达到了 9.8%。然而，我国宏观经济面临三期叠加，潜在增长率将明显下降，2012 年和 2013 年的经济增长率均在 7.7% 左右，2014 年我国经济增速在 7.4% 左右。2015—2018 年经济增速都在 6%～7%。我国经济增速回落属于向新常态的过渡，将逐步由高速回调至中高速增长平台，这种增速的放缓必然会给就业增长带来一定的压力。

3. 供需矛盾突出

毕业生供需结构矛盾较为突出。从行业对人才的需求来看，热门行业供大于求，而艰苦行业，却供小于求。

从全国劳动力的供求关系来看，最大的特点是中西部劳动力供不应求，东部劳动力供大于求。特别是中西部边远地区、中小城市、艰苦行业的基层一线单位对人才的需求量很大，非常希望接收到高校毕业生，但年年要人却年年要不到人，即使分配去的毕业生也容易流失。

从用人单位的需求看，对重点院校、高学历毕业生的需求量相对较大，对地方高校、学历层次低的毕业生的需求相对较少。

从地区之间看，沿海经济发达地区需求量相对大些，而东北、西北、中部地区的部分省市需求量相对较少。毕业生就业中"一江春水向东流""孔雀东南飞"的趋势将越来越明显，北京、天津、广东、江苏、上海、浙江等经济发达省市仍然是毕业生就业的主要流向。

4. 就业期望值过高

毕业生的就业期望值居高不下仍然是目前高校毕业生就业困难的一个因素。在就业市场上实际表现为用人单位难招到合适的人，大量的毕业生又无工作可做的"两难"现象，这是因为毕业生的就业期望值普遍较高。毕业生要想顺利就业就必须首先根据自己的实际情况和就业形势，调整自己的就业期望值。调整就业期望值不是对单位没有选择，也不是有单位就去，而是要在规划职业生涯和树立职业发展观念的基础上重新确定自己的人生轨迹，要树立长远的职业发展观念，放弃过去那种择业必须"一次到位"、要求绝对安稳的观念。在当前获得一个理想职业的时机还不成熟时，应采取"先就业，后择业，再创业"的办法，通过正当的职业流动，来逐步实现自我价值。

5. 能力素质不够

毕业生的能力素质与用人单位的用人要求存在较大的差距，这加大了毕业生的就业难度。现在用人单位对高校毕业生的敬业精神、职业道德、思想道德觉悟和能力素质水平都提出了越来越高的要求，不仅要求毕业生诚实守信、勤奋敬业，而且还要求有开拓创新精神、团队意识、良好的心理素质和社会适应能力。用人单位重视毕业生的人品和能力。不少用人单位对毕业生持"宁缺毋滥"的态度。

1.1.2 大学生就业的前景展望

尽管当前大学生就业还面临着不少困难，有些困难可能还需要较长时间的调整，但是从国家社会经济发展的总趋势来看，大学生就业的前景总体上是乐观的。

1. 经济增长与产业结构转型将为大学生就业提供广阔的空间

作为一个拥有近14亿人口的大国，其潜在的经济需求是巨大的。通过40多年的改革开放，这些需求已经被成功启动，首先在大中城市，然后是沿海的小城市与农村地区，随之而来的是广阔的中西部地区。中国同时兼具农业社会向工业社会转型、工业社会向信息社会转型的特征，工业基础设施与信息基础设施的建设都是关键的经济发展平台。在未来很长的一段时间内，伴随着我国经济结构的调整，对大学毕业生的需求将会更大。全球竞争以及中国整体生活水平的提升导致中国不能永远享受劳动力成本的优势，产业结构升级是必然趋势，对受过高等教育的专业人员的需求将有比较大的空间。一个突出的例子是国家创新战略，这有助于我国形成高端劳动力群体。可以说，我国的经济发展与产业结构调整初步进入了一个良性循环的状态，这为大学毕业生就业提供了广阔的空间。

2. 政府就业政策的持续完善和优化将创造良好的就业环境

党和政府对高校毕业生就业高度重视，因势利导，统筹安排。每年国家根据不同的就业形势，出台相应的就业政策和措施，为引导、协调、安排毕业生就业提供了有力的保障；各级党委、政府和学校都成立了专门的就业服务机构，大力拓宽毕业生就业渠道，最大限度地保障毕业生优先就业。政府就业政策的持续优化将会为大学毕业生从学校到工作的转换创造更好的就业环境。政府消除对高校毕业生供给与需求的政策抑制，建立全国统一的大学生就业市场，实施大学生自由就业制度，在全国范围内取消对大学毕业生（含高职毕业生）的一切户口指标限制和人事指标限制以及各种各样显性或隐性的行政限制，打破大学毕业生就业市场的行政分割，促进大学毕业生无障碍就业和自由流动，优化我国高素质人才的配置机制，提高资源配置效率，维护就业市场稳定，促进经济增长。此外，为鼓励大学毕业生到特定的地区就业或从事特定的职业，实施高校毕业生人力资本投资收益的补偿机制（国际惯例）。我国自2003年起开始实施就业激励政策，并且取得了显著的成效，这些政策在2004年以后得到进一步完善和强化。国务院规定，政府支持的西部大开发、振兴东北地区等老工业基地、国家西部地区"两基"攻坚等重大项目，要积极吸纳高校毕业生。加大实施"大学生志愿服务西部计划"力度，扩大由中央财政支持的西部志愿者规模。国家就业激励政策的实施将会更有效地支持国家整体人力资源发展战略，支持国家经济和社会发展战略的要求，最终实现个人、用人单位和国家"三赢"的结果。

3. 高校专业结构和人才培养的调整，提升了大学毕业生的综合竞争能力

目前，我国高等教育已由"精英化教育"迈向"大众化教育"，如何提高人才培养质量，如何实现大学教育与社会经济发展互利互动，特别是如何围绕以市场需求为导向进行的专业结构调整已经成为一项重要课题。

在教学模式上，参与型教学、实践型教学、通识型教学、研究型教学、能力型教学等都在不断尝试，目的是使大学毕业生所学知识能更好地适应市场需求。

在人才培养模式上，各高校紧密联系社会经济发展的实际情况，合理配置教学资源，培养适应市场需求的人才，强化对外部市场的反应速度和能力，增强大学的人才培养的质量和竞争能力，增强大学的投入和产出的效率，提升大学生的就业能力，以消除大学生劳动力市场上的结构性失业问题。

在职业指导模式上，各高校纷纷统筹现有的信息网络资源、政府资源、社会资源、行业资源、校友资源等，及时将各种有利于就业创业的信息传递给大学生。通过讲座、座谈、论坛等方式使大学生更好地了解各种就业、创业的政策与环境。通过模拟实训、案例分析等多媒体手段帮助大学生提高就业、创业能力。同时把创新、创业教育纳入专业教学课堂，了解本专业与社会需求间的关系，进而使大学生明确自己的职业规划。

4. 毕业生就业服务保障体系逐步完善

在职业指导服务方面，大学充分利用学校就业中心的信息网络，充分利用校友的人脉资源，及时有效地将社会招聘信息传递给大学生，帮助大学生了解就业环境；借助讲座、座谈、案例、演示等手段帮助大学生了解职业市场要求，改进他们展示专业水平的能力；大学寻求建立与用人单位之间的伙伴关系，理解社会需求，并将其转换传递给各个具体的教学和研究部门，然后这些部门基于社会的需求创新课程、创新专业甚至创新大学。通过全方位的职业指导与服务，增强大学生从学校到工作的"市场能力"。

5. 党和政府各项政策和措施，逐步转变大学生就业的传统观念

面对重重困难，该如何打破大学生就业难的魔咒？树立正确的就业观念是根本。只有观念变了，才有行动的改变；而国家各种优惠政策的出台也催化了大学生就业观念的改变。

从观念来看，长期以来形成的观念严重束缚了一代代中国人，即上大学的目的就是要出人头地，这造成了"公务员热""出国热"等现象。同时伴随社会经济的高速发展，优势资源越来越往中心城市集中，尤其是东部沿海城市，许多大学生不愿离开大城市到小城市、县城或乡镇去工作。由此看来，引导当代大学生树立正确的就业观念，对自我进行正确的认知和定位不容忽视。

为此，中央有关部门积极行动，相继制定和出台了一系列促进大学毕业生就业的重大政策和措施，拓宽了就业门路，在鼓励大学毕业生到城乡基层、中西部地区和中小企业就业，鼓励自主创业，鼓励骨干企业和科研项目单位吸纳和稳定高校毕业生就业、毕业生入伍预征工作等方面取得了新的突破。各地党委、政府也以空前的力度推动高校毕业生就业工作。在党和政府的倡导下，越来越多的大学生逐步转变就业观念，开始从自身实际入手，关心自己的未来职业，自觉地面对就业，并积极地尝试通过其他渠道就业。当然，思想的转变需要一个过程，只要国家出台更多的

信心比黄金更重要

利好政策和措施，学校加强培养学生的职业理念和规划，那么，当代大学生必能对自我进行重新定位，也定能在全球化的大浪潮下干出自己的一番事业。

1.2 大学生就业政策概述

随着我国政治、经济、科技、教育和劳动人事等体制改革的不断深入，国家对高校毕业生的就业制度也分步骤、分层次地进行了改革，逐步走向了市场化：由"统包统分"发展到了"双向选择"，再到20世纪90年代末的"自主择业"。近几年，随着大学的大规模扩招，大学生就业形势日益严峻，为此，包括鼓励自主创业和到基层就业等一系列措施出台，大学生分配制度改革继续深化。

1.2.1 当前大学生就业制度的特征

就业制度是指直接或间接与劳动者就业相联系的规则、程序的总称。它有广义和狭义之分，广义的就业制度包括雇佣解雇制度、用工制度、就业培训制度及就业服务制度等。而狭义的就业制度主要指雇佣解雇制度和用工制度。一般意义上的就业制度仅指狭义的就业制度。

现行大学生就业制度是以市场为主要人力资源配置方式的毕业生就业制度，其主要内容包括毕业生就业的基本方针、国家关于毕业生就业的主要政策、不同类型毕业生的特殊就业政策及毕业生就业的有关具体规定。

大学生市场化就业政策实施之后，促进了人力资源的合理使用和调配，对经济发展起到了重要作用。

1. 计划经济下的"统一分配"（1978—1987年）

在计划经济体制下，由于我国各地区高等教育发展不平衡以及大学生作为我国经济振兴的科技型人才高度缺乏，大学毕业生的工作由政府有计划地统筹安排，即国家根据需要对大学生集中调配，安排在国家最需要发展的领域及行业。

但"统一分配"在一定程度上影响了人才的合理使用、合理流动，影响了用人单位择优选拔的自主权和积极性，影响了大学生的竞争意识、自主意识的培养。

1985年5月27日，中共中央颁布了《中共中央关于教育体制改革的决定》，这是发展我国教育事业的纲领性文件。1986年，原国家教委出台《高等学校毕业生分配制度改革方案》，提出高等学校毕业生分配制度改革的目标是，在国家就业方针政策指导下，逐步实行毕业生自主择业、用人单位择优录用的双向选择制度，逐步把竞争机制引向高等学校。

2. 改革深化下的"双向选择"（1988—1997年）

20世纪90年代，上大学最大的变化是从"两包"到"两自"。"两包"，即考生上大学学费由国家包下来，毕业后由国家包分配。"两自"，即学生上大学要自己缴费，毕业后要自主择业。实际上，从20世纪80年代中后期，国家已开始酝酿大学生就业制度的改革,这一改革过程与收费制度基本一样,持续了较长时间。

自1987年开始,大学生分配制度改革开始被尝试,清华大学走在了最前面。1989年,国务院批准了原国家教委提出的《高等学校毕业生分配制度改革方案》,逐步实施"毕业生自主择业,用人单位择优录取"的双向选择制度。1994年以后,全国大部分院校实行了该制度。

随后,大学生分配制度改革进行了进一步探索。1993年2月,中共中央、国务院颁布了《中国教育改革和发展纲要》,其中明确指出高等学校毕业生就业制度的改革目标是:改革高等学校毕业生"统包统分"和"包当干部"的就业制度,实行少数毕业生由国家安排就业,多数毕业生由学生"自主择业"的就业制度。

为落实《中国教育改革和发展纲要》中关于加快教育改革的要求,1994年,原国家教委发出《关于进一步改革普通高等学校招生和毕业生就业制度的试点意见》,改变学生上学由国家包下来,毕业时国家包安排工作的做法。同时引导学生毕业后参与劳动力市场的竞争,国家不再以行政分配主导而是以方针政策指导,以社会就业需求信息引导毕业生自主择业。同年,原国家教委推行高校招生并轨改革试点。自此,大学生就业进入了学生自主择业的市场化进程。

3. 市场经济"自主择业"(1998年至今)

自1999年高校扩招以来,我国的高等教育事业取得了长足的进展,到2010年大学毕业生达到631万人。而同时,随着我国加入WTO,国有企业体制改革深化,源源不断的农村劳动力涌入城市,中国的劳动力市场产生了史无前例的矛盾和困难,大学生就业难的问题开始显现。政府在大学毕业生的就业问题上给予了高度重视,国务院及各部委出台了多项针对大学生就业的政策,采取了一系列措施,从多个方面缓解了大学生就业难的问题。

2002年3月,国务院办公厅转发了教育部、公安部、人事部、劳动和社会保障部《关于进一步深化普通高等学校毕业生就业制度改革有关问题的意见》,对中、东部地区的毕业生到西部地区工作的户籍管理、工资定级,到非公有制单位就业的高校毕业生的集体户口的审批条件,企业用人自主权等方面给出了详细的规定。

2003年,共青团中央、教育部、人事部发起"大学生志愿服务西部计划",每年招募一定数量的普通高校应届毕业生,到西部贫困县的乡镇从事为期1~2年的志愿服务工作。

2005年7月,中央办公厅、国务院办公厅下发《关于引导和鼓励高校毕业生面向基层就业的意见》。部分省(区)市先后启动了大学生村官计划。到2008年2月底,全国28个省(区)市启动大学生村官计划。

从2006年开始连续5年,中共中央组织部等八部委联合发起"三支一扶计划",每年招募选拔2万名高校应届毕业生,主要安排到农村基层从事2~3年的支教、支农、支医和扶贫工作。

2006年,教育部、财政部、人事部、中央编办四个部委发起"农村义务教育阶段学校教师特设岗位计划",公开招募高校毕业生到西部"两基"攻坚县以下农村义务教育阶段学校任教,引导和鼓励高校毕业生从事农村教育工作。

2007年,为保障高校毕业生就业,我国陆续颁布《中华人民共和国劳动合同法》《中华人民共和国就业促进法》《就业服务与就业管理规定》,进一步规范了就业市场,促进了大学生就业。

2008年,由教育部、人事部、劳动和社会保障部、国家发改委和国务院国资委等五部委成立高校毕业生就业网络联盟,分季度举行大型网上招聘活动,力图更好地为毕业生和用人单位提供越发便捷、高效、完善的就业信息服务。

2009年1月,国务院办公厅出台《关于加强普通高等学校毕业生就业工作的通知》(国办发〔2009〕3号),确定了加强高校毕业生就业工作的7项措施,部署做好高校毕业生就业工作。

2010年5月,中央六部委联合下发《关于实施2010高校毕业生就业推进行动,大力促进高校毕业生就业的通知》(人社部发〔2010〕25号),逐步建立并完善促进高校毕业生就业的长效机制,进一步加强高校毕业生就业工作。

2010年5月,教育部出台《关于大力推进高等学校创新创业教育和大学生自主创业工作的意见》(教办〔2010〕3号),要求在高等学校开展创新创业教育,积极鼓励高校毕业生自主创业,促进高校毕业生充分就业。

2010年《国家中长期教育改革和发展规划纲要(2010—2020年)》中明确提出要加强对学生的就业指导服务,加强校内外实习基地的基本建设。这势必将成为今后一个时期内大学生就业制度改革的一个纲领性文件。

2011年,国务院发布《关于批转促进就业规划(2011—2015年)的通知》,明确"十二五"时期发展目标为,就业规模持续扩大,就业结构更加合理。城镇新增就业人数4500万人。转移农业劳动力4000万人。城镇就业比重逐步提高,三次产业就业结构更加优化。这是新中国建立以来的第一个国家级就业五年专项规划,标志着促进就业已经提到了国家发展战略的高度。

2012年,教育部印发《教育部2012年工作要点》的通知(教政法〔2012〕2号)。通知要求,加强高校创新创业教育,加强就业指导课程建设,以更大力度支持高校毕业生自主创业,完善创业扶持政策,着力做好高校毕业生就业工作。

2013年,党的十八届三中全会通过的《中共中央关于全面深化改革若干重大问题的决定》,用较长篇幅对高校毕业生就业工作进行部署,明确提出五项任务:一是要结合产业升级开发更多适合高校毕业生的就业岗位;二是政府购买基层公共管理和社会服务岗位更多用于吸纳高校毕业生就业;三是健全鼓励高校毕业生到基层工作的服务保障机制,提高公务员定向招录和事业单位优先招聘比例;四是实行激励高校毕业生自主创业政策,整合发展国家和省级高校毕业生就业创业基金;五是实施离校未就业高校毕业生就业促进计划,把未就业的纳入就业见习、技能培训等就业准备活动之中,对有特殊困难的实行全程就业服务。

2013年《国务院办公厅关于做好2013年全国普通高等学校毕业生就业工作的通知》（国办发〔2013〕35号），组织实施"离校未就业高校毕业生就业促进计划"。

2014年《国务院办公厅关于做好2014年全国普通高等学校毕业生就业创业工作的通知》（国办发〔2014〕22号），鼓励大学生去基层、小微企业和自主创业，实施大学生创业引领计划的通知。2014年也有些媒体将其称为大学生创业教育的"元年"。

2015年《国务院办公厅关于深化高等学校创新创业教育改革的实施意见》（国办发〔2015〕36号）提出，深入实施新一轮大学生创业引领计划，落实各项扶持政策和服务措施，重点支持大学生到新兴产业创业。有人说，2015年是创业的高峰期，是中国创业思潮迸发的"元年"。

2016年《教育部办公厅关于进一步做好高校毕业生就业创业工作的通知》（教学厅〔2016〕5号）提出，持续推进高校毕业生就业，各地各高校要抓紧建立健全有就业意愿尚未就业毕业生统计机制，切实加强困难帮扶。

2017年《国务院关于印发"十三五"促进就业规划的通知》（国发〔2017〕10号）提出，认真落实党中央、国务院决策部署，统筹推进"五位一体"总体布局和协调推进"四个全面"战略布局，实现比较充分和更高质量的就业，为全面建成小康社会提供强大支撑。

2018年《国务院关于做好当前和今后一个时期促进就业工作的若干意见》（国发〔2018〕39号）提出，坚持实施就业优先战略和更加积极的就业政策。

2019年《国务院关于进一步做好稳就业工作的意见》（国发〔2019〕28号）提出，坚持把稳就业摆在更加突出的位置，全力防范化解规模性失业风险，全力确保就业形势总体稳定。

1.2.2 现行就业政策框架下的制度摘要

1. 就业相关制度

新中国成立以来，高校毕业生就业制度经历了不同的历史发展阶段。党和国家一直高度重视毕业生就业工作，从20世纪80年代开始，为适应我国改革开放的不断深入和社会主义市场经济的逐步建立，高校毕业生就业制度在不断改革和完善，与之相适应的高校毕业生就业市场也正在逐步走向规范。

（1）合同制度　毕业生和用人单位达成就业意向后，应与用人单位签订由国家教育部或各省、市、自治区就业主管部门统一印制的就业协议。就业协议是明确毕业生、用人单位和学校在毕业生就业工作中权利和义务的书面表现形式。"双向选择"明确规定了学校、用人单位及毕业生本人三方面的责任、权利与义务，协议书一经签订便视为有效合同，不能随意更改。

（2）职业资格证书制度　职业资格证书是职业标准在社会劳动者身上的体现和定位，是劳动者具有和达到某一职业所要求的知识和技能标准的认证，分为"从业资格证书"和"职业资格证书"两种。职业资格证书制度是劳动就业制度的一项主要内容,也是一种特殊形式的国家考试制度。它是指按照国家制定的职业技能标准或任职资格条件,通过政府认定的鉴定机构,对劳动者的技能或职业资格进行客观公正、科学规范的评价和鉴定,对合格者授予相应的国家职业资格证书。职业资格证书制度规定:"经职业资格考试合格的人员由国家授予相应的职业资格证书,证书由国务院人事部门统一印制,各地人事部门具体负责核发工作。"

(3) 见习制度　为继续加强对毕业生的培养教育,进一步提高毕业生的政治、业务素质和从事实际工作的能力,使他们尽快适应经济建设和社会发展的需要,同时,使用人部门(单位)全面了解、考察毕业生,以便合理地安排使用毕业生,充分调动广大毕业生的积极性,更好地为社会主义现代化建设服务,国家规定,毕业生就业以后要有一年的见习期。

(4) 派遣制度　派遣对象为国家计划招收的非在职毕业研究生;国家计划招收的普通高等学校毕业生和结业生;国家计划招收的普通中等专业学校毕业生以及国家计划招收的为地方培养的军队院校毕业生。地方主管毕业生就业部门和高等学校按照国家下达的就业方案派遣毕业生。派遣毕业生统一使用"全国普通高等学校毕业生就业报到证"(以下简称"报到证"),"报到证"由国家教育部授权省、自治区、直辖市主管毕业生就业部门审核签发。

(5) 公务员制度　国家公务员制度是关于政府机关从事公务管理的法律化、正规化和标准化的诸种规范性和规定性制度的总和,是一套完整的国家机关录用、考核、职务任免、升降、培训、工资保险福利、申诉控告、退休以及公务员管理机构和监督等管理行为的规范和准则体系。我国公务员是指各级国家行政机关中除工勤人员以外的工作人员,它包括各级政府的组成人员,也包括在行政机关中从事党务、社团事务管理等管理工作的专职工作人员。

2. 大学生相关就业政策问答

(1) 鼓励引导高校毕业生面向城乡基层、中西部地区以及民族地区、贫困地区和艰苦边远地区就业

1) 什么是基层就业?

基层就业就是到城乡基层工作。国家近几年出台了一系列优惠政策鼓励高校毕业生积极参加社会主义新农村建设、城市社区建设和应征入伍。一般来讲,"基层"既包括广大农村,也包括城市街道社区;既包括县级以下党政机关、企事业单位,也包括社会团体、非公有制组织和中小企业;既包括单位就业,也包括自主创业、自谋职业。

2) 国家鼓励毕业生到基层就业的主要优惠政策包括哪些?

《国务院办公厅关于做好2014届全国普通高等学校毕业生就业工作的通知》(国办发〔2014〕22号)和《国务院关于进一步做好普通高等学校毕业生就业工作的通知》(国发〔2011〕16号)等文件规定:

各地要根据统筹城乡经济和加快基本公共服务发展的需要，大力开发社会管理和公共教育、医疗卫生、文化等领域服务岗位，增加高校毕业生就业机会。要进一步完善相关政策，重点解决好他们在工资待遇、社会保障、人员编制、户口档案、职称评定、教育培训、人员流动、资金支持等方面面临的实际问题，鼓励和引导高校毕业生到城乡基层，特别是城市社区和农村的教育、医疗卫生、文化、科技等基层岗位工作。

对到农村基层和城市社区从事社会管理和公共服务工作的高校毕业生，符合公益性岗位就业条件并在公益性岗位就业的，按照国家现行促进就业政策的规定，给予社会保险补贴和公益性岗位补贴。

对到农村基层和城市社区其他社会管理和公共服务岗位就业的，给予薪酬或生活补贴，同时按规定参加有关社会保险。

全面落实高校毕业生到中西部地区和艰苦边远地区县以下基层单位就业的学费补偿和助学贷款代偿政策。

高校毕业生在中西部地区和艰苦边远地区县以下基层单位从事专业技术工作，申报相应职称时，可不参加职称外语考试或放宽外语成绩要求。

充分挖掘社会组织吸纳高校毕业生就业潜力，对到省会及省会以下城市的社会团体、基金会、民办非企业单位就业的高校毕业生，所在地的公共就业人才服务机构要协助办理落户手续，在专业技术职称评定方面享受与国有企事业单位同类人员同等待遇。

继续统筹实施好大学生村官、"三支一扶"等各类基层服务项目，健全鼓励高校毕业生到基层工作的服务保障机制。各地要为高校毕业生参加实习、见习、志愿服务等活动创造条件，并将参加实习、见习、志愿服务等活动作为高校毕业生求职的实践经历。要加大工作力度，健全体制机制，鼓励支持更多高校毕业生参军入伍。

从2012年起，省级以上机关录用公务员，除部分特殊职位外，均应从具有两年以上基层工作经历的人员中录用。市（地）级以下机关特别是县乡机关招录公务员，应采取有效措施积极吸引优秀应届高校毕业生报考，录用计划应主要用于招收应届高校毕业生。

对具有基层工作经历的高校毕业生，在研究生招录和事业单位选聘时实行优先政策。

3）为鼓励高校毕业生面向基层就业，实施学费补偿和助学贷款代偿政策的主要内容是什么？

《关于调整完善国家助学贷款相关政策措施的通知》（财教〔2014〕180号）《财政部、教育部关于印发〈高等学校毕业生学费和国家助学贷款代偿暂行办法〉的通知》（财教〔2009〕15号）等文件规定，中央部门所属高校应届毕业生（全日制本专科、高职生、研究生、第二学士学位毕业生）到中西部地区和艰苦边远地区基层单位就业、服务期在3年以上（含3年）的，其学费由国家实行补偿。在校学习期间获得国家助学贷款（含高校国家助学贷款和生源地信用助学贷款，下同）的，补偿的学费优先用于偿还国家助学贷款本金及其全部偿还之前产生的利息。定向、委培以及在校期间已享受免除全部学费政策的学生除外。

4）国家实施补偿学费和代偿助学贷款的就业地域范围包括哪些？

国家对到中西部地区和艰苦边远地区基层单位就业、并履行一定服务期限的中央部门所属高校毕业生，按规定实施相应的学费补偿和助学贷款代偿。这里涉及的地域范围主要包括：

西部地区：西藏、内蒙古、广西、重庆、四川、贵州、云南、陕西、甘肃、青海、宁夏、新疆12个省、自治区、直辖市。

中部地区：河北、山西、吉林、黑龙江、安徽、江西、河南、湖北、湖南、海南10省。

艰苦边远地区：由国务院确定的经济水平、条件较差的一些州、县和少数民族地区。（详情可登录中华人民共和国中央人民政府网查询：http://www.gov.cn）

基层单位：

① 中西部地区和艰苦边远地区县以下机关、企事业单位，包括乡（镇）政府机关、农村中小学、国有农（牧、林）场、农业技术推广站、畜牧兽医站、乡镇卫生院、计划生育服务站、乡镇文化站、乡镇劳动就业服务站等。

② 工作现场地处以上地区县以下的气象、地震、地质、水电施工、煤炭、石油、航海、核工业等中央单位艰苦行业生产第一线。

5）学费补偿和助学贷款代偿的标准和年限是多少？

本专科每位学生每学年补偿学费和代偿国家助学贷款的金额最高不超过8000元。在校学习期间每年实际缴纳的学费或获得的国家助学贷款低于8000元的，按照实际缴纳的学费或获得的国家助学贷款金额实行补偿或代偿。每年实际缴纳的学费高于8000元的，按照每年8000元的金额实行补偿或代偿。研究生每人每年补偿学费和代偿国家助学贷款的金额最高不超过12000元。

本科、专科（高职）、研究生和第二学士学位毕业生补偿学费或代偿国家助学贷款的年限，分别按照国家规定的相应学制计算。在校学习的时间低于相应学制规定年限的，按照实际学习时间计算补偿学费或代偿助学贷款年限。在校学习时间高于相应学制年限的，按照学制规定年限计算。

每年代偿学费或国家助学贷款为总额的1/3，3年代偿完毕。

6）中央部门所属高校毕业生如何申请学费补偿和助学贷款代偿？

在办理离校手续时向学校递交"学费和国家助学贷款代偿申请表"和毕业生本人、就业单位与学校三方签署的到中西部地区和艰苦边远地区基层单位服务3年以上的就业协议。

在校学习期间获得国家助学贷款的，在与国家助学贷款经办银行签订毕业后还款计划时，注明已申请国家助学贷款代偿，如果获得国家助学贷款代偿资格，不需要自行向银行还款。

高校负责审查申请资格并上报全国学生资助管理中心。

7）地方所属高校毕业生到基层就业如何获得学费补偿和助学贷款代偿？

按照《财政部 教育部关于印发〈高等学校毕业生学费和国家助学贷款代偿暂行办法〉的通知》（财教〔2009〕15号）要求，各地要抓紧研究制定本地所属高校毕业生面向本辖区艰苦边远地区基层单位就业的学费补偿和助学贷款代偿办法。地方所属高校毕业生到基层就业是否可以获得学费补偿或国家助学贷款代偿，以及如何申请办理补偿或代偿等，请向学校所在地政府有关部门查询。

8）到基层就业如何办理户口、档案、党团关系等手续？

对到西部县以下基层单位和艰苦边远地区就业的高校毕业生，实行来去自由的政策，户口可留在原籍或根据本人意愿迁往就业地区；人事档案原则上统一转至就业单位所在地的县级政府人力资源和社会保障部门，由公共就业和人才服务机构提供免费人事代理服务；党团组织关系转至就业单位，在工作期间积极要求入党的，由乡镇一级党组织按规定程序办理。

9）中央有关部门实施了哪些基层就业项目？

近年来，中央各有关部门主要组织实施了5个引导高校毕业生到基层就业的专门项目，包括：团中央、教育部、财政部、人力资源和社会保障部等四部门从2003年起组织实施的"大学生志愿服务西部计划"；中组部、人力资源和社会保障部、教育部等八部门从2006年开始组织实施的"三支一扶"（支教、支农、支医和扶贫）计划；教育部、财政部、人力资源和社会保障部、中央编办等四部门从2006年开始组织实施的"农村义务教育阶段学校教师特设岗位计划"；中组部、教育部、财政部、人力资源和社会保障部等部门从2008年起组织实施的"选聘高校毕业生到村任职工作"；农业部、人力资源和社会保障部、教育部等部门从2013年起组织实施的"农业技术推广服务特设岗位计划"。

10）什么是"三支一扶"计划？

三支一扶是支教、支医、支农、扶贫的简称。2006年，中组部、原人事部等八部门下发《关于组织开展高校毕业生到农村基层从事支教、支农、支医和扶贫工作的通知》（国人部发〔2006〕16号），以公开招募、自愿报名、组织选拔、统一派遣的方式，从2006年开始连续5年，每年招募2万名高校毕业生，主要安排到乡镇从事支教、支农、支医和扶贫工作。服务期限一般为2~3年。招募对象主要为全国普通高校应届毕业生。

2011年4月，人力资源和社会保障部下发《关于继续做好高校毕业生三支一扶计划实施工作的通知》（人社部发〔2011〕27号），决定继续组织开展高校毕业生"三支一扶"计划，从2011年起，每年选拔2万名，五年内选拔10万名高校毕业生到基层从事"三支一扶"工作。

2016年4月26日，人力资源和社会保障部下发《中共中央组织部 人力资源社会保障部等九部门关于实施第三轮高校毕业生"三支一扶"计划的通知》（人社部发〔2016〕41

号),决定实施第三轮"三支一扶"计划,完善选拔招募机制,进一步健全服务保障机制,建立工作生活补贴标准动态调整机制,进一步健全服务保障机制。

11) 什么是大学生志愿服务西部计划?

大学生志愿服务西部计划由共青团中央牵头,教育部、财政部、人力资源和社会保障部共同组织实施。从 2003 年开始,每年招募 1.8 万名普通高等学校应届毕业生,到西部贫困县的乡镇从事为期 1~3 年的教育、卫生、农技、扶贫以及青年中心建设和管理等方面的志愿服务工作。

12) 参加中央部门组织实施的基层就业项目,服务期满后享受哪些优惠政策?

根据中组部、人力资源和社会保障部、教育部、财政部、共青团中央《关于统筹实施引导高校毕业生到农村基层服务项目工作的通知》(人社部发〔2009〕42 号)等政策规定,参加中央部门组织实施的基层就业项目服务期满的毕业生,享受以下优惠政策。

公务员招录优惠:每年拿出公务员考录计划的一定比例,专门用于定向招录服务期满且考核称职(合格)的服务基层项目人员。服务基层项目人员也可报考其他职位。

事业单位招聘优惠:鼓励在项目结束后留在当地就业,参加各基层就业项目相对应的自然减员空岗,全部聘用服务期满的高校毕业生。从 2009 年起,到乡镇事业单位服务的高校毕业生服务满 1 年后,在现岗位空缺情况下,经考核合格,即可与所在单位签订不少于 3 年的聘用合同。同时,各省(区、市)县及县以上相关的事业单位公开招聘工作人员,应拿出不低于 40% 的比例,聘用各专门项目服务期满考核合格的毕业生。

考学升学优惠:服务期满后 3 年内报考硕士研究生初试总分加 10 分;同等条件下优先录取;高职(高专)学生可免试入读成人本科。

服务期满自主创业的,可享受税收优惠、行政事业性收费减免、小额贷款担保和贴息等有关政策。

其他:各基层就业项目按服务年限计算工龄。服务期满到企业就业的,按照规定转接社会保险关系。

(2) 鼓励大学生应征入伍,报效祖国

1) 国家鼓励大学生应征入伍服义务兵役,这里的"大学生"如何界定?

指根据国家有关规定批准设立、实施高等学历教育的全日制公办普通高等学校、民办普通高等学校和独立学院,按照国家招生规定录取的全日制普通本科、专科(含高职)、研究生、第二学士学位的应(往)届毕业生、在校生和已被普通高校录取但未报到入学的学生。

征集的大学生以男性为主,女性大学生征集根据军队需要确定。

2) 公民应征入伍需要满足哪些政治条件?

征集服现役的公民必须热爱中国共产党,热爱社会主义祖国,热爱人民军队,遵纪守法,品德优良,决心为抵抗侵略、保卫祖国、保卫人民的和平劳动而英勇奋斗。征兵政治审查的内容包括应征公民的年龄、户籍、职业、政治面貌、宗教信仰、文化程度、现实表现以及家庭主要成员和主要社会关系成员的政治情况等。

3）公民应征入伍要满足哪些基本身体条件？

公民应征入伍要符合国防部颁布的《应征公民体格检查标准》和有关规定。其中，有以下几项基本条件。

身高：男性160cm以上，女性158cm以上。

体重：男性要求不超过标准体重的30%，不低于标准体重的15%。
女性要求不超过标准体重的20%，不低于标准体重的15%。

标准体重 = （身高 −110）kg。

视力：大学生右眼裸眼视力不低于4.6，左眼裸眼视力不低于4.5。屈光不正，准分子激光手术后半年以上，无并发症，视力达到相应标准的，合格。

内科：乙型肝炎表面抗原呈阴性，等等。

4）应征入伍服义务兵役大学生的年龄是如何规定的？

男性普通高等学校在校生为年满18～22周岁，高职（专科）毕业生可放宽到23周岁，本科及以上学历毕业生可放宽到24周岁；

女性普通高等学校在校生为年满18～20周岁，应届毕业生放宽到22周岁。

5）高校毕业生应征入伍服义务兵役要经过哪些程序？

网上报名预征：有应征意向的高校毕业生可在夏秋季征兵开始之前登录"全国征兵网"（网址为https://www.gfbzb.gov.cn/）进行报名，填写、打印"应届毕业生预征对象登记表"和"高校毕业生应征入伍学费补偿国家助学贷款代偿申请表"（以下分别简称"登记表""申请表"），交所在高校征兵工作管理部门。

初审、初检：毕业生离校前，在高校参加身体初检、政治初审，符合条件者确定为预征对象，高校协助兵役机关将"登记表"和"申请表"审核盖章发给毕业生本人，并完成网上信息确认。初审、初检工作最晚在7月15日前完成。

实地应征：高校应届毕业生可在学校所在地应征入伍，也可在入学前户籍所在地应征入伍。

组织高校应届毕业生在学校所在地征集的，结合初审、初检工作同步进行体格检查和政治审查，在毕业生离校前完成预定兵，9月初学校所在地县（市、区）人民政府征兵办公室为其办理批准入伍手续。政治审查以本人现实表现为主，由其就读学校所在地的县（市、区）公安部门负责，学校分管部门具体承办，原则上不再对其入学前和就读返乡期间的现实表现情况进行调查。

在入学前户籍所在地应征入伍的，高校应届毕业生7月30日前将户籍迁回入学前户籍地，持"登记表"和"申请表"到当地县级兵役机关参加实地应征，经体格检查、政治审查合格的，9月初由当地县（市、区）人民政府征兵办公室办理批准入伍手续。

6）大学生参军入伍征集工作由哪个部门牵头负责？

高校所在地兵役机关会同有关部门进入高校开展征集工作，高校由学生管理部门或学校武装部门牵头负责，有意向参军入伍的大学生可向所在学校学工部（处）、就业中心、资助中心或武装部咨询有关政策。

7）高校毕业生应征入伍服义务兵役享受哪些优惠政策？

高校毕业生应征入伍服义务兵役，除享有优先报名应征、优先体检政审、优先审批定兵、优先安排使用"四个优先"政策，家庭按规定享受军属待遇外，还享受优先选拔使用、学费补偿和国家助学贷款代偿、退役后考学升学优惠、就业服务等政策。

8）大学生应征入伍服义务兵役给予国家资助的内容是什么？

高等学校学生应征入伍服义务兵役国家资助，是指国家对应征入伍服义务兵役的高校学生，在入伍时对其在校期间缴纳的学费实行一次性补偿或获得的国家助学贷款（包括学校所在地国家助学贷款和生源地信用助学贷款，下同）实行代偿；应征入伍服义务兵役前正在高等学校就读的学生（含按国家招生规定录取的高等学校新生），服役期间按国家有关规定保留学籍或入学资格、退役后自愿复学或入学的，国家实行学费减免政策。

9）高校学生应征入伍享受学费补偿、国家助学贷款代偿及学费减免的标准是多少？

《关于调整完善国家助学贷款相关政策措施的通知》（财教〔2014〕180号）、《财政部、教育部、总参谋部关于印发〈高等学校学生应征入伍服义务兵役国家资助办法〉的通知》（财教〔2013〕236号）、《关于对直接招收为士官的高等学校学生施行国家资助的通知》（财教〔2015〕462号）文件规定：

① 学费补偿、国家助学贷款代偿及学费减免标准，本专科生每人每年最高不超过8000元，研究生每人每年最高不超过12000元。

② 学费补偿或国家助学贷款代偿金额，按学生实际缴纳的学费或获得的国家助学贷款（国家助学贷款包括本金及其全部偿还之前产生的利息，下同）两者金额较高者执行，据实补偿或者代偿。退役复学后学费减免金额，按学校实际收取学费金额执行。超出标准部分不予补偿、代偿或减免。

③ 获学费补偿学生在校期间获得国家助学贷款的，补偿资金必须首先用于偿还国家助学贷款。如补偿金额高于国家助学贷款金额，高出部分退还学生。

10）高校毕业生入伍服义务兵役年限是多少？

我国现行的义务兵役制度服役年限是两年。

11）大学生士兵退役后享受哪些就学优惠政策？

高职（专科）学生入伍经历可作为毕业实习经历。

退役大学生士兵入学或复学后免修军事技能训练，直接获得学分。

设立"退役大学生士兵"专项硕士研究生招生计划。根据实际需求，每年安排一定数量的专项计划，专门面向退役大学生士兵招生。在全国研究生招生总规模内单列下达，不得挪用。

将高校在校生（含高校新生）服兵役情况纳入推免生遴选指标体系。鼓励开展推荐优秀应届本科毕业生免试攻读研究生工作的高校在制定本校推免生遴选办法时，结合本校具体情况，将在校期间服兵役情况纳入推免生遴选指标体系。在部队荣立二等功及以上的退役人员，符合研究生报名条件的可免试（指初试）攻读硕士研究生。

将考研加分范围扩大至高校在校生（含高校新生）。退役人员在继续实行普通高校应届毕业生退役后按规定享受加分政策的基础上，允许普通高校在校生（含高校新生）应征入伍服义务兵役退役，在完成本科学业后3年内参加全国硕士研究生招生考试，初试总分加10分，同等条件下优先录取。

退役大学生士兵专升本实行招生计划单列。高职（专科）学生应征入伍服义务兵役退役，在完成高职学业后参加普通本科专升本考试，实行计划单列，录取比例在现行30%的基础上适度扩大，具体比例由各省份根据本地实际和报名情况确定。

放宽退役大学生士兵复学转专业限制。大学生士兵退役后复学，经学校同意并履行相关程序后，可转入本校其他专业学习。

具有高职（高专）学历的，退役后免试入读成人本科，或经过一定考核入读普通本科；荣立三等功以上奖励的，在完成高职（专科）学业后，免试入读普通本科。

应征入伍的高校毕业生退役后报考政法干警招录培养体制改革试点招生时，教育考试笔试成绩总分加10分。

12）应征入伍的高校应届毕业生离校后户口档案存放在哪里，如何迁转？

被确定为预征对象的高校应届毕业生，回入学前户籍所在地应征的，将户口迁回入学前户籍所在地，档案转到入学前户籍所在地人才交流中心存放。在学校所在地应征的，可将户籍和档案暂时保留在学校。

高校应届毕业生批准入伍后，其户口档案予以注销，档案放入新兵档案。

13）高校应届毕业生退役后户口档案迁移有何优惠政策？

高校应届毕业生入伍服义务兵役退出现役后一年内，可视同当年的高校应届毕业生，凭用人单位录（聘）用手续，向原就读高校再次申请办理就业报到手续，户口档案随迁（直辖市按照有关规定执行）。

(3) 支持高校毕业生参加就业见习和技能培训

1）什么是就业见习？

就业见习是指由各级人力资源和社会保障部门根据离校未就业高校毕业生本人意愿，组织其到经政府认定的就业见习单位进行见习锻炼、积累工作经验、提升就业能力的一项就业促进措施。

2018年12月25日，人社部印发《人力资源社会保障部 财政部 商务部 国务院国资委 共青团中央 全国工商联 关于实施三年百万青年见习计划的通知》（人社部函〔2018〕186号），决定于2019年1月1日起，实施三年百万青年见习计划，围绕实现更高质量和更充分就业的目标，把青年就业能力提升摆在突出位置，坚持政府搭台、市场驱动，资源集成、供需发力，大力加强青年就业见习工作。三年百万青年见习计划对象为离校2年内未就业高校毕业生和16~24岁失业青年。

未就业高校毕业生如参加就业见习可向当地人力资源和社会保障部门及当地团组织咨询，当地人力资源和社会保障部门是就业见习的组织实施单位。

2）离校后未就业高校毕业生如何参加就业见习？

人力资源和社会保障部门通过公共就业和人才服务机构以及电视、网络、报纸等多种渠道，发布就业见习信息，公布见习单位名单、岗位数量、期限、人员要求等有关内容，或者组织开展见习单位和高校毕业生的双向选择活动，帮助离校未就业高校毕业生和见习单位对接。离校后未就业回到原籍的高校毕业生可与原籍所在地人力资源和社会保障部门及当地团组织联系，主动申请参加就业见习。

3）就业见习期限有多长？

高校毕业生就业见习期限一般为3~12个月。

高校毕业生就业见习活动结束后，见习单位对高校毕业生进行考核鉴定，出具见习证明，作为用人单位招聘和选用见习高校毕业生的依据之一。在见习期间，由见习单位正式录（聘）用的，在该单位的见习期可以作为工龄计算。

4）就业见习单位给毕业生上保险吗？

见习期间所在见习单位为毕业生办理人身意外伤害保险。

5）离校未就业高校毕业生参加就业见习享受哪些政策和服务？

获得基本生活补助（基本生活补助费用由见习单位和地方政府分担，各地要根据当地经济发展和物价水平，合理确定和及时调整基本生活补助标准）。

免费办理人事代理。

办理人身意外伤害保险。

见习期满未被录用可继续享受就业指导与服务。

6）见习单位能享受什么优惠政策？

对企业（单位）吸纳离校未就业高校毕业生参加就业见习的，由见习企业（单位）先行垫付见习人员见习期间基本生活补助，再按规定向当地人力资源和社会保障部门申请就业见习补贴。

就业见习补贴申请材料应附：实际参加就业见习的人员名单、就业见习协议书、见习人员"身份证""登记证"复印件和大学毕业证复印件、企业（单位）发放基本生活补助明细账（单）、企业（单位）在银行开立的基本账户等凭证材料，经人力资源和社会保障部门审核后，财政部门将资金支付到企业（单位）在银行开立的基本账户。

见习单位支出的见习补贴相关费用，不计入社会保险缴费基数，但符合税收法律法规规定的，可以在计算企业所得税应纳税所得额时扣除。

7）高校毕业生如何申请参加职业培训？

职业培训由各地人力资源和社会保障部门负责组织实施。高校毕业生可到当地人力资源和社会保障部门咨询了解职业培训开展情况，选择适宜的培训项目参加。

职业培训工作主要由政府认定的培训机构、技工院校或企业所属培训机构承担。

8）高校毕业生能否享受职业培训补贴政策？如何申请职业培训补贴？

高校毕业生毕业年度内参加就业技能培训或创业培训，可按规定向当地人力资源和社会保障部门申请职业培训补贴。毕业后按规定进行了失业登记的高校毕业生参加就业技能培训或创业培训，也可向当地人力资源和社会保障部门申请职业培训补贴。

《关于印发〈就业补助资金管理暂行办法〉的通知》（财社〔2015〕290号）、《财政部、人力资源和社会保障部关于进一步加强就业专项资金管理有关问题的通知》（财社〔2011〕64号）等文件规定，申请材料经人力资源和社会保障部门审核后，财政部门按规定将补贴资金直接拨付给申请者本人。职业培训补贴申请材料应附：培训人员"身份证"复印件、"就业失业登记证"复印件、职业资格证书（专项职业能力证书或培训合格证书）复印件、就业或创业证明材料、职业培训机构开具的行政事业性收费票据（或税务发票）等凭证材料。

高校毕业生参加就业技能培训或创业培训后，培训合格并通过职业技能鉴定取得初级以上职业资格证书（未颁布国家职业技能标准的职业应取得专项职业能力证书或创业培训合格证书），6个月内实现就业的，按职业培训补贴标准的100%给予补贴。6个月内没有实现就业的，取得初级以上职业资格证书，按职业培训补贴标准的80%给予补贴；取得专项职业能力证书或创业培训合格证书，按职业培训补贴标准的60%给予补贴。

9）高校毕业生如何获取职业资格证书？

高校毕业生个人可向职业技能鉴定所（站）自主申请职业技能鉴定。职业技能鉴定要参加理论知识考试和操作技能（专业能力）考核。经鉴定合格者，由人力资源和社会保障部门核发相应的职业资格证书。

10）高校毕业生能否享受职业技能鉴定补贴政策，如何申请技能鉴定补贴？

按照《财政部、人力资源和社会保障部关于进一步加强就业专项资金管理有关问题的通知》（财社〔2011〕64号）等文件规定，对高校毕业生在毕业年度内通过初次职业技能鉴定并取得职业资格证书或专项职业能力证书的，按规定给予一次性职业技能鉴定补贴。

通过初次职业技能鉴定并取得职业资格证书或专项职业能力证书的，可向职业技能鉴定所在地人力资源和社会保障部门申请一次性职业技能鉴定补贴。职业技能鉴定补贴申请材料应附：申请人"身份证"复印件、"就业失业登记证"复印件、职业资格证书复印件、职业技能鉴定机构开具的行政事业性收费票据（或税务发票）等凭证材料，经人力资源和社会保障部门审核后，财政部门按规定将补贴资金支付给申请者本人。

(4) 为高校毕业生提供就业指导、就业服务和就业援助

1）主要有哪些机构为高校毕业生提供就业服务？

① 公共就业和人才服务机构。由各级人力资源和社会保障部门开办的公共就业和人才服务机构，为高校毕业生免费提供政策咨询、就业信息、职业指导、职业介绍、就业援助、就业与失业登记或求职登记等各项公共服务，按规定为登记失业高校毕业生免费提供人事档案管理等服务。此外，还定期开展面向高校毕业生的公共就业和人才服务专项活

动,如每年 4 月"民营企业招聘周"、每年 9 月"高校毕业生就业服务月"、每年 11 月"高校毕业生就业服务周"等,为高校毕业生和用人单位搭建供需对接平台。

② 高校毕业生就业指导机构。目前,各省教育部门、各高校普遍建立了高校毕业生就业指导机构,为毕业生提供就业咨询、用人单位招聘及实习实训信息、求职技巧、职业生涯辅导、毕业生推荐、实习实践能力提升和就业手续办理等多项就业指导和服务。

③ 职业中介机构。主要包括从事人力资源服务的经营性机构,政府鼓励各类职业中介机构为高校毕业生提供就业服务,为登记失业高校毕业生提供服务并按规定给予符合条件的职业中介机构职业介绍补贴。

2)高校毕业生获取就业信息的主要渠道有哪些?

浏览各类就业信息网站,包括中央有关部门主办的全国性就业信息网站、地方有关部门主办的就业信息网站、各高校就业信息网站及校内 BBS 求职版面、其他专业性就业网站等;参加各类招聘和双向选择活动,包括国家有关部门、各地、学校、用人单位等相关机构组织的各类现场或网络招聘活动;参与校企合作实习,包括社会实践、毕业实习等活动;查阅媒体广告,如报纸、刊物、电台、电视台、视频媒体等;他人推荐,如导师、校友、亲友等;主动到单位求职自荐等。

3)在校期间高校毕业生可以通过哪些途径提升就业能力?

在学好专业知识技能的同时,根据学校要求或安排,毕业生可以通过选修或必修就业指导课程、参与学校组织的就业实习、技巧辅导、模拟招聘等活动,学习和了解相关职业的资料和信息,充分借助社会实践平台,全面提升就业能力。

高校毕业生还可通过学校实施的毕业证书与职业资格证书"双证书"制度、组织到企业顶岗实习、参加人力资源和社会保障部门认定的定点机构开展的职业技能培训等,切实增强自身的岗位适应能力与就业竞争力,促进职业素养的养成。

4)困难家庭高校毕业生包括哪些毕业生?享受哪些帮扶政策?

困难家庭高校毕业生是指来自城镇低保家庭、低保边缘户家庭、农村贫困家庭和残疾人家庭的普通高校毕业生。

各级机关考录公务员、事业单位招聘工作人员时,免收困难家庭高校毕业生的报名费和体检费。

为帮助困难家庭的高校毕业生求职就业,高校一般都会安排经费作为困难家庭毕业生的求职补助,或对已成功就业的困难家庭毕业生给予奖励。困难家庭的毕业生可向所在院系书面申请。学校也应根据平时掌握的情况,对困难家庭的毕业生给予主动帮助。

从 2013 年起,对享受城乡居民最低生活保障家庭的毕业年度内高校毕业生,可给予一次性求职补贴,补贴标准由各省级财政、人力资源和社会保障部门会同有关部门根据当地实际情况制定,所需资金按规定列入就业专项资金支出范围。

5)高校毕业生如何办理就业登记和失业登记?离校后未就业如何获得相应的就业指导和服务?

各级公共就业和人才服务机构要按照就业促进法的规定，为已就业高校毕业生免费办理就业登记，并按规定提供人事、劳动保障代理服务。允许高校毕业生在求职地（直辖市除外）进行求职登记和失业登记，申领"就业失业登记证"，纳入本地免费公共就业服务和就业扶持政策范围。回到原户籍所在地报到的未就业高校毕业生，免费享受当地人力资源和社会保障部门提供的公共就业和人才服务。各级人力资源和社会保障部门、教育部门和各高校将进一步完善以实名制为基础的高校毕业生就业统计制度，做好高校毕业生毕业前后的信息衔接和服务接续。

（5）离校未就业促进计划　按照《国务院办公厅关于做好2014年全国普通高等学校毕业生就业创业工作的通知》（国办发〔2014〕22号）、《国务院办公厅关于做好2013年全国普通高等学校毕业生就业工作的通知》（国办发〔2013〕35号）和《人力资源社会保障部关于实施离校未就业高校毕业生就业促进计划的通知》（人社部发〔2013〕41号）要求，为做好离校未就业高校毕业生就业工作，从2013年起实施离校未就业高校毕业生就业促进计划：

地方各级人社部门所属公共就业人才服务机构和基层公共就业服务平台要面向所有离校未就业高校毕业生（包括户籍不在本地的高校毕业生）开放，办理求职登记或失业登记手续，发放"就业创业证"，摸清就业服务需求。其中，直辖市为非本地户籍高校毕业生办理失业登记办法按现行规定执行。

对实名登记的所有未就业高校毕业生提供更具针对性的职业指导。

对有求职意愿的高校毕业生要及时提供就业信息。

对有创业意愿的高校毕业生，各地要纳入当地创业服务体系，提供政策咨询、项目开发、创业培训、融资服务、跟踪扶持等"一条龙"创业服务。

要将零就业家庭、经济困难家庭、残疾人家庭等就业困难的未就业高校毕业生列为重点工作对象，提供"一对一"个性化就业帮扶，确保实现就业。

对有就业见习意愿的高校毕业生，各地要及时纳入就业见习工作对象范围，确保能够随时参加。

对有培训意愿的离校未就业高校毕业生，各地要结合其专业特点，组织参加职业培训和技能鉴定，按规定落实相关补贴政策；地方各级公共就业人才服务机构要为离校未就业高校毕业生免费提供档案托管、人事代理、社会保险办理和接续等一系列服务。

根据《浙江省人民政府关于支持大众创业促进就业的意见》（浙政发〔2015〕21号）、《浙江省人民政府关于做好当前和今后一段时期就业创业工作的实施意见》（浙政发〔2017〕41号）实施离校未就业高校毕业生就业促进计划，强化实名登记、政策扶持、跟踪服务等工作举措。回原籍应届困难家庭高校毕业生和就业困难高校毕业生进行失业登记的，可给予不超过6个月的临时生活补贴。将求职补贴调整为求职创业补贴，发放对象为低保家庭、孤儿、残疾人家庭和获得国家助学贷款的毕业年度高校毕业生，标准为每人3000元。

(6) 针对高校毕业生灵活就业政策　根据《教育部关于做好2019届全国普通高等学校毕业生就业创业工作的通知》（教学〔2018〕8号）、《国务院办公厅关于做好2014年全国普通高等学校毕业生就业创业工作的通知》（国办发〔2014〕22号）、《国务院关于进一步做好普通高等学校毕业生就业工作的通知》（国发〔2011〕16号）、《财政部、人力资源社会保障部关于进一步加强就业专项资金管理有关问题的通知》（财社〔2011〕64号）等规定，鼓励支持高校毕业生通过多种形式灵活就业，并给予相关政策扶持。对符合就业困难人员条件的灵活就业高校毕业生，要按规定落实社会保险补贴政策。对申报灵活就业的高校毕业生，各级公共就业和人才服务机构按规定提供人事、劳动保障代理服务，做好社会保险关系接续工作。

离校未就业高校毕业生实现灵活就业的，在公共就业人才服务机构办理实名登记并按规定缴纳社会保险费的，给予一定数额的社会保险补贴，补贴数额原则上不超过其实际缴费的2/3，最长不超过2年，所需资金从就业专项资金中列支。社会保险补贴申请材料应附：由灵活就业人员签字、人力资源社会保障部门盖章确认的、注明具体从事灵活就业的岗位、地址等内容的相关证明材料，灵活就业人员身份证复印件、就业失业登记证复印件、社会保险征缴机构出具的社会保险费明细账（单）等凭证材料，经人力资源社会保障部门审核后，财政部门将补贴资金支付给申请者本人。根据《浙江省人民政府关于支持大众创业促进就业的意见》（浙政发〔2015〕21号），支持高校毕业生灵活就业。毕业年度离校未就业高校毕业生实现灵活就业，在公共就业人才服务机构办理实名登记并依法缴纳社会保险费的，给予不超过其实际缴纳社会保险费2/3的社保补贴，期限不超过3年。

1.3 鼓励、支持大学生创新创业的政策措施

1.3.1 国家、地方出台的创新创业相关文件

1.《教育部关于做好2019届全国普通高等学校毕业生就业创业工作的通知》（教学〔2018〕8号）

拓宽就业领域，着力促进高校毕业生多渠道就业，推动双创升级，着力促进高校毕业生自主创业，强化服务保障，着力提高就业创业指导服务水平，加强组织领导，着力深化思想教育和宣传引导。深入贯彻习近平新时代中国特色社会主义思想和党的十九大精神，全面贯彻落实全国教育大会精神，把"稳就业"放在更加突出的位置，努力实现高校毕业生更高质量和更充分就业。深入贯彻习近平新时代中国特色社会主义思想和党的十九大精神，全面贯彻落实全国教育大会精神，把"稳就业"放在更加突出的位置，努力实现高校毕业生更高质量和更充分就业。

2.《国务院办公厅关于发展众创空间推进大众创新创业的指导意见》（国办发〔2015〕9号）

1）加快构建众创空间。总结推广创客空间、创业咖啡、创新工场等新型孵化模式，

充分利用国家自主创新示范区、国家高新技术产业开发区、科技企业孵化器、小企业创业基地、大学科技园和高校、科研院所的有利条件，发挥行业领军企业、创业投资机构、社会组织等社会力量的主力军作用，构建一批低成本、便利化、全要素、开放式的众创空间。发挥政策集成和协同效应，实现创新与创业相结合、线上与线下相结合、孵化与投资相结合，为广大创新创业者提供良好的工作空间、网络空间、社交空间和资源共享空间。

2）降低创新创业门槛。深化商事制度改革，针对众创空间等新型孵化机构集中办公等特点，鼓励各地结合实际，简化住所登记手续，采取一站式窗口、网上申报、多证联办等措施为创业企业工商注册提供便利。有条件的地方政府可对众创空间等新型孵化机构的房租、宽带接入费用和用于创业服务的公共软件、开发工具给予适当财政补贴，鼓励众创空间为创业者提供免费高带宽互联网接入服务。

3.《国务院办公厅关于深化高等学校创新创业教育改革的实施意见》（国办发〔2015〕36号）

1）把解决高校创新创业教育存在的突出问题作为深化高校创新创业教育改革的着力点，融入人才培养体系，丰富课程、创新教法、强化师资、改进帮扶，推进教学、科研、实践紧密结合，突破人才培养薄弱环节，增强学生的创新精神、创业意识和创新创业能力。

实施弹性学制，放宽学生修业年限，允许调整学业进程、保留学籍休学创新创业。

2）完善国家、地方、高校三级创新创业实训教学体系，深入实施大学生创新创业训练计划，扩大覆盖面，促进项目落地转化。深入实施新一轮大学生创业引领计划，落实各项扶持政策和服务措施，重点支持大学生到新兴产业创业。

4.《浙江省人民政府办公厅关于加快发展众创空间促进创业创新的实施意见》（浙政办发〔2015〕79号）

支持各类众创空间发展。针对初创企业急需解决的资金问题，以资本为核心和纽带，聚集天使投资人、创业投资机构，依托其平台吸引汇集优质的创业项目，为创业企业提供融资服务，并帮助企业对接配套资源，发展投资促进类众创空间。以提升创业者的综合能力为目标，充分利用丰富的人脉资源，邀请知名企业家、创业投资专家、行业专家等担任创业导师，为创业者开展有针对性的创业教育和培训辅导，发展培训辅导类众创空间。依托行业龙头骨干企业，以服务移动互联网企业为主，提供行业社交网络、专业技术服务平台及产业链资源支持，协助优质创业项目与资本对接，帮助互联网行业创业者成长，发展专业服务类众创空间。在互联网技术、开发和制造工具的基础上，以服务创客群体和满足个性化需求为目标，为创客提供互联网开源硬件平台、开放实验室、加工车间、产品设计辅导、供应链管理服务和创意思想碰撞交流的空间，发展创客孵化类众创空间。鼓励行业协会、新闻媒体等机构利用自身优势，面向创业企业提供线上线下相结合，包括宣传、信息、投资等各种资源在内的综合性创业服务，发展其他各具特色的众创空间。

1.3.2 大学生自主创业可享受的优惠政策

按照《国务院关于做好当前和今后一个时期促进就业工作的若干意见》(国发〔2018〕39号)、《关于进一步落实重点群体创业就业税收政策的通知》(财税〔2018〕136号)、《财政部国家税务总局人力资源社会保障部关于继续实施支持和促进重点群体创业就业有关税收政策的通知》(财税〔2014〕39号)、《浙江省人民政府关于支持大众创业促进就业的意见》(浙政发〔2015〕21号)、《浙江省人民政府办公厅关于加快发展众创空间促进创业创新的实施意见》(浙政办发〔2015〕79号)等文件规定,高校毕业生自主创业优惠政策主要包括:

(1) 税收优惠 对持"就业创业证"(注明"毕业年度内自主创业税收政策"或附着"高校毕业生自主创业证")人员从事个体经营的,在3年内按每户每年12000元为限额依次扣减其当年实际应缴纳的营业税、城市维护建设税、教育费附加、地方教育附加和个人所得税。限额标准最高可上浮20%,各省、自治区、直辖市人民政府可根据本地区实际情况在此幅度内确定具体限额标准,并报财政部和国家税务总局备案。对高校毕业生创办的小型微型企业,按规定落实好减半征收企业所得税、月销售额不超过2万元的暂免征收增值税和营业税等税收优惠政策。

(2) 小额担保贷款和贴息支持 符合创业担保贷款申请条件的人员自主创业的,可申请最高不超过15万元的创业担保贷款。小微企业当年新招用符合创业担保贷款申请条件的人员数量达到企业现有在职职工人数25%(超过100人的企业达到15%)并与其签订1年以上劳动合同的,可申请最高不超过300万元的创业担保贷款。在电子商务网络平台开办"网店"的高校毕业生,可享受小额担保贷款和贴息政策。以浙江省为例,有创业要求、具备一定创业条件但缺乏创业资金的在校大学生、城乡劳动者创办个体工商户(含经认定的网络创业,下同)的,可申请不超过30万元的贷款;合伙经营或创办企业的,可适当提高贷款额度。对在校大学生和毕业5年以内高校毕业生、登记失业半年以上人员、就业困难人员、城镇复退军人、持证残疾人(以下统称重点人群)实行全额贴息。

(3) 提供资金支持 充分发挥中小企业发展专项资金的积极作用,推动改善创业环境。鼓励企业、行业协会、群团组织、天使投资人等以多种方式向自主创业大学生提供资金支持,设立重点面向扶持高校毕业生创业的天使投资和创业投资基金。对支持创业早期企业的投资,符合条件的,可享受创业投资企业相关企业所得税优惠政策。

(4) 免收有关行政事业性收费 毕业2年以内的普通高校毕业生从事个体经营(除国家限制的行业外)的,自其在工商部门首次注册登记之日起3年内,免收管理类、登记类和证照类等有关行政事业性收费。

(5) 享受培训补贴 对高校毕业生在毕业学年(即从毕业前一年7月1日起的12个月)内参加创业培训的,根据其获得创业培训合格证书或就业、创业情况,按规定给予培训补贴。

(6) 享受社保补贴　根据《浙江省人民政府关于支持大众创业促进就业的意见》(浙政发〔2015〕21号)，城乡劳动者在村级电子商务服务站服务1年以上并依法缴纳社会保险费的，经人力社保、财政部门认定，可享受一次性创业社保补贴，其中毕业年度离校未就业高校毕业生的补贴标准可提高到1万元。

(7) 免费创业服务　有创业意愿的高校毕业生，可免费获得公共就业和人才服务机构提供的创业指导服务，包括政策咨询、信息服务、项目开发、风险评估、开业指导、融资服务、跟踪扶持等"一条龙"创业服务。各地在充分发挥各类创业孵化基地作用的基础上，因地制宜建设一批大学生创业孵化基地，并给予相关政策扶持。对基地内大学生创业企业要提供培训和指导服务，落实扶持政策，努力提高创业成功率，延长企业存活期。

(8) 场地支持　鼓励各地充分利用现有资源建设大学生创业园、创业孵化基地和小企业创业基地，为高校毕业生提供创业经营场所支持。浙江省鼓励各地新建或利用闲置场地改造建设一批面向大学生、失业人员、返乡农民工、残疾人等人群的创业园，对创业园建设给予支持。创业园提供创业孵化服务的，可按实际孵化成功企业数给予补贴。

(9) 落户优惠政策　取消高校毕业生落户限制，允许高校毕业生在创业地办理落户手续（直辖市按有关规定执行）。根据《浙江省人民政府办公厅关于加快发展众创空间促进创业创新的实施意见》(浙政办发〔2015〕79号)，对自主创业的高校毕业生，按规定落实创业担保贷款及贴息、创业补助和带动就业补助等扶持政策。符合条件的在浙创业的高校毕业生，根据本人意愿，可将户口迁入就业地，也可申领"浙江省引进人才居住证"。众创空间等新型孵化机构可根据需要申请设立集体户口。

(10) 高校毕业生提升自主创业能力　各高校要广泛开展创业教育，积极开发创新创业类课程，完善创业教育课程体系，将创业教育课程纳入学分管理。

各地人力资源社会保障部门已形成一些成熟的创业培训模式，如"GYB"（产生你的企业想法）、"SYB"（创办你的企业）、"IYB"（改善你的企业）。高校毕业生可选择参加创业培训和实训，并可按规定享受培训补贴，以提高创业能力。

(11) 小额担保贷款

1）概念和用途。小额担保贷款是指通过政府出资设立担保基金，委托担保机构提供贷款担保，由经办商业银行发放，以解决符合一定条件的待就业人员从事个体经营自筹资金不足的问题的一项贷款业务。小额担保贷款主要用做自谋职业、自主创业或合伙经营和组织起来创业的开办经费和流动资金。

2）申请小额担保贷款的额度以及贷款期限。国家规定对符合条件的高校毕业生自主创业的，可在创业地按规定申请小额担保贷款；从事微利项目的，可享受不超过10万元贷款额度的财政贴息扶持。各地对申请小额担保贷款额度有不同规定。对合伙经营和组织起来就业的，可适当提高贷款额度。

小额担保贷款的期限一般不超过2年，可展期一年。

3）申请小额担保贷款。小额担保贷款按照自愿申请、社区推荐、人力资源社会保障部门审查、贷款担保机构审核并承诺担保、商业银行核贷的程序，办理贷款手续。

各国有商业银行、股份制商业银行、城市商业银行和城乡信用社都可以开办小额担保贷款业务，各地区根据实际情况确定具体经办银行。在指定的具体经办银行可以办理小额担保贷款。

（12）哪些项目属于微利项目？ 微利项目由各省、自治区、直辖市人民政府结合当地实际情况确定，并报财政部、中国人民银行、人力资源社会保障部备案。对于从事微利项目的，财政据实全额贴息，展期不贴息。

【思考与练习】

1. 了解当前国家关于就业创业的相关政策。
2. 结合你自身的需求，通过相关网站了解当前就业形势。

第 2 章
美术类专业的职业发展形势

在社会发展的新形势下,我国当代艺术和艺术教育正面临着全球境遇与本土资源共生、传统语言与新媒体语言互动、严肃人文关怀与时尚娱乐文化彼此促进的复杂而又充满生机的历史性的新局面。在美术类专业近几十年的发展进程中,以学科链状结构融合从传统的艺术形式到新媒体艺术,从纯粹的造型艺术形式到设计、影像的当代艺术创作的总体布局,形成了一个互相照应但又彼此不同的教学整体性结构。

2.1 美术类专业的职业特征

结合美术类专业的发展历史、专业特点及其在社会发展中产生的影响，美术类专业呈现出以下较清晰的职业特征。

(1) 社会性　即从事的职业是与社会人员、环境、场所相互关联的社会活动。
(2) 经济性　即以获取报酬及生活资源为目的。
(3) 技术性　即具有一定的技术含量与从业规范化要求。
(4) 技艺性　即与从事职业相对应的专门的技术、能力、知识。
(5) 多样性　即由职业分工的种类而产生出职业的丰富性与分工的细化，呈现出多样性的特点。
(6) 变异性　即顺应时代的变化，表现出交叉性强，覆盖面广，经济发展的联系性密切，不断更迭、覆盖、转换、消失、发展的特点。
(7) 规范性　即必须符合国家法律法规和社会道德规范。

2.2 美术类专业的职业发展前景

职业发展从广义上理解，是指随着社会生产力的发展，职业内容、分工、结构、状态、组织、形式等不断更新、变化、调整的过程。从狭义上理解，是指组织用来帮助员工获取目前及将来工作所需的技能、知识的一种方法。对个人而言，也指在个人选定的领域里，通过自身的设计与努力，达到职业目标与功能的最大化。

美术类职业发展前景通常指对应美术类专业的相关职业，其由小而大，由弱而强，由低级到高级，由简单到复杂，具有前瞻性的发展变化过程。美术类专业的职业发展前景具有较强的广泛性、专业性、时代性。美术类专业涉及范围广，在当前形势下，各行各业基本上都离不开美术，尤其集中在美术教育、美术研究、媒体出版、城市规划与建筑、服装、产品设计、动画游戏、影视制作与设计、文化艺术经营和管理、文化创意产业、文博等行业中，因此美术类专业的职业前景覆盖范围较大，与美术类相交叉的职业也可列为美术类职业。再加上美术类专业在艺术的大范畴下，有一定的延伸性与适应性，职业发展前景广泛。

2.2.1　造型艺术类专业的职业发展前景

造型艺术类专业作为中国最早开设的传统学科，是我国美术类一个重要的专业，也是中国现代艺术教育形成和发展的一个重要标志。

造型艺术类专业培养人才的定位是具有中国当代精神品质、中西文化素养、较高艺专长和理论水平的创造性人才，以满足全国造型艺术教育与创作发展的需要。造型艺术类专业作为美术类教育里的传统学科，始终是美术学的核心与特色学科群。同样，造型艺术类专业的职业发展前景也在美术教育中占据着为大众所关注的核心位置。

以中国美术学院为例，造型艺术类专业历史悠久，底蕴深厚，是我国文化与艺术的巨大宝库。造型艺术类专业门类繁多，涉及面广，囊括了中国画、书法、油画、版画、雕塑、跨媒体六大专业方向。

中国画专业是以研究中国绘画创作为主攻专业方向的教学系科，分别设有中国人物绘画、中国山水绘画、中国花鸟绘画三个专业方向。现培养的毕业生去向多为高等、中等教育系统，出版社，专业研究学会等与专业衔接较紧密的行业。

书法专业以培养具有较高的书法篆刻创作实践与学术研究能力的专门人才为目标，现设有书法与篆刻、书法学与教育两个专业方向。现培养毕业生多去往各类教育系统、各类艺术研究机构、青少年宫，以及其他专项培训机构。

油画专业立足于全球境域中发展着的油画艺术传统专业，重视系统的基础理论和方法论体系的研究，重视油画与中国艺术精神的融通，重视基本技能与探索精神相结合的教学方法，致力于培养能够从事油画创作与相关教学工作的专门人才。毕业生去向多为高等、中等教育系统，杂志社，媒体行业，动画设计与制作，画廊，美术机构，或成为职业艺术家。

版画专业始终坚持"以革命文化为其策源，以本土传统为其培养，以版画技术为其基础，以民族担当的使命重负和中国精神的活化重建为其旨归"的学术方针，培养具有扎实版画造型能力与相关基础理论知识、拥有独立版画创作和科研能力的应用型与创造型专门人才。版画系实行工作室制教学，现设有民族性版画、新现实版画、表现性版画和复合性版画四个专业教学工作室。同时建有涵盖了平版、凹版、凸版、漏版、综合版以及传统木板水印等各专业版种、配备国际一流专业设备的大型版画实验室。培养毕业生去向多为高等、中等教育系统，广告公司，相关美术机构，博物馆以及职业策展人，职业艺术家，或从事电影制作、书籍插画等。

雕塑系始终坚持"中西合璧，兼容并蓄"的办学思想，努力营造"多元互动，和而不同"的学术氛围。实行基础教学和工作室教学两段制教学模式，形成了本、硕、博三个层面完整的培养体系。现设有具象雕塑、跨界雕塑、木石金火雕塑、东方性雕塑四个工作室，以及雕塑造型基础（全院共修）、木石金火（陶、小型铸造）、综合材料、放大制作（全院共用）四个实验室。几十年来毕业生多在高等、中等教育系统，雕塑院，设计公司，企业等相关行业从业。

跨媒体专业是以媒体实验、艺术创作、文化研究、策展实践四维互动的跨学科教育格局，全面优化当代艺术教育的教学模式，以推动当代艺术的跨学科研究和跨领域实践为方向的专业系科，开设有摄影、录像、网络、动画、声音、表演、互动装置艺术等课程，以培养掌握新媒体技术、具有实验精神和自主创新能力的当代艺术与创意人才为目标。近几年来毕业生多去往设计公司、企业、出版社、杂志社、传媒机构、动画公司等相关行业，以及做职业艺术家等。

随着社会各类职业的产生与发展，多年来一直被设计类专业占据着的动漫企业、网络游戏企业、艺术设计企业，因目前的设计人员趋向饱和，急需填补行业中原创型绘画与造型的专业人才。因此，近几年里大量需求原创能力强、造型基础好的造型艺术类专业毕业生，如网易、腾讯、阿里巴巴等大型网络公司招聘较多的造型艺术类专业毕业生。但造型艺术类专业学生固守一个行业的现象还较为严重，职业拓展的力度不大，在跨行业与交叉专业的行业中寻求职业发展的还不普遍。同时，造型艺术类专业的学生在专业技能方面较有特长，整合各学科知识，寻求创业之路在近几年的运作中发展态势良好，可成为今后造型类专业学生的重要职业途径之一。

2.2.2 设计类专业的职业发展前景

跨入21世纪以来，我国设计类专业因与社会的大批量需求紧密结合，呈现出蓬勃的发展生机。

以中国美术学院为例，近几年来一直着力培养一流学术研究型与设计实验型的创造型高品质设计人才。学科根据社会发展需求，及时调整培养目标，为社会输送符合时代精神与适应社会新需求的高品质设计人才。将学科研究与建设直指社会重大实践，在实践过程中做到"完成一个项目，锻炼一批人"，逐步实现设计学科的升级与转型，从而在国内同行中凸显出中国美术学院设计学科集群的特色优势和活力。

目前，国内开办设计专业的院校大致可分两类，一类是艺术类院校，另一类是理工科大学或综合性大学，而后者占了所有这些院校的绝大多数。

今天，设计师被认为是一个高投入、高回报的职业，从而形成了设计类专业的"虚火"。但与设计人员不断增多的速度不相称的是当今对设计人才的需求并不如人们想象的那么大，而且这种需求有明显的地域特征：大城市需求量较大，中小型城市需求量相对较小。此外，中国目前正处于从"Made in China"到"Design in China"的转型之中，对具有高素质的设计师的需求空前增长，然而目前设计专业毕业生与市场的要求仍存在一定距离。从中不难发现，人才的供需之间不对口现象明显。

中国美术学院设计类专业毕业生，其专业包括平面设计、染织与服装设计、工业设计、综合设计、设计艺术学、建筑学、城市规划、景观学、环境艺术、动画、摄影、影视广告、动漫游戏设计等。从整体就业形势来看，设计类专业的人才需求呈现稳中有升的态势，特别是传统专业平面设计、染织设计以及近几年新兴的环境艺术、网络游戏专业。整体的就业率一直维持在90%左右，但是应届毕业生自身往往存在着定位过高以及对市场缺乏了解的问题，从而造成了一方面社会人才短缺，另一方面毕业生无法匹配岗位需求的现象。设计类专业毕业生在创业方面也具有一定的积极性，具备创业意向的学生占20%~30%的比例，而真正实施的不超过3%。

(1) 平面设计　平面设计与商业活动紧密结合，在国内的就业范围非常广泛，包括平面设计师、设计助理、美术指导、设计总监等职位。平面设计主要包括美术排版、平面广告、海报、灯箱等的设计制作。就业去向：报纸、杂志等大众传播媒体、广告公司等相关行业。最近几年新社交媒体的发展，如 APP、微信公众号等，也使平面设计专业人才需求大幅度提高。目前，一名优秀的平面设计师的平均月薪在 8000 元人民币左右，若有能力胜任更高的职位，如设计部门主管、创意部门总监等，其平均月薪一般不会低于 10000 元人民币。

(2) 染织与服装设计　有资料显示，加入 WTO 以后，纺织和服装业的人才需求旺盛，每年可以增加 160 多万个岗位。所以，毕业生不是找不到工作，最重要的是调整自己的心态，谋求发展。服装设计专业培养的是服装设计师、品牌策划师。浙江省纺织类的学校不多，但是服装特别是女装企业实力较强，杭州也被称为"女装之都"。特别是染织专业，需求比一般都在 1∶3～1∶4 之间。然而，由于刚毕业的服装类专业大学生对市场缺乏了解，只适合担任设计助理的角色，必须经过至少 3～5 年的积累和磨炼才能真正担起重任。

(3) 工业设计　工业设计的主旨同可持续发展战略是一脉相通的。在 21 世纪，工业设计将成为企业生存的关键和核心。如果没有卓越的产品设计，任何先进技术、精良装备与严格的管理都无法创造出精美的产品。目前，国内开设工业设计专业的约 400 所院校大致可分为艺术类院校或理工科大学、综合性大学。艺术院校与综合性大学的工业设计专业在解决技术与材料问题两方面相比较，更强调寻求和解决人—产品—环境—社会的和谐、统一与协调，注重研究内部结构与功能、使用习惯与方法、生产工艺的选用、节约原材料与降低成本、外观设计与色彩、包装与运输，直到如何推向市场销售等问题，运用丰富的色彩、美妙的曲线、独特的造型、新奇的结构和使用方法激发起人们的情感反应，达到影响人、感染人和使人易于接受的目的。就业方向多为产品设计师。

(4) 建筑学　建筑设计专业毕业生可在各建筑设计院、建筑装饰设计公司、各类建筑装饰公司、园林景观设计公司、政府有关管理部门、房地产开发公司、各类专业设计事务所等单位工作，或在高等院校和科研单位从事教学及科研工作。目前，建筑业、房地产业的持续高速发展，使建筑类专业毕业生成为高校应届求职大军中的宠儿。在大学毕业生总体就业压力比较大的情况下，建筑类专业毕业生仍然十分走俏，需求量在各类专业中名列前茅。

(5) 环境艺术　环境艺术设计的就业面很广，社会需求量每年居高不下。无论是室内设计，还是景观设计，均需要大量的环境艺术设计人才。环境艺术的专业涵盖从过去的室内设计发展到今天的室外设计、广场设计、园林设计、街道设计、景观设计等全方位的设计领域。随着现代人们生活水平和公共场所消费档次的提高，设计也由过去偏重于硬件设施环境的设计转变为今天重视人的生理、行为、心理环境创造等更广泛和更深意义的理解，除了美观外，还要有艺术性、欣赏性、创造联想性等。环境艺术设计是近年来的一个新兴的行业，该专业就业市场一直很广阔，只要是涉及环境艺术类的工作都可胜任，如建筑装饰设计、室内外设计、园林景观设计、环境工程改造等，而且待遇较好。所从事的岗位，一般刚开始是从设计员做起。

（6）动漫游戏设计　动漫游戏专业毕业生可以从事网络游戏、网络动漫等互联网互动娱乐领域、影视动漫制作及电视传媒行业；广告传播等商业制作；手机游戏、手机动漫等无线娱乐领域。岗位多为动漫设计师、动画绘制员、三维动画设计师、平面设计师等。网络游戏、影视动漫制作及电视传媒行业作为新兴行业，人才缺口较大。从目前情况看，我国动漫高端人才的培养步伐远远滞后于人才需求，而且缺口比例较大。同时，广告传播等商业制作公司对动画创意设计人才的需求量和薪资水平，多年来表现稳定。

2.2.3　美术理论类专业的职业发展前景

美术理论类专业主要有美术史论、视觉文化、艺术策划与管理、考古与博物馆学、设计艺术学等方向，为大专院校、文博、出版、艺术研究、艺术市场、视觉传播媒体、视觉产业和管理等部门输送具有全面知识素养、专业文化理论的专门人才和艺术相关产业的实践类人才。

美术史论专业以美术史学科传统基础理论、方法建设和研究为依托，适应时代和学科发展变革新形势，强化美术史学科高点地位，构建中国现代艺术史学与方法体系，与国际主流学术接轨。

视觉文化专业拓展视觉性的文化学研究，研究视觉文化的形式及其相互关系，尤其关注社会领域中的视觉性生产、消费、权力及其文化结构，致力于为社会培养具有深厚学术思想和从事视觉文化产业、推动社会发展的研究性和实践性优秀人才。

艺术策划与管理专业致力于艺术管理与视觉生产两个方向，展开对艺术创作、管理体制和文化生产方式的研究；专注于视觉信息的传播与管理，视觉创意、展览的组织和文化艺术项目策划，培养具有综合学科知识、文化创新意识和社会实践能力的策划—管理型人才。

考古与博物馆学专业主要关注美术的记忆和遗产，重点在于建立新博物馆学的基础，引进欧美20世纪60年代以来新的博物馆学观念，同时积极探索具有本土特色的美术博物馆学理论，为我国方兴未艾的博物馆和美术馆等公共艺术搭建重要平台。

设计艺术学专业以高端市场实践为基础，以设计史论为专业办学方向，以理论与实践的互动、中国传统文化与现代设计思潮的融合为基本学脉，将设计管理与策划、设计比较与评论、设计保护与民俗作为应用学科，着力培养懂设计、通理论、重创意的高级专门人才。

美术理论类毕业生能从事艺术研究、艺术评论、文博艺术管理、艺术策划、新闻出版等方面的工作，毕业生就业单位基本上是与艺术、文化相关的机构，专业相关性较大。

本科毕业生就业去向大致为画廊、拍卖公司、艺术策划公司、文化传播公司、美术报刊、艺术类杂志等。随着各种艺术网站、网络媒体和广告的迅速发展，近几年相关艺术网站的就业机会逐渐增多。这些工作涉及的岗位多为编辑、文案策划、策展助理等，实践性较强。

近几年，美术馆、博物馆、大专院校等专门机构和相关文化事业单位对美术理论专业人才的需求相对饱和，同时对人才专业水准要求提高，一般都要求毕业生具有研究生学历。美术学专业的理论性强，不少学生本科毕业后选择进一步深造，攻读研究生。研究生毕业后的就业去向大致为高校、文博书画机构、美术馆、博物馆、出版社等文化、教育、宣传单位，从事相关的教学、研究、管理工作。

对于美术理论类专业的学生来说，需要关注自身综合素养、综合能力的培养和提高。根据近几年毕业生在就业过程中对从事岗位技能要求的反馈信息来看，以下几方面是工作中普遍强调和需要掌握的：一是对美术史、艺术史、书画鉴别等专业知识能力的要求；二是对文案写作、编辑校对、总体策划等文字能力的要求；三是对计算机、外语等应用型能力的要求；四是对组织管理、人际交往、沟通协调、团队合作精神等软能力的要求。

对于致力于从事纯理论研究的学生来说，要注重培养自身的学术研究能力，以期获得进一步的深造；对于非致力于理论研究的学生来说，要更多地参与实习实践，广泛参加与本专业相关的各类社会活动工作，把专业知识变为技能，了解市场的需求，明确自己与岗位能力要求的差距，找到更多可能的就业方向。

2.3 文化创意产业——艺术类毕业生就业创业的新天地

根据我国《文化及相关产业分类》，认为文化产业是为社会公众提供文化、娱乐产品和服务的活动，以及与这些活动有关联的活动的集合。而文化创意产业是文化产业发展到一定阶段的产物，它与文化产业不是简单的同义词，更不是对传统文化的简单复制，而是以创意和知识为核心的产业。在新的文化背景下，浓缩了人类的智慧结晶，依靠人的灵感和想象力，借助高科技对传统文化资源的再提升，产生高附加值产品，创造财富和就业潜力，并具有自主知识产权的创意性，形成知识密集型新兴产业集群。

2.3.1 文化创意产业的内涵

1. 文化创意产业的含义

"文化创意产业"又称"创意经济""创意工业"，是指依靠创意人的智慧、技能和天赋，借助于高科技对文化资源进行创造与提升，通过知识产权的开发和运用，产出高附加值产品，具有创造财富和就业潜力的产业。

较为完整的文化创意产业概念最早由英国提出。英国政府根据自己对创意产业的定义，把13个文化产业部类确定为创意产业，这13个产业部类包括广告、建筑、艺术和文物交易、工艺品设计、时尚设计、电影、互动休闲软件、音乐、表演艺术、出版、软件以及电视和广播。经济学家霍金斯在《创意经济》一书中，对创意产业做出了更为宽泛的定义："版权、专利、商标和设计四个产业的总和，构成了创意产业和创意经济。"

金元浦教授认为，创意产业是全球化条件下，以消费时代人们的精神文化娱乐需求为基础，以高科技技术手段为支撑，以网络等新传播方式为主导，以文化艺术与经济的全面结合为自身特征的跨国、跨行业、跨部门、跨领域重组或创建的新型产业集群。它是以创意为核心，向大众提供文化、艺术、精神、心理、娱乐产品的新兴产业。从应用实践的角度看，这个定义的实际意义更加重大。

2. 文化创意产业的特征

1998 年《英国创意产业路径文件》明确提出："任何一种文化创意活动，都要在一定的文化背景下进行，但创意不是对传统文化的简单复制，而是依靠人的灵感和想象力，特别强调通过开发人的智能创造财富的能力，是一种在全球化的消费社会的背景中发展起来的，推崇创新、个人创造力，强调文化艺术对经济的支撑与推动的新兴理念、思潮和经济实践。"

文化创意产业一般具有如下特征。

（1）高知识性　文化创意产业属于知识密集型产业，它的经营方式灵活多变，需要不断地探寻新的想法、新的合作者和新的市场，需要拥有较大比例的高学历从业人员，从而呈现出高知识性、智能化的特征。

（2）高附加值性　文化创意产业处于技术创新和研发等产业链的高端环节，可以以较少的物质资源消耗，迅速将独特创意转化为具有知识产权的成果、设计或产品，在一些领域形成市场竞争力，是一个集文化、科技、信息高度融合的高附加值产业。

（3）高辐射性　文化创意产业作为一种新兴的产业，是经济、文化、技术等相互融合的产物，具有高度的融合性、较强的渗透性。文化创意产业在带动相关产业的发展、推动区域经济发展的同时，还可以辐射到社会的各个方面，全面提升人民群众的文化素质。

（4）低碳性　文化创意产业作为低碳经济中技术创新和研发等产业价值链的高端环节，还是一种低碳的绿色产业。它消耗资源比较少，对环境污染、破坏也比较小，在人口日益增加、资源日益匮乏的当下，发展文化创意产业无疑会大大减轻因发展经济而给资源储备带来的压力。

2.3.2　文化创意产业的范围

文化创意产业是主要依靠创意人的知识、智慧、技能、灵感、天赋，通过科技与艺术两大手段，对文化资源进行创造、重构、嫁接和提升，并与其他产业融合生产出具有文化艺术元素的高附加值的产品与服务，以满足人类感性需要和理性精神需求的产业。它是知识经济体系中的重要环节。

文化创意产业是文化艺术创意和产品生产的结合，包括表演艺术、电影电视、出版、艺术品及古董、音乐、建筑、广告、数码娱乐、计算机软件开发、动画制作、时装及产品设计等。它包含文化产品、文化服务与智能产权3项内容，具体分为以下5类：

（1）动漫游戏业　主要是指动漫制作、网络游戏、互动休闲软件的开发、出版、分销、零售等数字娱乐行业。在美国，仅迪士尼公司2019年营业收入就高达693.7亿美元。在韩国，动漫游戏产业已超过汽车工业而成为该国第三大支柱产业。

> **小贴士**：杭州市发展动漫游戏产业条件优越：IT产业发达，有能提供良好技术支撑的NEC、三星等一批国内外知名企业；杭州有8所高校开设了动漫游戏专业。杭州提出打造"动漫之都"的目标，建立了国家动画产业园、国家动画教研基地、国家数字娱乐产业示范基地等5个国家级基地和杭州市动漫游戏科技创新服务平台，制定了动漫游戏业发展规划及相关扶持政策。

（2）设计服务业　主要是指以先进装备制造设计、服装设计、包装设计、模型设计等为重点的设计业，建筑设计及装潢、建筑模型等相关行业，环境规划设计、园艺设计、城市色彩设计等新兴设计业，以及广告业，包括消费者研究、客户市场营销计划管理、广告创作、促销、公关策划、媒体规划、购买与评估、信息制作业等。工业设计业对于推进制造业结构调整、产业升级、转变发展方式具有重要意义。

> **小贴士**：杭州市在推进"城市有机更新"的实践中，培养锻炼了一大批建筑、景观类设计单位和一支高水平的建筑、景观类设计师队伍，依托这些基础，充分发挥在杭建筑类、艺术类高等院校的作用，加快发展建筑、景观类设计业，塑造"杭州设计"品牌。

（3）艺术品业　主要是指绘画、书法、雕塑、篆刻、工艺美术等视觉（造型）艺术业。以杭州为例，该区域发展艺术品业具有得天独厚的优势。以中国美术学院、浙江大学和西泠印社为主体的美术教育研究力量，为杭州发展艺术品业提供了强大的学术和人才支撑；浙江画院、杭州画院等众多艺术单位和艺术家，形成了强大的艺术品创作和生产力量；杭州不但较好地传承了具有优秀历史文化传统的工艺美术品，而且近年来又涌现出了不少新品种、新产品。

（4）影视、音乐、出版业　电影电视剧本创作、制作、分销、展演；音乐及录音产品的制造、分销与零售；期刊出版、报纸出版、数字出版及软件设计等。

（5）会展业　例如，杭州市在中国西湖国际博览会、世界休闲博览会的带动下，会展业快速发展，初步形成了创意策划、场馆管理、会展传播、招商代理、广告代理、布展设计、设备租赁等相配套的"产业链"，从展览、会议拓展到品牌推广、大型节庆文化活动、体育赛事等领域，培育了中国国际动漫节、中国网商大会、中国网商节、中国国际丝绸博览会暨中国国际女装展览会、西湖艺术博览会等一批富有文化创意特色的重大会展、节庆及会议品牌。

2.3.3 国外文化创意产业的发展状况

联合国教科文组织认为文化创意产业是指依靠创意人的智慧、技能和天赋，借助于高科技对文化资源进行创造与提升，通过知识产权的开发和运用，产生出高附加值产品，具有创造财富和就业潜力的产业。

1. 英国文化创意产业发展状况

英国是文化创意的发源地。在全球范围内，英国最早开始重视文化创意产业的发展，也是英国最早提出文化创意产业的定义和内容。多年来，在英国政府的引导和推动下，英国创意产业增加值占 GDP 的比重超过 7%，增长快速。可以说，文化创意产业已成为推动英国经济发展的重要动力，在增强英国文化软实力、提高其国际影响力等方面发挥着重要作用。

2. 美国文化创意产业发展状况

美国是全球文化创意产业最为发达的国家，从 1996 年开始，文化创意产品超过其他所有传统产业产品，成为美国最大宗的出口产品。作为全球最大的文化创意产品生产国，文化创意产业已经成为美国知识经济的核心内容及其重要表现形式。2008 年美国全国的 GDP 中文化创意产业就已占了 25%。2016 年美国国际知识产权联盟发布的《美国经济中的版权产业：2016 年度报告》显示，2015 年美国版权产业实现增加值 2.1 万亿美元，占 GDP 的比重达 11.69%，远超过金融保险业、健康和社会保障业等行业，成为美国第一大产业，2012—2015 年版权产业增加值年均增长 3.87%，远高于美国 GDP2.11% 的年均增速。此外，版权产业对美国就业贡献率为 7.95%，音乐、电影、软件及报纸 4 个版权细分行业的海外销售和出口额远高于化学等其他行业，是美国输出商品的最重要组成部分。

3. 日本文化创意产业发展状况

作为一个文化产业大国，日本在文化产业领域的创意享誉世界：日本的流行时尚，多年来引导着亚洲乃至世界的潮流；日本动漫在世界动漫领域独霸一方；日本的游戏业更是走在世界同行前列。

2002 年，美国政治分析家道格拉斯·麦克格雷在著名的《外交》杂志上发表了《日本国民酷总值》一文，高度评价了日本在动漫、流行音乐、电子游戏、家电产品、时装和美食等流行文化领域的国际影响力。此后"酷日本"成了富有创意的日本流行文化代名词。从另一个方面来说，"酷日本"也是日本软实力的象征。

据《考试周刊》2016 年第 90 期刊载的《日本文化产业发展的特点及启示》一文，2015 年日本文化产业占 GDP 的比重为 10%。日本在 120 多个国家（地区）占有电视节目市场份额，掌握了全球8%以上的电视节目主导权，电影产品占全球票房的6%，唱片发行占全球市场的2%。此外，日本还是全球最大的动漫制作和输出国，全球播放的动漫作品中60%以上出自日本，在欧洲达80%以上。日本动画协会报告显示，2016年日本动漫市场规模突破2兆日元，动漫作品年产量300部以上，制作了Kitty猫、哆啦A梦等全球影响广泛的动漫人物形象和作品。

> **小贴士**：在日本文化创意产业中，动画片的制作具有举足轻重的地位，"70后"与"80后"应当对日本的系列动画片不陌生，它基本陪伴了"70后"的幼年与少年阶段、"80后"的幼年阶段。日本动画片从最初的以儿童为对象扩大到以少男、少女、成年人为对象，从而进一步拓展了作品内容，拓宽了动画片的收视群，进一步促进了动画片制作行业的发展。

2.3.4 我国部分城市文化创意产业的发展概况

近年来，我国文化创意产业有很大发展，尤其在香港、台湾地区，文化创意产业正在以前所未有的速度迅速崛起。上海、深圳、北京、杭州等城市积极推动创意型行业的发展，正在建立一批具有开创意义的文化创意产业基地。我国文化创意产业的理论研究已有相当的基础，一批全国及各地的文化产业发展的蓝皮书出版，一批西方文化创意产业的报告和著作发表，一批文化创意产业的案例研究也已发布，并取得显著成果。

1. 北京市文化创意产业发展状况

自2005年年底北京市确立大力发展文化创意产业的重大战略决策以来，经过十几年发展，文创产业已经成为首都经济的重要支柱和新的增长点。

2018年8月31日，北京市统计局依据国家统计局的标准发布了"2018年1~7月规模以上文化产业情况"，收入增长5672.3亿元，同比增长15.9%，其中：新闻信息服务增长最快，同比增长24.9%；创意设计服务同比增长21.9%；文化娱乐休闲服务增长18.3%；文化核心领域增长18.2%。

2. 上海市文化创意产业发展状况

上海是我国国内最早推动创意产业全面发展的城市。目前，上海已经成为我国创意产业发展最迅速、总体实力最强、产业形态相对成熟的城市之一。2017年，上海文化产业实现增加值2081.42亿元，占地区生产总值的比重为6.80%，占我国文化及相关产业总增加值34722亿元的比重为5.99%。近年来，文化产业增加值保持平稳快速增长势头，占全市GDP比重稳步上升，作为上海国民经济发展的支柱性产业之一，在加快新旧动能转换、推动经济高质量发展中发挥了积极作用。

2018年，为深入落实"上海文创50条"，上海连续发布《关于促进上海动漫游戏产业发展的实施办法》《关于促进上海网络视听产业发展的实施办法》《关于促进上海演艺产业发展的实施办法》《关于促进上海艺术品产业发展的实施办法》《关于促进上海影视产业发展的实施办法》《关于促进上海文化装备产业发展的实施办法》《促进上海创意与设计产业发展的实施办法》等多个实施办法，涉及影视、演艺、出版、创意与设计、动漫游戏、网络视听、艺术品、文化装备8个领域；制定《上海市文化创意产业园区管理办法》《上海市文化创意产业示范楼宇和空间管理办法（试行）》等，完善产业园区、示范楼宇和空间的建设工作；发布《2018年度上海市促进文化创意产业发展财政扶持资金项目申报指南》。上海通过鼓励优化产业布局，推动创新发展，打好政策"组合拳"，逐渐形成全方位的文化产业发展政策体系。

3. 广东省文化创意产业发展状况

从全国范围来看，广东省文化创意产业发育较早，发展也较快。广东省文化创意产业经历了从起步到聚集、到专业园区，从自发到自觉的进程。目前，广东省已形成了文化娱乐市场、书报刊市场、音像制品市场和文物字画、工艺美术品市场等具有相当规模、品种较为齐全的文化市场。

2018年广州数字音乐新兴业态发展领先。此外，广州文交会是广州市搭建文化产业发展平台的创新之举，是全市近年来孕育出来的重要文化品牌。2018年广州文交会活动范畴已扩展到文化金融、文化科技、演艺等11个板块，实现直接成交22亿元、意向签约126亿元。

广州市社会科学院于2019年8月27日发布《广州蓝皮书：广州文化创意产业发展报告（2019）》。蓝皮书指出，2018年，广州文化产业增加值占GDP比重进一步提高，支柱性产业地位进一步提升。为了推进全市文化产业的快速发展，近年来广州高度重视文化产业的顶层设计，在财政、税收、金融等方面加大对文化产业的政策支持，并制定了重要的纲领性文件《广州市关于加快文化产业创新发展的实施意见》，以及针对电影、动漫游戏、文化产业园区、实体书店、博物馆等一系列配套政策文件，初步形成"1+N"的文化产业政策体系。

4. 长沙市文化创意产业发展状况

长沙市作为湖南的省会及全省的文化中心，已初步形成较为完整的文化创意产业体系。2017年长沙文化产业实现总产出2864.4亿元，同比增长11%；实现增加值902.6亿元，同比增长11.3%；文化产业增加值占GDP的比重为8.84%，较上年提高0.17个百分点，文化产业对长沙经济贡献处于全国省会城市前列。

5. 杭州市文化创意产业发展状况

近年来，杭州市的文化创意产业快速发展，目前已经成为国内为数不多的文化创意产业发达地区。2007年，杭州市提出要打造全国文化创意产业中心，着力发展动漫等文化创意产业，培育杭州市新的经济增长点。2019年9月20日，由杭州市文化创意产业发展中心和清科集团共同主办的"2019杭州文化创意产业投融资论坛暨《2018—2019杭州文创产业投资发展报告》发布会"隆重开幕。2018年杭州文创产业实现增加值3347亿元，同比增长11.6%，占GDP比重高达24.8%。

杭州发展文化创意产业有基础，有优势，有潜力。7大优势为杭州打造全国文化创意产业中心奠定了坚实的基础。

1）深厚的文化底蕴为杭州文化创意产业发展提供了良好的人文氛围。杭州文化博大精深、名人灿若繁星。深厚的文化积淀和优秀的文化传统，是杭州发展文化创意产业所独有的宝贵财富和优势。杭州有"精致和谐、大气开放"的城市人文精神，有"勇于创新、敢于创新、鼓励成功、宽容失败"的创新创业文化。这些都是杭州发展文化创意产业的宝贵财富。

2）丰富的人才资源为杭州文化创意产业发展提供了活力源泉。杭州集聚了浙江省一半以上的高等院校、科研院所，拥有浙江大学、中国美术学院、浙江工业大学等一大批与发展文化创意产业密切相关的高等院校。中国美术学院的设计类、动画类以及其他与发展文化创意产业直接相关的学科占全部学科比重70%以上，在校学生达5000人；浙江大学、浙江工业大学、浙江理工大学、浙江传媒学院等高校也都设置了与文化创意产业相关的专业。浙江大学城市学院还专门成立了创意与艺术设计学院，是目前国内首家以突出"创意教育"为办学定位的学院。据不完全统计，目前在杭州高校与发展文化创意产业相关专业的在校学生达12万人，这个数目还将扩大。

3）先发的产业优势为杭州文化创意产业发展提供了扎实的基础。凭借悠久的历史文化积淀和优美的自然环境及政府的大力支持，自2002年以来，杭州文化创意产业得到了较好的发展，目前已经成为国内为数不多的文化创意产业先发地区，其中休闲娱乐、信息软件、动漫游戏、设计服务、艺术品业等优势突出，整体产业基础扎实。

4）发达的区域经济为杭州文化创意产业发展提供了强大的经济支撑。从改革开放至今，浙江省、杭州市的经济得到了迅猛发展，杭州所在的长三角地区是中国经济发达地区，有着旺盛的创意需求和强大的消费能力。以电子信息、医药、装备制造等产业为代表的工业经济继续蓬勃发展，先进制造业基地建设取得阶段性成效；以现代物流、电子商务、专业市场等为代表的现代服务业增长迅速，走在了全国的前列。发达的区域经济将为杭州市文化创意产业实现跨越式发展提供有力支持。

5）庞大的民间资金为杭州文化创意产业发展提供了强大的资金保障。浙江历来是民营经济最发达、民间投资最活跃的地区。作为浙江省省会城市杭州，其市场经济体制较为完善，是全国民营经济强市，"杭商"群体日益壮大，民间投资日益活跃，市场需求旺盛，庞大的民间资金为杭州文化创意产业发展提供了强大的资金保障。

6）独特的环境优势为杭州文化创意产业发展提供了广阔的发展空间。杭州自古以来就有"人间天堂"之美称。几年前，杭州市就确立了"环境立市"的发展战略，把建设"宜居城市"作为政府的首要任务，大力宣扬"环境比 GDP 更重要"的理念，致力于人与自然、文化与经济的和谐发展。独特的环境优势不仅为创意人才提供了得天独厚的生活环境，而且也为其创意、创业提供了丰富的素材资源，同时还有效地降低了创业人员的创业成本。

7）高新技术的研发与制造优势为杭州文化创意产业发展提供了有利的技术条件。经过近几年的精心培育，杭州的高新技术产业特色更趋明显，龙头企业的核心竞争力不断提高。以拥有自主知识产权为特色的"天堂软件"迅速崛起。发达的 IT 产业，先进的计算机网络、数字电视网络、IP 宽带网、移动通信，为杭州传统产业的改造升级，发展文化创意产业提供了有利的技术条件。

如今，发展文化创意产业的相关规划政策正在有条不紊地推进。杭州已明确着力发展信息服务业、动漫游戏业、设计服务业、现代传媒业、艺术品业、教育培训业、文化休闲旅游业和文化会展业 8 大行业，设西湖创意谷、之江文化创意园等 10 大园区，并制定《关于打造全国文化创意产业中心的若干意见》等文件。近年来，杭州市大文化产业专项资金更名为文化创意产业专项资金，在投融资、人才引进、资源整合方面，也出台了一系列政策。

然而，与飞速发展的行业现状不相称的是，我国对行业总体发展战略的研究还不够，对国外创意产业发展的理论基础、政策制定、产业布局、人才战略的研究还不深入，对美国、英国等西方国家，以及日本、韩国、澳大利亚的创意产业的特色与取向还缺乏深入、细致的探讨。因此，我国创意产业的发展仍然需要一个更加富有开拓性的理论先导，需要与全世界创意产业专家共同探讨它的发展、危机和困境，共同寻找未来发展的道路。

目前，我国文化创意产业还是市场不太成熟、需求不稳定、产业链尚不完整的风险产业，但同时又是有效需求高速增长、市场前景十分广阔、经济效益非常诱人的朝阳产业。正是具有这种相辅相成的特点，文化创意产业才需要一个良好的创业环境，需要高效的政策支持机制、高技术的基础设施、相互接驳的产业链条、打破原有行业界限的重组场域，可顺畅交换传播的数字网络和高度市场化的交易平台。

【思考与练习】

1. 结合自身专业特点，了解该专业的就业前景。
2. 对你所在地区的文化创意产业的发展概况做一次调研。

第 3 章
适应大学生活与提升综合素质

考入艺术院校后,了解艺术院校、融入艺术院校,最终实现自我成长成才,这需要进行合理的校园学习生活规划。本章专门从职业发展的角度指导艺术院校大学生尽快适应大学生活,同时在学习方面给出合理化建议,并着力对艺术类大学生在锻炼基本素养、提高综合素质方面等加以系统的指导。

3.1 尽快适应大学生活

大学与高中的教育模式是全然不同的，艺术类院校更有其特殊性。如何更快地适应艺术类大学生活，以便更快地转换角色，进入就业准备期是本节要阐述的主要内容。

3.1.1 适应新的环境

从高中到大学，同学们刚刚实现自己的梦想，踏入更高的艺术学府，生活和学习环境发生了很大的改变，由家长的呵护关怀、老师的督促，过渡到大多数时间处于独立自主的集体生活和自主性学习。有些学生一时难以适应，复杂的心理矛盾、松懈的学习动力、更加多元化的人际关系等都严重影响了正常的学习生活。那么，怎样才能尽快适应大学的学习与生活，尽早从高中状态过渡到大学状态，为日后的就业尽早做好准备呢？这就需要转变观念。

大学需要同学们积极主动学习知识与技能，研究学问，进而培养自己分析、解决问题的能力。在大学里，当然有教师的指导与教授，且这点也是十分重要的，但就学生个人学习进步而言，更为重要的是要靠自己去探索、去拼搏、去钻研。"师傅领进门，修行在个人。"这一点在大学里表现得尤为明显。

1. 适应新的生活环境

艺术院校大学生由于在考前大都有集中培训、独立生活的经历，不少学生在适应异地大学生活方面有着一定的经验和优势，但也有部分学生会出现水土不服的现象。

每个人的体质和适应力不一样，当遇到这样的问题时，要及时就医，保证充足的休息时间和保证良好的心态，多参加体育锻炼，均衡地摄入营养，用不了多久就能适应新的环境。切不可因为环境变化而情绪低落，影响正常的学习。

2. 树立新的奋斗目标

在高中阶段，学生是伏案学习，而在大学阶段，学生需要站起来，四面观望。从高中到大学，从一个相对单纯、熟悉的环境进入到一个复杂、学习任务更重、社会要求更高的环境中，必然要学会独立地生活、学习、交际。这就需要通过老师、学长等渠道了解大学生活，并尽快地适应大学生活节奏。谁占据了主动和先机，谁就能较快地适应大学生活，为自己新的目标而奋斗。

高尔基曾说过："一个人追求的目标越高，他的才能就发展越快，对社会就越有益。"人一旦有了目标，积极性和自觉行为的动力就会被激发出来，反之就会意志消沉、浑浑噩噩。大学新生进入大学后都会有一个普遍的心理：以后不用像备战高考那样紧张了，可以自由自在地享受大学生活了。竺可桢在浙江大学当校长时，曾在新生开学典礼上说道："诸位在校，有两个问题应该自己问问，第一，到'浙大'来做什么？第二，将来毕业后要做什么样的人？"所以，同学们在进入大学校园后要尽快树立自己新的目标，朝着新的目标前进和奋斗。

3. 融入新的集体生活

大学新生离开了自己熟悉的生活环境，离开父母，离开同窗好友来到一个完全陌生的新环境开始了集体生活。面对陌生的面孔、陌生的寝室、陌生的食堂，思乡之情都会油然而生。其实，大学集体生活是人生中最美好也是最值得回忆的一段生活，大学新生们一定要树立自信，大胆热情地与室友们交往，这样你就不会因为缺乏朋友而感到寂寞，更不会感觉到孤独。在集体生活中要热心帮助别人，学会理解他人，同时积极参加各种集体活动以增进彼此的了解，扩大自己的交际圈，认识更多的同学，结交更多的朋友，让大学的集体生活变得丰富多彩。

3.1.2 实现角色的转换

德国哲学家雅斯贝尔斯在谈及大学观念时明确地强调"大学应始终贯穿这一思想观念，即大学生应是独立自主、把握自己命运的人。他们有选择地去听课、聆听不同的看法、事实和建议，为的是自己将来去检验和决定。真正的大学生能主动地替自己订下学习目标，善于开动脑筋，并且知道工作意味着什么。这是一种精神上的升华，每一个人都可以感受到自己被召唤成为最伟大的人。"

由此观之，大学是一个全新的环境。步入这个环境，应树立一个全新的思想意识，即独立自主，自我规划大学生活。不再依赖于"事事有人管"的环境，变"他人管"为"自己管"，成为"主人"角色。

"主人"角色体现在各个方面：身体健康、生活自理、社会交往等，但更重要的是学业的研习。

1. 做时间的"主人"

在高中，老师和家长会帮孩子安排时间，告知何时上课，何时做作业，甚至连休息和出去玩的时间都安排计划好了，而在大学这一切都要靠自己来安排。所以，作为大学生，要从以前"被安排时间的人"转变成"安排时间的人"，这里包括休息时间、娱乐时间、学习时间和社会工作时间等，从另一角度说，时间安排的合理与否直接关系到自身的身体健康、学习效率、社会工作水平和人际交往。

2. 做学习的"主人"

在高中，有固定的教室、固定的老师、固定的座位、固定的同学，而进入大学以后这些元素都会发生相应的变化。专业课、文化课、选修课等不同课程的班级规模也在变化，有时候上课的班级是十几人，有时候就是几百人。作业是否完成，大部分老师不会来催，旷课了，老师也不会主动找上门，大学一节课的内容可能是高中几节课的内容，所以每天要花更多的时间去进行自我学习。学生若没有转变角色去做学习的"主人"，那学习的效率就会变得很低，成绩自然不会理想，这也为今后的就业埋下了隐患。

3. 做自己的"主人"

大学生从进入大学的那一天起就意味着独立生活的开始，身边不再常有父母的关爱和老师的呵护，因此独立处事的能力显得尤为重要。要学会自己管理自己，做自己的"主人"，尤其在法律和道德方面要主动约束自己。要学会用自己的方式去适应身边的一切，更要为自己的所作所为承担起责任。在大学遇到问题要自己想办法去解决，自己未来发展的方向要自己去掌握，自己的人生发展需要自己的规划。大部分艺术院校新生在高考前参加过专业训练辅导班，由于在高中阶段尤其是后半程的冲刺阶段和常规班级有些不同，不免有着和一般学生不同的生活思维和集体观念。加上入学后艺术专业专业教学的活动多以小型、分散方式进行，所以更要注意约束自己，可利用军训、文化课的契机尽快地、有意识地摒弃一些入学前养成的不良习气，调整自己的生活习惯和学习态度。

3.1.3 做好大学生活规划

大学生活看似有三四年之久，但也却是转瞬即逝。因此，规划好自己的大学生活，则显得紧迫而必要。同学们应早做规划，争取在有限的时间里，学习到尽可能多的知识和技能，为日后就业打好坚实基础。

1. 规划的步骤

规划的步骤包括以下几方面：

1）尽快熟悉和适应大学生活这个新环境。

2）按照大学生活的规律确定短期和长期目标，根据目标制订科学合理的计划。大一应注重对全新大学学习方式的认识以及对未来职业的设想，大二着重专业能力的培养，大三着重职业的定向能力培养，大四着重实习就业或深造。大学阶段也可以尝试规划创业。

3）根据计划内容，确定实现计划的方法和途径。根据自己的长期目标，因人而异制定短期目标。目标的实现一般要经历4个阶段：适应阶段、中途阶段、冲刺阶段、实现阶段。

2. 规划大学生活的注意事项

为了不影响规划成果，大学生在规划自己的大学生活时，要特别注意以下几个问题：

1）不要将对未来职业的规划等同于大学生活的规划。未来职业的规划虽是大学生活规划的重要组成部分，但不能代替大学生活的规划。

2）不要急于求成。要根据自己的实际情况制订目标，不可急于走入社会，应该注意不断提高自身的综合素质以及适应社会的能力。

3）做好充分准备。大学生往往在实践方面经验不足，所以要虚心地积累和请教。在学习文化知识的同时，增强对社会的认识，多搜集相关资料，积累一定的社会经验。

3.1.4 安排好课余时间

现在的大学生活中，除了日常的课程，还有各种各样的讲座、研讨会、学术报告、文娱活动、社团活动、社交活动等。这些活动对于大学新生来说，的确是令人眼花缭乱，在积极地面对大学丰富多彩的课余生活的同时，应合理地安排好自己参与课余活动的时间，只有有计划地安排自己的时间才能使自己过得充实而不忙乱。

首先，任何课余的计划都是在不影响学习的前提下制订出来的，不能因为各种社会活动和实践活动而请假。应既保证专业文化学习，又让课余生活有条不紊地进行。

其次，积极参加体育锻炼。所谓劳逸结合，就是在保障专业文化学习的同时，积极参加各种体育锻炼活动，展示个人的魅力。

再次，要多方位培养自己的爱好。要让自己拥有一项或多项自己有兴趣而又擅长的爱好，使自己的生活充实丰富，同时又能增添生活情趣。

最后，要博览群书。不能单一地学习本专业的知识，要阅读一些跨专业领域的课外书籍、报刊，选修一些跨领域的课程，这样既能陶冶情操、排除烦闷，又能汲取知识、增长智慧，对大学生身心健康发展是非常有利的。

3.2 认真制订学习计划

学习是学生的第一要务。能考进艺术类高校的学生往往在考前都经历了一定的专业基础教育培训，部分同学由于有自满情绪而放松了对大学阶段专业的学习，这是很可惜的。要认识到自己虽然有专长，但是艺术是一片森林，不能认为考进艺术类高校后，就是未来的艺术家了。艺无止境，还有很多需要学习的地方。艺术院校大学生如何通过制订科学合理的学习计划，为就业打下扎实的知识、技能基础，是本节要阐述的主要内容。

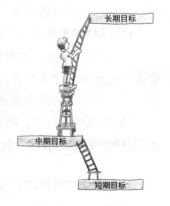

3.2.1 计划是成功的一半

有这样一个公式：一个普通的人 + 一套成功的方法 + 一定的机遇 = 一个成功的人。一个人想要获得成功，就必须学会运用科学合理的方法。而这个科学合理的方法对于新入学的大学新生而言，就是认真制订一份符合自身发展的学习计划。一份好的学习计划无异于优先取得进入成功之门的钥匙，更有益于在竞争中脱颖而出。

任何人的成功和目标的实现都是与制订了明确的目标密切相关的。按照时间和发展情况，可以将目标分为长期目标、中期目标、短期目标。

长期目标是对未来发展的一个远眺，规划自己将来将走上什么样的道路，将在什么样的岗位上工作，将在什么样的领域找到自己的位置，或者说毕业后是否继续深造、出国留学等。长期目标是今后发展的一个大的方向，它相对灵活，不是一成不变的。例如，深造既可以是在毕业后直接选择深造，也可以选择先工作，积累工作经验后再深造。

中期目标是近几年的学习计划，它是大学生长期目标中的一个阶段。例如，在大一、大二这两年当中应当完成基础知识和课外知识的大量积累，扩充自己的知识面，让自己由较单一的知识领域发展到较丰富的知识领域。在大学的后半个阶段则要完成一门外语的考级认定或是通过"雅思""托福"等专业认定机构的考试，只有良好地完成了中期目标才能保证你的长期目标得以实现，以及在中期目标学习的过程中不断调整和完善长期目标。

短期目标指的是一个月或者说半年内的一个学习目标。短期目标是保证中期目标实现的基础。短期目标的制订要量力而行，切不可超过自己的能力范围，好高骛远，以免因达不到目标而影响积极性。

3.2.2 不同年级的学习特点和目标

面对不同学制和不同学历层次，大学生都应根据自身的实际情况对所学专业的学习特点和目标有所了解。以四年制本科为例：

一年级是基础期，学习的特点是以适应性学习和基础性学习为主。因此在一年级要尽快了解本专业，特别是自己未来想从事的或与自己所学专业对口的职业，提高人际沟通能力。

二年级为确定期，学习的特点是以基础性学习和复合型学习为主。应考虑清楚未来是否深造或就业，以提高自身的基本素质为主，踊跃参加学生会或社团等组织，可以开始尝试兼职、社会实践活动，并开始有选择地辅修其他专业的知识充实自己。

三年级为冲刺期，此时临近毕业，学习的特点是以复合型学习和实践性学习为主。目标应锁定在择业或深造上。参加和专业有关的暑期工作，和同学交流求职、工作的心得体会，学习写简历、求职信，了解搜集工作信息的渠道，并积极尝试。希望出国留学和进一步深造的学生,可关注留学考试资讯等。

四年级为毕业期,学习的特点应是提炼总结性学习。大部分学生的目标应该锁定在择业和深造上。这时,可先对前三年的学习做一个总结,尽可能地在准备比较充分的情况下施展演练。

3.3 着力提升综合素质

随着社会的发展、时代的进步,综合素质高的复合型人才的就业、创业优势将显得更加明显。现在的艺术院校培养的不只是未来的艺术家,更多的是培养适应社会发展的普适性人才,因此不少学生未来可能会走上与本专业毫不相关的工作岗位。一般来说,综合素质包括思想品德、文化知识、心理健康和身体素质四大方面。其中,身体素质是发展的物质基础,文化知识是发展的必要支撑,心理健康是发展的关键,思想品德是发展的导航。看待一个人素质的高低,需要看这几方面的综合水平。艺术院校大学生在大学阶段所要培养的素质主要也包括这4个方面。如何利用大学阶段宝贵时间进一步提升自身综合素质,加强自身的就业核心竞争力是本节阐述的主要内容。

3.3.1 提高艺术类学生对复合型人才重要性的认识

如今的社会更多地需要复合型人才,而不是单一的人才,作为艺术院校的大学生更应转变观念。部分学生在本科毕业后提出工作岗位专业不对口,这一说法本身就站不住脚。大学阶段特别是本科阶段的国家教育理念是通才教育,因而涉猎的知识范围本身就应该是十分广泛的,而所谓的专业分类也只是按照大类来分,因此提高综合素质是提升未来就业竞争力的关键所在,这也是国家本科教育理念的体现。大学生所谓的"专业对口"观念亟待转变。

学好艺术也可以看作是一门生存技术,它是需要勤奋刻苦地训练的,需要一些灵气,但作为一个艺术类学生,有着更加强烈的综合素质需求。认为高中文化课成绩差才选择考艺术专业的观念是完全错误的。历史上很多著名的艺术家都是显赫的科学家,如达·芬奇、米开朗琪罗等。尤其是对日后想从事设计行业的学生来说,也要具备多方面的综合素质。当今社会艺术与科技的结合越来越紧密,运用科技手段实现艺术创作的案例层出不穷,如上海世博会场馆设计、北京奥运会开幕式等都是艺术与科技结合的经典案例。

理论类学生亦是如此,如艺术史论、设计史论等,这类学生尽管在艺术类里不是典型的,比例也小,但与中文、历史类专业学生还是有较大区别。此类专业的学生最好也去了解一些绘画、设计的技巧、知识,这样理论研究才会更加深入透彻,且更有针对性,在日后的择业过程中才会拥有一定的话语权,才能实现为艺术服务、引领艺术、提升艺术理论的理想。

3.3.2 提高艺术类学生的思想道德素质

艺术类大学生自由奔放的特点容易被用人单位误认为缺乏良好的思想道德素质、责任心和事业心。思想道德素质包括政治素质、事业心和责任感、艰苦奋斗精神和务实作风等方面。随着社会的进步、经济的发展和激烈竞争，用人单位对政治素质高、事业心强、具有责任感等思想道德素质高的艺术类大学生格外地青睐。

（1）良好的政治素质　政治素质是人的综合素质的核心，人的政治素质的高低是社会政治文明发展水平的重要标志。政治素质表现为对社会发展趋势的敏锐性，对国家宏观政策的预测把握能力及具有一定的政治理论修养。艺术家往往能从时事政治中找到创作的灵感。

（2）较强的事业心和责任感　一个人的事业心和责任感关系到自己所从事工作的发展和前景，所以许多用人单位在人才的要求上强调要有事业心、责任感。所谓"干一行爱一行，行行出状元"，用人单位都希望找到能爱岗敬业、乐于奉献、同甘苦共患难、荣辱与共、一起发展创造美好明天的人才。也只有具有良好事业心和责任感的人才能在创造社会价值的同时体现出自我价值，为社会的发展做出更大的贡献。

（3）务实作风　对于用人单位来说，总是希望找到一个能全身心的投入到工作中去，在岗位上发挥所能的人。因此，大学生必须要具备艰苦奋斗和务实的工作作风，否则是做不出成绩来的。大学生刚刚走上工作岗位，总是会遇到各种困难，更会遇到各种艰难险阻，这个时候就更需要发挥艰苦奋斗、坚韧不拔、踏踏实实的精神，和单位、同事一起朝着目标奋斗、前进。

艺术类专业培养的是艺术工作者，培养的目标是为社会主义服务、为人民服务的艺术人才，必须坚持思想道德与艺术的统一。艺术院校的学生思维敏捷，不拘泥于固定的思维模式，通常还比较乐观，被认为是很有个性的一类学生，但艺术专业由于专业教学的活动多以小型、分散方式进行，学生的个体意识较强，容易养成以自我为中心的个人主义，淡化集体观念。因此，必须发挥自身的优势，克服个人主义，提高思想道德素质，加强组织观念，熟悉并能正确处理人与人之间的关系，增强集体荣誉感和自信心，激发勇于进取的精神。

艺术类专业的学生是在自由度较大的画室或者空间独立的琴房中接受教学的，容易造成"松散"的错觉，养成学生日常散漫的习惯。针对这些特殊情况，应该进一步强化纪律意识，严格遵守学校的规章制度，遵守学习纪律。同时也要加强自我行为规范约束，做到服饰整洁，不穿奇装异服，不留怪发长发，讲究卫生，养成良好的卫生习惯；养成待人有礼，说话和气，男女交往举止得体，尊敬师长等良好文明习惯。只有这样才能达到自我养成良好习惯的目的，为日后更好地适应工作岗位要求打好基础。

同时，作为艺术类学生，除了对自我生活习惯的约束外，还应掌握一些基本的艺术界和艺术市场中的法律法规，不触碰"高压线"，远离反动、淫秽、知识产权剽窃、偷税漏税等违法行为；不触碰道德底线，远离考试作弊、为他人代写论文、制作创作，以真品名义售卖赝品等不道德行为。只有具备良好的法律、道德素养，才能为将来的就业、创业打下良好基础。

3.3.3　提高专业和文化理论素质

1. 专业素质

专业素质包括艺术审美、艺术表现、艺术创造等艺术素质。这些艺术素质应该是艺术类学生素质教育的核心。作为艺术专业的大学生，尤其是未来有意成为职业艺术家的大学生而言，其特殊性就在于他们的艺术素质，如果忽略（或者失去）特有的艺术素质修养，那么这样的艺术教育也就失去了它本身特有的含义。正因如此，提高艺术类大学生的专业素质应该从以下三方面来入手。

（1）艺术欣赏能力　对于一件艺术品，每个人在接触的第一瞬间，就已经有意无意地对其进行了欣赏，但这种欣赏一般是无意识的，是表象的、直观的。对于艺术类大学生而言，只有简单的、直观的欣赏能力是不行的，必须掌握一定的艺术欣赏方法，保持爽朗、大度、超然等良好的欣赏心态，当欣赏作品时，在生理和心理上形成独有的认识和感觉。也就是说，艺术专业学生对艺术的欣赏应该由情感欣赏上升到理性与综合欣赏的高度，然而这种高层次的欣赏能力不是与生俱来的，要靠平时艺术修养的不断积累。

（2）艺术表现能力　艺术总是以外在的物化形式展现在欣赏者面前。而外在的物化形式，则是表现能力的体现。所以，艺术表现能力是艺术素质的重要组成部分，尤其对艺术水平上还显稚嫩的大学生来说，加强艺术的表现能力和修养显得更为重要。

（3）艺术创造能力　艺术素质教育的基本途径是继承和学习，继承人类文明的优秀艺术传统，学习人类文明的优秀艺术成果。然而，艺术学习的目标并不在于学习和继承，而在于创造。即学生个体学习艺术的目的，就是能独立地进行艺术创造活动，并生产出一定的艺术作品，以满足自己和他人的精神生活和审美需求。因此，艺术素质教育的提升要着眼于艺术创造能力的提升。

2. 文化理论素质

1）文化理论素质提升应该把普通的文化课学习与专业课学习结合起来。以英语学习为例，在学生的课余活动中，可以以课外活动小组的形式排练一些英语短剧；纯艺术类、理论类专业的学生可多利用图书馆资源阅读外文版优秀图书；节目制作专业的学生在观摩作品时可以涉猎一些原版的外文影像资料；广告、动画、服装设计等专业的学生也不妨引入一些国外的前沿作品、设计思路和行业背景的相关知识。这样一来，既提高了专业水平，又强化了英语知识，还增强了学习兴趣、开阔了眼界，可谓一举多得。

2)营造浓厚的文化课学习氛围。在教学中,有些专业课教师也难免会存在不重视文化课的心态。因此,作为学生,应认识到这一点,转变思想,提高认识,从想要提升综合竞争力则不能在任何一环上掉以轻心的角度出发,认真抓好文化课程学习。例如,在历届全国青年歌手大奖赛上,综合素质考核环节有时会出现一些匪夷所思的回答,贻笑大方。一个连基本文化修养都不具备的人,很难成为优秀的艺术工作者。

3.3.4 加强身体和心理素质的培养

健康的体魄、良好的心理素质已成为人才竞争的物质资本。人们普遍认为德、才、学、识、体是人才的内在因素,而体是最基本的东西,是成长、成才的物质基础。在社会快速发展、新旧价值观改变、各种文化思潮冲击下,大学生的心理状态也受到极大的影响。因而,大学生必须要加强心理素质的修养,提升面对困难的心理素质,要学会用科学的世界观、人生观、价值观去判断事物的好与坏,找出真、善、美。

鉴于艺术类专业学生的身心发展特点,自觉地接受身心健康教育就显得尤为重要。它有利于形成积极进取、和谐、和睦的学习和生活环境,能增强学习的积极性和创造性,激发成才的热情。因此,大学生应更多地参加体育锻炼、认真对待体育课程、关注心理卫生知识,以及心理品德与技能的训练,转变歧视心理问题咨询的落后观念,从而全面提高身心健康水平,提高综合素质。

3.3.5 做好"第二课堂"学习计划

"第二课堂"是指除规定科目以外的有益于提升大学生综合素质的活动项目或课程。大学校园生活除了日常的教学活动以外,还有各种各样的讲座、学术报告、文体活动、社团活动、实践活动等,这些都属于"第二课堂"范畴。怎样合理安排自己的课余时间,利用好"第二课堂"提升自己的综合素质?若没有一个很好的计划,就很难有效地利用这些资源让自己得到进一步的锻炼,提升综合素质。

要合理地安排自己的课余时间就要给自己制订一个短期目标和中长期目标。例如,短期目标是通过组织各类文体活动和社团活动让自己在班级和某个学生团体里的知名度提高,成为老师和同学关注的焦点,使得自己的组织才能和领导才能得到发挥;利用课余时间积极参加文体活动,参加各类比赛让自己的特长得到发挥。长期目标则是让自己朝着一个什么样的方向去发展。例如,通过参选班干部向学生会或其他校级学生组织发展,使得自己的各方面能力有更进一步的提升和锻炼;参加某个学术性的社团让自己能长期从事某个领域的研究和学习,拓宽知识面。

在第二课堂的锻炼中,大学生可以从以下方面选择参加相应的锻炼,进而提高以下几方面的能力:

（1）表达能力　包括口头表达能力、文字表达能力、图示表达能力等多种能力。可以通过加入校园广播电台、电视台等组织以及参加演讲比赛、辩论赛等语言类竞赛和参与相关社团等得到锻炼。

（2）社会交往能力　学生在步入社会前，就应像一个社会活动家一样，能正确、有效地处理协调好职业生活中人与人的各种关系。可以选择参加各种志愿服务工作、各种社会实践、社会公益活动或艺术展览等进行锻炼，增加社会经验。

（3）组织管理能力　要求大学生能从全局的角度出发，来处理协调好工作中所涉及的各个环节中的日常行政、业务工作，从千头万绪到有条不紊，同时还具备一定的领导能力。可以通过参加学生会、学生社团联合会、研究生会等学生组织加强实践。

（4）解决问题能力　包括适应能力和应变能力、策划能力和操作能力。大学生要有毅力、有很好的应变能力，做到急而不躁、缓而不慢，忍让时不失原则，沉着冷静、灵活地处理问题，适应能力是其基础，要求大学生对社会环境的适应，是积极主动的，不是消极的等待或对困难的屈服，更不是对落后现象的认同，甚至同流合污。可以通过参加勤工助学、社会岗位实习锻炼、就业见习等途径得到锻炼和加强。

（5）创新策划能力　创新是当代人才素质发展的基本方向和核心要素，是社会前进的客观需要，也是一个人立足于社会的必备素质。创新包括多个方面，一是强烈的好奇心和大胆设想勇于探索的精神；二是细致的观察力，敏锐的洞察力，超前的预测力；三是大胆提出问题、努力研究问题、快速解决问题的能力等。综合素质发展的个性化要求，是在全面发展的同时，也要发扬人的个性。就业竞争日益激烈，迫切需要大学生强化自我竞争意识，并根据社会的需要和个性特点，努力挖掘自己的潜力，不断优化自己的个性，提高核心竞争力。策划能力也是创新能力的一种体现，要求在工作中抓住有利时机，把握有效空间，筹办开展各种形式的业务活动，使工作富有新鲜感和吸引力。可以通过参加科研项目、艺术博览会、创意创业计划大赛等途径得到锻炼。

大学是人生最宝贵的一个时期，因为很多人生的第一次从这里开始：第一次开始追逐自己的理想、兴趣；第一次独立地参与团体和社会活动；第一次不再由父母安排生活和学习中的一切，而是自主地解决各类问题。

大学也是人生最关键的一个时期，因为自己的很多最后一次从这里开始：最后一次有机会系统性地接受教育；最后一次可以将大段时间用于学习的人生阶段；最后一次可以拥有较高的可塑性、集中精力充实自我的成长历程；最后一次能在一个有理解、讲宽容的环境中发挥自己的能力去做事情。

机遇总是垂青于有准备的人。作为艺术院校的大学生，进校后能否尽快适应专业院校校园生活，制订科学合理的学习计划，尽快提升综合素质，将决定其求职择业的层次与自由度。而这些不是一朝一夕就能做到的，它要求大学生要转变观念，增强竞争意识，在整个大学期间有针对性、分阶段地不断充实自己、完善自己，逐步提高自身的综合素质，成为日后就业创业竞争中的强手。

案例1：

陈正奇：中国美术学院青年志愿者协会（简称"青协"）理事长、传媒动画学院多媒体与网页设计2011级学生，在校期间认真做好学习生活规划，积极参与校内外各项活动，热爱专业，成绩优异。

大一期间从加入校青年志愿者协会开始，该同学从一名普通的干事做起，积极参与并组织多项志愿服务活动，在校运会志愿者、雷锋月爱心献血活动、国际动漫节、校毕业展览等工作中，无论是作为一名负责人还是志愿者都保持着一颗爱心来履行自己的职责。在青协任职期间，还曾挂职杭州市上城区清波街道团工委书记助理一职。

该同学带领青协成功孵化了"棉花小豆豆"儿童欢乐健康成长乐园的文化志愿者服务项目，与浙江省中医院进行合作，解决了小朋友们在等待就医过程中的问题，在等待的过程中创造了他们学习的空间，用爱心和耐心帮助小朋友克服对医院的恐惧不安。在雾霾污染严重期间，带领青协组织了"净霾有责，重现蓝天"的宣传活动，百名志愿者在活动中通过不同方式与市民进行互动，宣传雾霾防治的环保知识，活动过程健康积极，同学们热情洋溢。该同学在致力于开展文化志愿项目孵化，服务于他人的同时也没有忘记提高自身的能力，组织开展"一周益讲"的小小课堂项目，让协会内外的学生都能在每周接触到不同专业领域的知识分享沙龙，得到了学生们的一致好评。

此外，世界艾滋病日防治倡议活动、"感恩于心，奉献于行"第六届高校无偿献血活动、"火柿节"明信片绘制活动、2013杭州国际设计周活动等都留下了陈正奇同学的身影。除了学习好、乐于奉献，她还十分注重身体素质锻炼，2012年加入了院健美操队，她刻苦训练，为校争光。曾荣获2013年浙江省大学生健美操锦标赛轻器械踏板操第四名、规定徒手健身操第二名、2013年浙江省第五届青少年健美操比赛徒手健美操大学组二等奖、轻器械健美操大学组二等奖、2013年全国全民健身操舞大赛徒手健美操第二名、轻器械健身操第二名。

该同学被评为"全国优秀共青团员"，陈正奇说："感恩通过自身努力拥有的平台，感谢在大学期间学校给了我很多的锻炼机会，希望自己在这宝贵的四年中能拥有一颗积极向上的心，在人生的最美的四年里描绘灿烂的篇章。"

案例2：

王蔚：中国美术学院公共艺术学院研究生二年级学生，连续做了六年的招生志愿者。

王蔚说："我一直很喜欢参加志愿活动，因为我觉得这种活动没有任何功利目的，可以追随自己内心的善，去帮助那些需要帮助的人。在帮助他人同时自己内心能获得最大的快乐，这样的事情我很乐意去做，并且会一直坚持下去。"

平日里的王蔚可是个微信、微博达人，也是个十足的正能量女王。她做事很少抱怨，更多的时候她就像个太阳，不仅照亮自己，而且也用行动感染着身边的每一位朋友。她热情朴实，开朗自信。她说："生活中肯定会有心情低谷的时候，但我会自我调节，可以让自己忙起来不去想烦恼或者找出解决的办法，那烦恼就不是烦恼啦。至于别人的评价，我不求人人满意，只求问心无愧就可以了。"

在王蔚所获得的荣誉中，既能看到一等奖学金、三好学生等，也能看到省校级优秀毕业生、优秀学生干部、社会实践先进个人，更能看到一沓厚厚的参与各类志愿活动的名牌。她说："大学的时光自主性比较大，我们应该清楚自己的目标，清楚自己的不足之处，适当安排自己的课余时间和活动，总之，当你付出更多的时间和精力去做一件事情时，老师才会给你更多的指导和建议，如果你都不认真，就不要指望老师会给你更多意见。"平时，她通过课外的学生工作社团活动使自己的性格变得自信乐观，同时各类活动也让她的领导和组织能力得到了提升。

王蔚说："优秀是一种习惯，更是一种对自己的严格要求，是对自己宝贵时间的一种负责任的态度。"平时大家说专业学习比较紧张，对此她有她自己的学习习惯，那就是"二八原则"，即利用之前80%的时间去完成整件事情的20%，用最后20%的时间去做事情的80%，这一原则特别适合那些有拖延症的学弟学妹们。

自本科阶段起，王蔚就一直活跃在学生会社团活动中，还时常参与研究生各类大小活动。坚持自己热爱的事业已经成了她的一种习惯。与此同时，她并没有放松对自己所学专业的精进。

【思考与练习】

1. 艺术家需要具备哪些基本素质？
2. 制订一份大学生活规划。
3. 参与一次学生组织的民主竞选。
4. 策划、组织一次艺术实践与社会服务活动。

第4章
大学生职业生涯规划

  哈佛大学商学院曾经做过一个为期25年的跟踪调查,发现在人群中仅有3%具有长期清晰目标的人,才能成为社会各领域的精英或者行业领袖。如果你想成为一个成功的职场人,那么首先要学会如何对自己的职业生涯进行规划和管理。到底什么是职业生涯?什么是职业生涯规划?如何在认识自我和职场环境的基础上进行大学阶段的职业生涯规划?如何制订恰当的职业生涯规划并进行有效管理?通过本章的学习,能从中找到这几个问题的答案,同时也就迈出了成功职业生涯的第一步。

4.1 职业生涯规划的基本概念及相关理论

4.1.1 职业生涯规划的基本概念

1. 职业生涯含义

何为生涯？在中国传统文化当中，"生涯"这个词汇可以追溯到2000多年前庄子的名句"吾生也有涯，而知也无涯"。"生"就是指一个人的生命，"涯"则是指边界、界限。顾名思义，生涯就是指一个人的生命从出生到死亡的全过程。

在英文中，职业生涯对应的词汇是"Career"。西方学者对这个概念的理解可分为两种，一种是某种职业有结构的序列，如从销售员开始，到销售代表、产品经理、区域市场经理、销售总监；另一种则是将职业生涯看作个人一生的职业发展轨迹。

职业生涯的现代性定义，一般来说学术界比较认同格林豪斯的定义："职业生涯是贯穿于个人整个生命周期的、与工作相关的经历的组合。"这个定义既包含了客观部分（如工作职位、工作职责、工作活动及工作决策），也包括对工作相关事件的主观知觉（如个人的态度、需要、价值观和期望等）。综合起来看，职业生涯是一个复杂的概念，不妨将其理解为一个个体沿着某条道路或途径，按照预先所指定的职业目标前进的过程。它并非指个体在某组织中获取某一特定职位，而是个体在其一生中所从事的不同工作、不同职位的一个动态性整体过程。职业生涯是一个完整的职业发展过程，涵盖了职业能力的发展、职业兴趣的培养、职业方向的确定。职业生涯也是个体的职业工作历程，包括从学校学习，踏入社会到最后退休，离开工作岗位。

2. 内职业生涯与外职业生涯

如果把职业生涯比喻为一棵大树，那么外职业生涯就是指地面上的部分，所包含的信息可以体现在个人的名片上，是指个体从事一个职业时的工作时间、工作地点、工作单位、工作内容、工作职务与职称、工资待遇等因素的组合及其变化过程；内职业生涯则如同一棵大树的根系，是指个体在从事一种职业时的知识、观念、经验、能力、心理素质、内心感受等因素的组合及其变化过程。相对来说，内职业生涯不像外职业生涯那样外露，是不能体现在个人名片上的，而是需要通过个人的言谈举止、工作成果等方面表现出来。

从以上的区别不难看出，外职业生涯比较容易发生变化，它会随着一个人的工作、职位的变化而发生变动，内职业生涯则已经内化为自身素质的一部分，不容易发生变化，也不容易受外界影响。

作为刚毕业的大学生，应该更倾向于重视哪一种职业生涯呢？毫无疑问，应该更注重内职业生涯。通过内职业生涯的发展，获得的是知识、经验、综合素质等，这些是无法用职位高低、薪水多寡来衡量的。内职业生涯如同树根，并不是随时都可以显露出来的。只有当人们发表见解、做出决定、解决问题时才能表现出来，而外职业生涯的成功与否通常是由自己的老板或者领导决定的，也容易被他们否认和收回。在职业生涯初期，外职业生涯的发展往往与自己的付出不符。初出茅庐的毕业生，往往会担任最苦、最累的工作任务，而薪资水平却无法与老员工相提并论。此时，应该认识到，虽然自己现在的薪资收入与付出不成正比，但自己获取的却是比金钱更为宝贵的经验和知识。而且，此时此刻的努力也决定着自己今后几年乃至一生的外职业生涯的发展。

有的人一生都注重追求外职业生涯的成功，当得不到外职业生涯的成果时，他们会怨天尤人，消极怠工。他们并未认识到，外职业生涯发展是以内职业生涯发展为基础的。人们一旦获得内职业生涯的各构成因素，便永远归自己所有和所用。内职业生涯因素匮乏的人，总是在职场中处于被动局面，没有工作时担心自己找不到工作，找到工作后又不能胜任，往往无法获得提薪和晋升的机会，对福利条件稍不满意就会跳槽。

内职业生涯丰富的人，则把关注点放在自身知识观念的更新上，放在经验能力的提升上，他们积极对待每一个工作机会，努力把握每一次发展机会。他们不会为了更好的待遇和更高的职位而跳槽，即使调换工作也是为了使自身职业素养更好地发挥。

学习内职业生涯和外职业生涯理论，能够帮助我们认识到内职业生涯的关键性，认识到什么才是推动职业生涯发展的原动力。内职业生涯的不断发展更有利于找到职业生涯的最佳贡献区，找到一展自身所长的"阵地"。

3. 职业生涯规划的含义

职业生涯规划，顾名思义，是指个体对自身职业生涯的制订及实现的过程。如果从行为过程的维度上对它进行定义，是指个体对自身特点与客观环境进行分析，明确自我职业生涯发展目标，选择职业并制订相应的行动计划的过程。这个概念包含了两层意义：一是个人对自身情况和特点的认识，其中包括性格特征、综合能力、兴趣爱好、人生理想等方面的认识；二是个人对其一生中职业发展、职位变迁及工作理想实现过程的设计。

美国是职业指导的发源地，同时也是职业指导工作最为普及的国家。1908年帕森斯提出"职业指导"，最初它只是作为解决失业和就业问题的一项社会工作，其重点在于"人职匹配"。所谓"职业指导"，其意义即在于协助个人顺利找到赖以谋生的工作。随着人本主义思潮兴起，"职业指导"也慢慢地由最初的简单"协助人择业"，演变成了一项"协助个人发展，接受适当、完整的自我形象，同时发展并接受完整而适当的职业角色形象"的工作，它的名称也由最初的"职业指导"变成了"职业生涯规划"。

到了20世纪50年代，萨珀根据自我心理学的观点，赋予"职业指导"以新的含义：协助个人发展并接受完整而适当的自我形象，同时也发展并接受完整而适当的职业角色形象，从而在现实世界中加以检验并转化为实际的职业行为，以满足个人的需要，同时也造福社会。这一思想以个人的发展为着眼点，将自我职业、个人与社会融为一体，既考虑个人发挥才能的机会，同时也兼顾社会的需要和利益。这一思想把"职业指导"上升到更高的层面，从个体发展和整体生活的高度来考察个人与职业、个人与社会的关系，而不只是局部的人职匹配关系，把树立个人自我形象与职业角色形象作为职业指导的目标，为现代职业指导指出了新方向。

4. 大学生进行职业生涯规划的意义

萨珀将人的一生看作职业生涯发展的全过程，将人的一生根据职业发展阶段分为从出生到14岁的成长阶段、15~24岁的探索阶段、25~44岁的确立阶段、45~64岁的维持阶段及65岁之后的下降阶段。按照他的职业生涯发展阶段理论，大学生处于职业生涯的探索阶段，而且正好跨越了该阶段的过渡期（18~22岁）和试验承诺期（22~24岁）两个时期。在这两个时期，大学生的个体能力迅速提高，职业兴趣趋于稳定，逐步形成了对未来职业生涯的预期；而完成了职业学习和职业准备，大学生毕业后则会走上初次就业岗位，正式开始职业生涯。故此，在试验承诺期内，许多学生往往需要就自己的未来职业生涯做出关键性的决策。所以，大学期间是职业生涯规划的黄金阶段，对大学生个人的未来职业走向和职业发展具有十分深远的影响。

通过对自己职业生涯的规划，大学生可以解决好职业生涯中的定位问题，尽早确定自己的职业目标，把握自己的职业定位，朝着自己的目标和理想坚持不懈、循序渐进地前进。

学习一些职业生涯规划知识对于提高大学生的学习、实践动力非常有帮助。许多学生在考入大学之后常常会有一段迷惘期，职业生涯规划还能对大学生起到内在的激励作用，有助于全面提高大学生的综合素质，避免学习的盲目性和被动性。同时，规划个人的职业生涯，可以使大学生更多地了解社会职业趋势和动态，掌握国家就业政策、自身的职业目标和实施策略，从宏观上予以调整和掌控，从而在职业探索和发展中少走弯路，节省时间和精力。

因此，大学生应该在入学时就开始注意培养、引导和训练自己的就业素质，以便为未来的职业发展打下坚实的基础。

5. 职业生涯规划的原则

1）选择符合社会发展趋势的行业。社会的需求随着时代变迁不断变化，新的行业也在不断产生。在设计自己的职业生涯时，一定要顺应社会发展趋势，选择符合社会前进方向的行业。要具备长远的目光，预测未来行业的发展方向，再做出选择。

2）选择符合实现社会价值的职业。职业不仅是个人谋生、实现自身价值的手段，同时也是实现社会价值的重要途径。在择业时不仅要考虑薪资、社会地位、家庭幸福等要素，而且还要考虑在实现自身价值的同时，能否更好地实现社会价值。

3）选择自己喜爱且擅长的工作。兴趣是最好的老师，一个人如果能从事一项自己所喜欢的工作，其职业生涯将会变得充满乐趣，并最终获取职业生涯的成功。此外，任何职业都要求从业者掌握一定的知识能力，所以必须在进行职业选择时择己所长，从而有利于发挥自己的优势。

4.1.2 职业生涯规划的相关理论

1. 职业锚

"职业锚"是在职业生涯规划领域具有"教父"级地位的概念，是由美国施恩教授提出的。所谓职业锚，是指个人进入早期工作情境后，由习得的实际工作经验所决定，与在经验中自省的动机、需要、价值观、才干相符合，达到自我满足和补偿的一种稳定的职业定位。

施恩教授认为，职业设计是一个持续不断的探索过程，随着一个人对自己越来越了解，这个人就会越来越明显地形成一个占主要地位的"职业锚"。这个所谓的"职业锚"，就是指当一个人不得不做出选择的时候，无论如何都不会放弃的职业中的那种至关重要的东西或价值观，即人们选择和发展自己的职业时所围绕的中心。

经过近30年的发展，"职业锚"（职业定位）已经成为职业发展、职业设计的必选工具。国外许多大公司均将"职业锚"作为员工职业发展、职业生涯规划的主要参考点。自1992年以后，麻省理工管理学院将"职业锚"拓展为8种锚位。

（1）技术/职能型　技术/职能型的人，追求在技术/职能领域的成长和技能的不断提高，以及应用这种技术/职能的机会。他们对自己的认可来自他们的专业水平，他们喜欢面对来自专业领域的挑战。他们一般不喜欢从事一般的管理工作，因为这将意味着他们放弃在技术/职能领域的成就。

（2）管理型　管理型的人追求并致力于工作晋升，倾心于全面管理，独自负责一个部分，可以跨部门整合其他人的努力成果。他们想去承担整个部分的责任，并将公司的成功与否看成自己的工作。具体的技术/功能工作仅仅被看作是通向更高、更全面管理层的必经之路。

（3）自主/独立型　自主/独立型的人希望随心所欲安排自己的工作方式、工作习惯和生活方式，追求能施展个人能力的工作环境，最大限度地摆脱组织的限制和制约。他们宁愿放弃提升或工作扩展机会，也不愿意放弃自由与独立。

（4）安全/稳定型　安全/稳定型的人追求工作中的安全与稳定感。他们可以预测将来的成功，从而感到放松。他们关心财务安全，如退休金和退休计划。稳定感包括诚实及对工作的忠诚。尽管有时他们可以达到一个高的职位，但他们并不关心具体的职位和具体的工作内容。

（5）创业型　创业型的人希望通过自己的能力去创建属于自己的公司，或创建完全属于自己的产品（或服务），而且愿意去冒风险，并能克服面临的障碍。他们想向世界证明他们的公司是靠自己的努力创建的。他们可能正在其他人的公司工作，但同时他们在学习并评估将来的机会。一旦感觉时机到了，他们便会走出去创建自己的事业。

（6）服务型　服务型的人一直追求他们认可的核心价值，如帮助他人等。他们一直追寻这种机会，即使这意味着变换工作，他们也不会接受不允许他们实现这种价值的工作变换或工作提升。

（7）挑战型　挑战型的人喜欢解决看上去无法解决的问题，战胜强硬的对手，克服无法克服的困难障碍等。对他们而言，参加工作的原因是工作允许他们去战胜各种不可能。新奇、变化和困难是他们的终极目标。如果事情非常容易，则马上变得非常令他们厌烦。

（8）生活型　生活型的人喜欢允许他们平衡并结合个人的需要、家庭的需要和职业的需要的工作环境。他们希望将生活的各个主要方面整合为一个整体。正因为如此，他们需要一个能够提供足够的弹性让他们实现这一目标的职业环境，甚至可以牺牲他们职业的一些方面，如提升带来的职业转换。他们将成功定义得比职业成功更广泛。他们认为自己如何去生活、在哪里居住、如何处理家庭事务，以及在组织中的发展道路，都是与众不同的。

以上描述，也许太过学术化而难以操作。为了更好地明确自己的职业定位，可以尝试以下方法：首先拿出一张纸，仔细思考以下问题，并将要点记录在纸上。

1）你在学校的学习中，主要在哪些科目中投入了较大的精力？你如何安排自己的课外时间？主要用于学习哪些知识？

2）如果付给你每年100万元的薪水，你想选择做什么工作？

3）将来进入职场后你的长期目标是什么？

4）哪些知识和哪种学习、工作的方式是你最喜欢或最不喜欢的？你觉得怎样才能更好地体现你的价值？

必须认识到，无论你的"职业锚"在哪里，其实它们并无好坏之分，"职业锚"是由一个人的所有工作经历、兴趣等集合而成的，它可以帮助你梳理自己的职业经历，明确自己的职业定位，帮助你更好地认识自己，并据此重新思考自己的职业生涯，设定切实可行的目标。

有的人将"职业锚"抛出得很早，在还未涉足社会时就明确了自己的职业方向；有的人将"职业锚"抛出得很晚，在经历了很多不同的工作和职业后才找到自己适合且喜爱的职业方向。不管我们现在是否发现了自己的"职业锚"，"职业锚"都可以启发我们：未来的职业生涯是否成功，取决于是否能找准自己的定位。

2. 萨珀：职业生涯发展阶段理论

在现有的职业生涯发展阶段理论中，主要有金兹伯格的三阶段理论，即幻想期（11岁以前）、尝试期（11~18岁）和实现期（18岁以后）；利文森的六阶段理论，即拔根期（12~22岁）、成年期（22~29岁）、过渡期（29~32岁）、安定期（32~39岁）、潜伏的中年危机期（39~43岁）和成熟期（43~59岁）；萨珀的五阶段理论，即成长期

(1~14岁)、探索期（15~24岁）、确立期（25~44岁）、维持期（45~64岁）和衰退期（65岁以后）；德斯勒的五阶段理论，即成长期（1~14岁）、探索期（15~24岁）、确立期(25~44岁)、维持期（45~60岁）和下降期（60岁以后）。

萨珀在金兹伯格的理论上进一步把职业性看作"自我"的概念，而职业性发展就是一个人关于自我概念的建立和发展，并认为职业性发展是一个"妥协过程"，随着这种对"自我"的不断认识，迫使个人重新认识自己，树立新的自我概念，即"职业——我"。萨珀对于人生生涯的分析是围绕着职业生涯不同时期而进行的，并以此构成了其职业生涯理论。与金兹伯格不同的是，萨珀将职业生涯的成长阶段提前到了婴儿初生时，而不是金兹伯格的少年儿童期。按照萨珀的理论，人的职业生涯可以分为以下5个阶段。

（1）成长阶段　该阶段从1~14岁，可分为"空想期""兴趣期"和"能力期"3个时期。

（2）探索阶段　该阶段从15~24岁，可分为"暂定期""过渡期"和"试行期"。在后一阶段的"试行期"中，人们似乎找到了适合自己的职业，并想把它当成终生职业。

（3）确立阶段　该阶段从25~44岁。这一阶段初期，有些人在岗位上"试验"一段时间后，便可能因为不合适而改为其他职业，并逐步在某种职业岗位上稳定下来。因此，这一时期又可分为"试行期"和"稳定期"。

（4）维持阶段　该阶段从45~64岁。在此阶段中，除极少数人会冒险探索新领域外，一般都会选择按既定方向工作的道路。

（5）衰退阶段　该阶段为65岁以后，是精力、体力的衰退时期，也是人们逐步退出职业劳动领域的时期。

3. 克伦伯兹：社会学习理论

克伦伯兹提出的社会学习理论认为，职业探索是一个信息搜集或职业问题解决行为，通过对专业能力、工作性质和环境等信息的搜集降低职业选择的不确定性。他总结了影响职业生涯选择的四大要素：

1）生理特征。包括你的种族、性别、外貌、身体特征等，主要是人与生俱来的身体条件上的特征。

2）环境条件。这其中既包括自然环境条件，也包括社会环境条件；既有大的宏观环境条件，也有微观的人自身周围的条件。例如，国家的劳动法规、行业的相关规定、地区的自然地理特征、家庭的特殊需求等。

3）学习经验。从人出生开始，就在不断地进行学习，学校、社会都是人们汲取营养的地方。人们学习到的不只是知识技能，还有为人处世、待人接物的能力。

4）个人的世界观、价值观。每个人的世界观、价值观都不尽相同。反映在职业观上，有人看重赚取金钱，有人希望官运亨通，有人愿意从事学术研究、丰富人类的精神生活。到底什么更有价值，达到什么样的成就能让自己比较满意？每个人的答案都不一样。

这四大影响要素使每个人会对自己的职业探索做出某些评价，应用所学的技能来解决问题。社会学习的生涯理论要求人们正确认识主客观环境和条件，提倡积极的自我管理。

4.2 如何进行大学阶段的职业生涯规划

4.2.1 认识自我

2000多年前，我国思想家庄周提出了"我是谁"的疑问，这也是人类一直以来不断探索的命题，人们从哲学、社会学、自然科学、心理学等不同角度尝试对"自我"进行探索，因为认识"自我"是人们存在和行为的出发点。所以，当人们开始对自己的人生进行思考和规划时，首先要做的第一件事就是认识自我。

1. 认识自我的维度

1908年，美国波士顿大学教授帕森斯在《选择职业》一书中提出了做职业咨询的三个步骤：第一，应清楚地了解个体的态度、能力、兴趣、智谋局限和其他特性；第二，成功的条件及所需的知识，在不同工作岗位上所占有的优势、不利和补偿、机会和前途；第三，上述两个条件的平衡。在这里，帕森斯首次提出了要将个人主观条件与职业相匹配的理论，该理论后由美国著名职业咨询家威廉逊进一步拓展和完善，形成了人职匹配理论，也称特性与素质理论。该理论认为每个个体都有自己的人格特征、能力模式及兴趣取向，这种个体特质的差异性体现在人的心理和行为上，而每一种职业由于其工作内容、环境、条件、方式的不同，对工作者的知识结构、能力模式、性格特质、气质、心理素质等有着不同的要求，当个体的人格特征、能力模式及兴趣取向与职业环境需求和谐一致时，个体的工作效率就会提高，相应的获得职业成功的可能性也就增加。根据特性与素质理论的观点，人们的人格特征、能力模式、兴趣取向是影响职业生涯发展的个人特质因素，本节将从这三个维度，结合心理学测量量表开始"自我"探索之旅。需要特别说明的是，心理学测量量表是建立在统计学数据上的一种测量方法，能够为人们了解自我提供参考，但并非绝对判定，建议在完成量表后请相关专家给予专业解释。

（1）人格

1）什么是人格。综合各个心理学派的观点，人格的概念可界定为：是构成一个人的思想、情感及行为的特有模式，这个独立模式包含了一个人区别于他人的稳定而统一的心理品质。作为一个由多成分构成的有机整体，它包括了以下几个因素：

气质。气质是指表现为心理活动的强度、速度、灵活性与指向性等方面的一种稳定的心理特征。人们常说的"活泼""稳重"即是对气质的描述。个人的气质差异是先天形成的，没有好坏优劣之分，它不能解释人们的成败，也无法决定人们为人处世的取向。

性格。性格是最多体现人们社会性的一种人格特征，包含了社会道德的含义，表现在人们对自己、他人及客观世界的主观倾向性上，决定人们对事物的评价、好恶及趋避等。例如，对于社会公益活动，有些人积极参与，有些人冷眼旁观，也有些人不置可否，对于同一个事物的不同态度反映了不同的性格特点。与气质不同的是，性格是在后天环境中形成的，受到个人价值观、人生观和世界观的影响，有好坏之分，是人最核心的人格差异。

自我认知风格。简单地说，自我认知风格即人们如何认识及评价自己，包括了人们对自己的思想、感觉、意向、行为及人格特征的认识和评价。总是倾向于看到自己的缺点，认为自己处处不如人的认知风格会使人们自卑，失去信心；而不看自己的缺点，只看自己优点的认知风格也会让人们盲目乐观、骄傲自大。

自我控制。自我控制是指在自我认知的基础上对自己的行为做出调整，使人格各个成分和谐统一。自我控制包括自我监督、自我激励和自我教育等内容，如果一个学生决定考研，他会自觉地寻找相关的报考信息，监督自己按时参加补习班，当遇到困难时，也会鼓励自己勇于克服。

2) 人格的特征。包括以下几个因素：

独特性。由于受到遗传、成长环境及教育等先天、后天因素的影响，每个人都有自己独特的心理特点，没有哪两个人具有完全一样的人格特点。

稳定性。人格的稳定性使人们在不同场合都会表现出一些共同的特点，如性格外向的人在哪里都会给人活泼主动的印象，又如人们常说的"江山易改，禀性难移"，这里的"禀性"即是对人格的俗称。但人格的稳定性也是一个相对的概念，在人们一生中，随着生理的成熟和环境的变迁，人格特点也会或多或少地发生改变。

统合性。人格是一个由多种成分构成的有机整体，在这个整体中，各个成分具有内在的一致性，这种和谐统一性也是判断个体心理健康的标准之一。

功能性。人格是"我"之所以为"我"的根本原因，它影响着人们的认知模式、人们面对压力的反应以及对情绪的控制，最终影响着人们的生活方式甚至整个人生。因此，人格也被认为是人生成败的根源之一。

3) 人格的测量。目前采用最多的人格特质测量方法是自陈式量表法，简单地说就是人们对自己的人格特质给予评估的一种方法，要求按照自己的真实情况回答关于思想、情感和行为的一系列问题。这里重点介绍的是卡特尔 16 种人格因素测试（Sixteen Personality Factor Questionnair, 16PF），该量表是由美国伊利诺州立大学雷蒙德·卡特尔教授在 1949 年提出的，基于这样一种理论认识：即人们个体人格之所以表现出统一性和协调性，是因为每个个体具有"根源特质"。卡特尔根据自己的人格特质理论，经过二三十年的研究确定了乐群性、智慧性、稳定性、影响性、活泼性、有恒性、交际性、情感性、怀疑性、想象性、世故性、忧虑性、变革性、独立性、自律性、紧张性 16 种人格特质，每一种人格特质与其他特质之间相关性极小，不同人格特质的组合形成了一个人不同于他人的独特个性。

该量表在国际上使用广泛，具有较高的效度和信度，并于1979年引入我国，由专业机构修订为中文版，是国内目前较为成熟的人格测量量表。

> **小贴士** 艺术院校大学生的自我特点。[一]
>
> 一般来说，艺术院校的学生会给人一种自由、个性突出、我行我素、以自我为中心的印象，广大艺术院校教育工作者在工作中也发现艺术院校的学生有着不同于其他普通高等院校学生的个性特点。有心理学相关研究尝试用问卷调查的方法从自我价值感、一般自我效能感、自我建构三个自我的不同侧面及时间管理方面来考察美术院校大学生的个性特点，研究结果显示，美术院校大学生有着较高的自我价值感和一般自我效能感，自我价值感是个体在对自己价值的判断、评价基础上形成的对自己的态度与情感，即自尊、自卑等自我情绪体验，而自我效能感是个体以自身为对象的一种思维形式，是指个体对自己能否在一定水平上完成某一行为活动所具有的信念、判断或主体的自我感受。因此，可以认为美术院校学生对于自身价值及自身能力有着较高的认知。心理学理论认为自我效能感高的个体往往会为自己确立较高的目标。一旦开始行动，自我效能感高的人也会付出较多的努力，坚持更长的时间，遇到挫折时能很快恢复过来。该研究还发现，美术院校男生的一般自我效能感要高于女生，成绩好的同学的自我效能感要高于成绩一般的同学。在自我建构方面，设计专业的学生由于专业特点，有更好的合作精神，他们的性格也相对比较外向开朗，乐于与人交往，使得他们的自我建构特点更多地体现在相互依赖自我这个维度上，而相互依赖自我的特点在于重视个体与他人的社会关系，强调关注他人，将与所属群体保持和谐的关系作为重要的生活目标。

（2）兴趣

1）兴趣与职业兴趣。每个人都曾有过这样的体验，在做自己喜欢的工作时，自己的投入程度、工作效率会比从事一般工作时高很多，相应取得的成绩也会有很大区别，这就是个人兴趣对于人们表现及成绩的影响。兴趣是指个体对于特定的事物、活动或个人所产生的积极的带有倾向性和选择性的态度及情绪，当个人兴趣和职业活动相联系时，就被称之为职业兴趣，它受到个人价值观、家庭背景、成长环境、社会生活等多个因素的影响。职业兴趣对于人们职业生涯发展的影响主要体现在以下几个方面：首先，影响人们的职业取向，人们总是依据自己的心愿做出决策，很难想象有谁会选择一个自己不喜欢的职业领域作为发展的方向；其次，兴趣影响着人们的投入程度，激发人们在某个职业取向上的探索和创造；最后，兴趣影响着人们的工作满意度，帮助人们尽快地适应工作及稳定地发展。

[一] 潘晓蕾. 美院学生自我发展的特点 [J]. 高校思想政治工作，2008（6）：35-36.

2）霍兰德职业兴趣理论。职业兴趣理论是由美国约翰·霍普金斯大学心理学教授约翰·霍兰德（John Holland）于20世纪50年代提出的，该理论认为有着相同职业兴趣的个体往往会从事同一类型的职业，并且他们在对生活事件的应对模式上也存在着很大的相似性，因此，他们也创造了具有一定特色的工作环境。霍兰德将个人的职业兴趣和现实生活中的工作环境均分成为现实型、研究型、艺术型、社会型、企业型和常规型6种类型，并认为，当个体的职业兴趣类型和工作环境类型协调一致时，会增加个体的工作满意度、职业稳定性和职业成就感。以下是霍兰德对6种职业兴趣类型和6种工作环境类型的具体描述。

① 霍兰德的6种职业兴趣类型：

现实型。喜欢从事与机械操作、工具、动植物等具体事物打交道的工作，遇到问题时倾向于具体的、实际的和结构化的解决方案或策略，回避社会型工作，拥有传统的价值观念，重视工作中的制度、规则。

研究型。喜欢从事观察、分析、推理、评价等方面的工作，重视科学性、学术性的工作方式，具有思考、探索的精神，倾向于用理性而后分析的方式来解决问题，并寻求有挑战性的问题。

艺术型。喜欢从事具有艺术性、表达性、独创性特点的工作，回避常规型、被动型、约束型的工作，一般具有表演、写作、演说等表达类才能，重视审美体验和个人特征的自我表达，逻辑性不强。

社会型。喜欢从事与人打交道的社会型职业，回避现实型或约束型工作，重视社会观念、道德观念、人道主义精神，一般具有教学、社会技能，倾向于运用社会能力特质解决问题。

企业型。喜欢从事管理、监督、领导、劝说类的企业型职业，回避研究型工作，一般具有领导和演说才能，重视对他人的控制，而不愿受控于人，雄心勃勃。

常规型。喜欢从事注重细节、讲究精确的常规型工作，回避艺术型工作，重视商业和经济成果，一般具有文书和数字的能力，拥有传统的价值观念，倾向于通过既有的规则和程序来解决问题。

② 霍兰德的6种工作环境类型及对应的职业：

现实型职业。需要熟练运用手工和技术的操作型工作，对应职业有工程师、机械师、技师、电工、木工等。

研究型职业。对自然界、人类社会进行科学研究和试验的工作。对应职业有物理学家、数学家、化学家、动物学家、社会学家、科技工作者、实验员等。

艺术型职业。美术、音乐、文学、戏剧等各领域艺术创作类工作，对应职业有画家、演员、诗人、作家、舞蹈家、雕刻家等。

社会型职业。通过教育、培训、咨询、治疗等方式帮助、服务他人的工作，对应职业有教师、外交工作、咨询师、社会福利机构人员、思想工作者等。

企业型职业。通过劝说、控制、管理他人达到个人或组织目标的工作，对应职业有企业家、管理者、律师、推销员、广告宣传员等。

常规型职业。与数据、文字相关的各类办公室事务性工作，对应职业有秘书、会计、统计员、税务员、打字员、速记员等。

3）职业兴趣的测量。接下来我们根据霍兰德职业倾向测验量表，对自己的职业兴趣做一次简单的测评。

本测验量表将帮助被测量者发现并确定自己的职业兴趣。测验共三个部分，每部分测验都没有时间限制，但请尽快按要求完成。三个部分每个小项皆为是否选择题，请选出比较适合自己的、与自己的情况相符的项目，并按有一项适合的计1分的规则统计分值，将相应分值填写在统计项目中。

第一部分　你所感兴趣的活动

表4-1列举了若干种活动，请就这些活动判断你的好恶。感兴趣的计1分，不感兴趣的不计分。请将各种类型的总分记录在统计表（表4-3）相应的栏目中。

表4-1　感兴趣的活动

R：现实型活动	A：艺术型活动
1. 装配、修理电器或玩具	1. 素描、制图或绘画
2. 修理自行车	2. 参加话剧、戏剧
3. 用木头做东西	3. 设计家具、室内设计
4. 开汽车或摩托车	4. 练习乐器、参加乐队
5. 用机器做东西	5. 欣赏音乐或戏剧
6. 参加木工技术学习班	6. 看小说、读剧本
7. 参加制图、描图学习班	7. 从事摄影创作
8. 驾驶卡车或拖拉机	8. 写诗或吟诗
9. 参加机械和电气学习班	9. 进艺术（美术/音乐）培训班
10. 装配、修理机器	10. 练习书法
I：研究型活动	**S：社会型活动**
1. 读科技图书或杂志	1. 单位组织的正式活动
2. 在实验室工作	2. 参加某个社会团体或俱乐部活动
3. 改良水果品种，培育新的水果	3. 帮助他人解决困难
4. 调查了解土和金属等物质成分	4. 照顾儿童
5. 研究自己选择的特殊问题	5. 出席晚会、联欢会、茶话会
6. 解算术或数学游戏	6. 和大家一起出去郊游
7. 物理课	7. 想获得关于心理方面的知识
8. 化学课	8. 参加讲座或辩论会
9. 几何课	9. 观看或参加体育比赛和运动会
10. 生物课	10. 结交新朋友

（续）

E：企业型活动	C：常规型活动
1. 鼓动他人	1. 整理好桌面与房间
2. 卖东西	2. 抄写文件和信件
3. 谈论政治	3. 为领导写报告或公务信函
4. 制订计划、参加会议	4. 检查个人收支情况
5. 以自己的意志影响他人的行为	5. 参加打字培训班
6. 在社会团体中担任职务	6. 参加文秘等实务培训
7. 检查与评价他人的工作	7. 参加商业会计培训班
8. 结交名流	8. 参加情报处理培训班
9. 指导有某种目标的团体	9. 整理信件、报告、记录等
10. 参与政治活动	10. 撰写商业贸易信

第二部分　你所喜欢的职业

表4-2列举了多种职业，选择自己喜欢的工作，有一项计1分，不太喜欢或不关心的工作不选，不计分。请将各种类型的总分记录在统计表（表4-3）相应的栏目中。

表4-2　喜欢的职业

R：现实型职业	S：社会型职业
1. 飞机机械师	1. 街道、工会或妇联干部
2. 野生动物专家	2. 小学、中学教师
3. 汽车维修工	3. 精神病医生
4. 木匠	4. 婚姻介绍所工作人员
5. 测量工程师	5. 体育教练
6. 无线电报务员	6. 福利机构负责人
7. 园艺师	7. 心理咨询员
8. 长途公共汽车司机	8. 共青团干部
9. 电工	9. 导游
10. 火车司机	10. 国家机关工作人员
I：研究型职业	**E：企业型职业**
1. 气象学或天文学者	1. 厂长
2. 生物学者	2. 电视片编制人
3. 医学实验室的技术人员	3. 公司经理
4. 人类学者	4. 销售员
5. 动物学者	5. 不动产推销员
6. 化学者	6. 广告部长
7. 教学者	7. 体育活动主办者
8. 科学杂志的编辑或作家	8. 销售部长
9. 地质学者	9. 个体工商业者
10. 物理学者	10. 企业管理咨询人员

(续)

A：艺术型职业	C：常规型职业
1. 乐队指挥	1. 会计师
2. 演奏家	2. 银行出纳员
3. 作家	3. 税收管理员
4. 摄影家	4. 计算机操作员
5. 记者	5. 簿记人员
6. 画家、书法家	6. 成本核算员
7. 歌唱家	7. 文书档案管理员
8. 作曲家	8. 打字员
9. 电影、电视演员	9. 法庭书记员
10. 电视节目主持人	10. 人员普查登记员

表4-3 统计表

测试内容	R型 现实型	I型 研究型	A型 艺术型	S型 社会型	E型 企业型	C型 常规型
第一部分（感兴趣）						
第二部分（喜欢）						
总　　分						

请将表4-3中6个项目的总分按大小顺序进行排序，并将测验得分居第一位的职业兴趣类型找出来，对照职业索引表4-4，判断一下自己适合的职业类型。

表4-4 职业索引

R型（现实型）	木匠、农民、操作X光的技师、工程师、飞机机械师、鱼类和野生动物专家、自动化技师、机械工（车工、钳工等）、电工、无线电报务员、火车司机、长途公共汽车司机、机械制图员、修理机器师、电器师
I型（研究型）	气象学者、生物学者、天文学家、药剂师、动物学者、化学家、科学报刊编辑、地质学者、植物学者、物理学者、数学家、实验员、科研人员、科技作者
A型（艺术型）	室内装饰专家、图书管理专家、摄影师、音乐教师、作家、演员、记者、诗人、作曲家、编剧、雕刻家、漫画家
S型（社会型）	社会学者、导游、福利机构工作者、咨询人员、社会工作者、社会科学教师、学校领导、精神病工作者、公共保健护士
E型（企业型）	推销员、进货员、商品批发员、旅馆经理、饭店经理、广告宣传员、调度员、律师、政治家、零售商
C型（常规型）	记账员、会计、银行出纳、法庭速记员、成本估算员、税务员、核算员、打字员、办公室职员、统计员、计算机操作员、秘书

(3) 能力

1) 能力与职业能力。人们在决定做任何一件事之前，如是否参加学生会主席竞选、是否参加研究生入学考试，首先都会衡量自己是否具有这个能力。当人们思考自己的职业取向时，能力尤其是自己需要了解和考虑的一个因素，它决定了一个人擅长做什么。心理学认为能力是一种心理特征，是个体顺利实现某种活动的心理条件。它包含了两个方面的内容：个体已经具备的知识和技能；个体容纳、接受或保留事物的可能性，即人们平时经常说的潜能。人的能力是多种多样的，根据区分的标准不同，一般有以下几种分类○。

一般能力与特殊能力：一般能力即人们通常所指的能力，如观察力、记忆力、想象力、抽象概括力等，特殊能力是指在某种专业活动中表现出来的能力，如画家的色彩鉴别力、形象记忆力，音乐家的音乐表现能力、感受节拍的能力等。

液体能力和晶体能力：液体能力是指在信息加工和问题解决方面的能力，如认识、类比、推理、形成抽象概念的能力。液体能力被认为是人类的基本能力，决定于个人的禀赋。晶体能力指获得语言、数学等知识的能力，决定于后天学习，受社会文化的影响。

认知能力、操作能力和社交能力：认知能力是指人脑加工、存储和提取信息的能力，人们认识客观世界主要依赖认知能力；操作能力是指用肢体完成各项活动的能力，如劳动、表演、运动、试验等能力；社交能力是指社交活动中表现出来的能力，如组织管理、语言沟通、判断决策、调解纠纷、应激事件处理能力等。

当人们的能力指向某一特定职业取向时，就被称作职业能力，是人们适应职业需求并在该职业取向持久发展的基础。根据美国著名职业规划研究者辛迪尼·梵和理查德·鲍尔斯的相关理论，个体的职业能力被分为三个部分：专业知识能力、可迁移能力和自我管理能力。

专业知识能力：指某一职业取向的特定知识和技能，需要通过学习获得，一般用名词来描述，如计算机、绘画、法律、财经等。专业知识能力是人们进入某一行业的基础。

可迁移能力：指人们和人、物、数据打交道时需要的技能，也称为通用能力或基本能力，一般用动词描述，如交往、合作、协调、驾驶、烹饪、操作、计算、测量等。它的特点即可迁移性，可以适用不同的职业，适应个人工作岗位的转变。

自我管理能力：指人们处理自己与他人、社会、环境的关系的能力，又称为适应性能力，常被看作是个人的人格特征，一般用形容词或副词来描述，如有责任感的、热情的、诚信的、踏实的等。自我管理能力帮助人们调整自己更好地适应环境。

2) 了解自己的职业能力。当面对"你有哪些方面的能力"这样的问题时，人们的回答总是倾向于专业知识能力方面的描述，这已经成为一种思维定势，似乎只有专业知识能力才可以被称作"能力"。诚然，专业知识能力是人们进入某一个行业领域发展的基础，但对于其能够在这一行业领域有多大的发展，专业知识绝不是唯一的决定因素。以建筑设计行业为例，拥有专业技能和相关资质证书，使人可以从事建筑设计的工作，但一个建筑

○ 彭聃龄. 普通心理学 [M]. 北京：北京师范大学出版社, 2001.

项目的工作涉及结构、材料、室内、景观等多个方面，往往需要一组人来完成，这时如果一个人具有良好的团队合作意识、沟通能力、协调能力等可迁移能力，就有可能担任该项目的负责人，而当其具有较好的自我管理能力，给人踏实、热情、有责任感的印象时，就更有可能被委以重任，独当一面。人们的职业生涯不会局限于一个工作岗位，因此，全面分析了解自己的职业能力、做自己擅长的工作是获得成功职业生涯的前提。

由于职业能力对于不同职业来说侧重不同，因此没有一定的测量方法，但这不影响人们对自己的职业能力做一次探索，这里介绍一个了解自己职业能力的简单方法：列举你认为自己做得最成功的三件事，并分析每件事所需要的能力，见表4-5。

表4-5 职业能力分析

事 件	能 力
为某次学生活动拉到一笔赞助	1. 信息的搜集、调查能力：能对有可能提供赞助的商家信息进行搜集、调查和整理 2. 分析、判断能力：准确找到赞助商和本次学生活动之间共赢的利益点 3. 文字表达能力：将活动计划转变成策划文案 4. 沟通能力：通过拜访、沟通、协商等过程说服商家提供赞助
通过努力，成功通过英语等级考试	1. 设立目标并制订实施计划的能力：能够根据目标及自己的实际情况安排实施细则，将大目标分解为各个阶段的小目标 2. 对自我的管理、调控能力：监督自己按照制订的学习计划有步骤地进行 3. 时间管理能力：合理安排、利用课余时间进行英语补习

3) 大学期间职业能力的培养。作为了解自我的三个基本因素之一，能力区别于人格、兴趣的一点是可后天培养，人们通过学习和锻炼可提高自己的能力。大学是人们踏入社会前的最后一个准备阶段，在此期间有针对性地培养自己的职业能力，是提高个人核心竞争力的关键。下面列举了几个大学阶段提升个人职业能力的途径。

第一，充分利用暑期社会实践、校园实习平台，进行专业实习。大学生在应聘工作岗位时往往会遭遇一个尴尬的问题——是否具有实际工作经验，毕竟专业学习和实际操作之间存在一定的差距，利用课余时间填补自己在这方面的空白是大学生顺利进入职场的一个砝码，而一定的专业实践经验也能让大学生对课堂所学融会贯通，提升专业知识能力。

第二，积极参加学生会、学生社团组织的各项活动。学生组织就像是一个模拟的社会组织，活动内容丰富、形式多样，组织一项活动往往需要经历前期调查、策划、宣传、组织、与学校职能部门的协调、去企业拉赞助等环节，接触面涉及校内外各个层面的人，参与此类活动可以提升大学生对环境、对工作、对他人的适应性能力，使自己对社会环境有一定的了解，同时通过从事具体工作也锻炼了自己观察、表达、搜集信息、沟通、解决问题等基本能力，一举多得。

第三，结合自己的职业取向，有针对性地参加职业资格考试。不少行业存在准入原则，如教师需要教师资格证、建筑设计师需考取注册建筑师资格证等，这些资格认证是人们进入某行业或在某行业发展的基础，提前了解并做好准备能使自己的专业学习更有针对性。

2. 认识自我的方法

（1）自我反省　自我反省是一个对于人们再熟悉不过的词汇，而自我反省的行为却不一定是我们经常做的，就像我们的眼睛，总是习惯于探索自身以外的世界。所谓反省，应该是反观自身，对自己进行审视。那么要反省的是什么呢？我们的祖先倡导要"日省其身，有则改之，无则加勉"，这应该是针对自身的不足或者缺点而言的，而每天寻找自己的不足之处应该不是一个让人愉快的经历，这也许就是人们不太愿意进行自我反省的一个潜在的原因。而事实上，反省是对自己全面的反观，分析自己哪些做得好、哪些不够好，为什么好又为什么不够好。它并不是全局性、概括性的，往往是针对具体事件而言的。反省的过程也非常简单，可以利用睡觉前的三分钟，静心回顾一天的生活，审视自己哪些事做得比较好，为什么好，进一步强化对自身优势的认知；再审视自己哪些事处理得不够好，为什么不够好，以后怎样避免或者改进。例如，下面是一个自我反省的事件。

事件：今天上课迟到了

原因：昨天作业做得太晚，早上起不来。

以后改进的办法：进行合理的时间规划，减少时间浪费，提高做事效率。

事实上人们对于事件的真正原因都有自己的解释，只是有时不愿意去面对，例如，在以上事件中，人们倾向于寻找"作业太多""寝室太吵，没办法静心做作业"这类外在原因，而不愿意面对"没有合理地安排时间""花费了太多时间和同学聊天、看电影"等自身内在原因。因为反省是人们给自己的一个解释，因此其意义正在于它让人们正视自己，直面自己的问题，也只有正视和直面自己，才有可能看清自己，解决问题。

曾子曰：吾日三省吾身。这里的反省已经不是一种单纯的行为，而是一种精神，一种品质。在大学期间培养和锻炼自己反省的精神，不仅是认识自我的需要，更是个人发展、成长的需要。

（2）环境反馈

1）360°评估法。又称"全方位评价法"，最早由美国英特尔公司提出并加以实施，用于对员工的绩效考核。简单地说，360°评估法就是在某种工作环境内，所有与某位员工有联系的人（包括自己）对该员工做出的评价，包括上级、下级、客户、同事等多个层面，以求得到对该员工全面、客观的评价。将其运用于人们对自我的探索，可考虑从学校、家庭、社交等三个维度展开，通过教师、家长、同学、朋友等多角度的反馈，全面、客观地了解自己的特点，听取多方面对自己的建议。表4-6是大学生360°自我评估表，通过完成该表，会对自己有新的发现。

表4-6　大学生360°自我评估表

评估来源	评估内容	
	最大的特点	最想给予的建议
自　己		
教　师		
同　学		
家　长		
朋　友		

将对自我的认知作为一个整体，从自己认识和他人认知两个维度建立直角坐标系，产生自己知道、自己不知道、他人知道、他人不知道四个方向，两两组合，产生四个自我认知橱窗，即橱窗分析法，如图4-1所示。

四个橱窗所代表的分别是：

公开我：自我当中自己知道、他人也知道的部分，是人们对外展现的部分，如人的生理体征、社会角色等。

隐藏我：自我当中自己知道、但他人不知道的部分，是人们想要隐藏的部分，如人的某些缺点、内心的想法等。

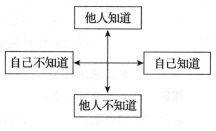

图4-1　橱窗分析法

背脊我：自我当中自己不知道、他人知道的部分，是人们由于认知定势或其他主观因素无法看到，而他人可以清楚了解的部分，如人的某些人格特点或行为方式等。

潜在我：自我当中自己和他人都不知道的部分，是最具有挖掘潜力的部分。

根据四个不同"我"的特点，应通过内省来了解"隐藏我"；加强和他人的沟通，来发现"背脊我"；多角度尝试新事物、新任务，来发掘"潜在我"，从而进一步丰富、提升"公开我"。

2）职业测评法。职业测评法是根据心理学原理，通过对个体认知、行为、情感等因素的量化来对个体的人格、兴趣、智力、价值观进行评估、测量的方法，目前在心理咨询、职业咨询、人员考核等领域使用较多。之前介绍的霍兰德职业兴趣测评就属于此范畴。职业测评法的优点在于客观、全面、快速，同时可进行与常态的比较。在使用量表进行测量时要注意以下几个方面。

第一，要选择使用标准化、客观化的专业量表，因为专业量表是以特定的理论为基础，通过设计问卷、抽样调查、统计分析、建立模型等一系列科学程序编制而成的，具有一定的信度和效度，在一定范围内对于客观事实有较好的解释力。

第二，专业量表虽然能够较为客观、科学地反映人们的情况，但它是建立在统计学数据基础上的，是对大部分人群共性的反映，不排除其对个体的差异性，因此，可以参考量表所给出的信息，但不可依赖这些信息。

第三，因为量表是建立在一定的理论基础上的，在完成量表后应征询专业人员给出科学的解释，同时在此基础上积极利用量表的结果探索自我，而不是简单地看这个结果是否准确。

3）专家咨询法。了解自我不仅是了解自己的过去和现在，也包括了对将来发展取向的探索，当人们通过多种方法了解了自己的兴趣取向、人格特点、能力特长后，依然无法对自己的职业取向做出规划时，可以找专家咨询，和专业人士一起探讨自己的知识结构、个性特征、人生阅历，帮助自己分析自我、找准定位、明确方向。但要注意，专家并不是替你做决定的人，他可以帮助你清晰地了解自己，找出你的困惑所在，但真正解除困惑、做出决策还是要依靠我们自身的智慧。

4.2.2 认识职场环境

有这样一种说法：选择了一份职业就是选择了一种生活方式。之所以这样说，可能是因为职业影响着人们生活的很多方面，影响着人们的经济收入、研究方向、社交生活、活动领域以及价值观念等。而反过来说，这些社会因素也对个人职业的发展产生影响。通常人们将影响个人职业发展的相关外部环境称作职场环境。一般来说，职场环境包括社会环境、经济环境、行业环境、组织环境、家庭环境、地域环境等几个方面。全面、综合地了解相关行业的职场环境，是人们进行职业生涯规划的客观依据。

1. 认识职场环境的维度

（1）社会环境　职业总是应社会需求而生，因此，职业的发展离不开社会环境。对社会环境的了解，包括以下几个方面：

1）政策环境。体现社会发展方向的导向性政策，在一定程度上影响着某个行业的发展；大学生就业相关政策；创业扶持政策等。

2）社会需求情况。总体了解社会的热点需求主要体现在哪些职业种类；有针对性地了解某个行业相关专业人员的需求情况，可提供的岗位数量和种类。

3）社会总体价值观。随着社会的发展，人们的价值观也在发生着变化，需求的层次也在不断提高，把握社会总体价值观有助于人们有针对性地更新观念、优化技能。另一方面，社会总体价值观对于人的个人价值观也有着潜移默化的作用，影响着人们对职业生涯的定位和发展方向。

（2）经济环境　任何一个行业都是社会经济结构中的一分子，不可避免地受到经济环境的影响。例如，科技发展带来第三产业的兴起，产业结构发生变化，物流、信息、通信、金融、房地产、环境、服务等相关行业发展迅速，相应地对于专业人才的需求也在上升。对经济环境的了解主要有：国家产业结构特点、国家经济建设重点、国家经济发展战略，以及目前国家经济增长情况等。

（3）行业环境　行业环境是指与人们所学专业相对应的某一行业在目前社会产业结构中所处的地位、发展的前景、国内外的重大事件对行业发展的影响、该行业发展的优势与劣势、自己所拥有的进入某一行业的社会资源等。如果把人生比喻成在人海中航行，那么整个社会就像是大海；社会、政治、经济环境就像是影响航行的气候和洋流；自己所处的行业就是一艘巨大的轮船，决定着我们航行的方向和速度。

（4）组织环境　组织环境是对应具体企业而言的，是人们在确定要去的企业后需要了解的信息，包括组织内部环境和组织外部环境两个部分，组织内部环境是指企业文化、组织规模、组织结构、发展策略、人才培养模式、人力评估、薪酬、福利等。组织外部环境是指企业在本行业发展中所处的地位、发展的前景和趋势、行业竞争情况、具有的优势和劣势、面临的市场需求情况等。

（5）家庭环境　职业生涯规划是对人的个人主观认知、价值观念、兴趣取向、知识结构等多种因素的综合体现，而这些个人因素的形成离不开个人成长环境的影响，其中影响最大的就是家庭环境。人们所做出的决策往往会受到家庭的经济条件、家庭结构、家庭成员之间的情感联系、家庭消费模式、教育理念、家庭精神生活、父母的职业、社交生活等因素的影响。

（6）地域环境　地域环境是指目标就业区域的经济发展情况、地理位置、交通情况、本行业在该地域的发展情况、该地域所具备的行业发展资源等多方面的情况。受到多种因素影响，我国目前存在区域经济发展不平衡的情况，大学生在考虑就业区域时往往会选择经济较发达的地区，使得该区域就业竞争压力加大。选择就业区域时，仅以经济发达情况作为唯一的衡量指标是否合适、是否在经济发达地区个人的发展就能最好，这些都是在进行职业生涯规划时需要考虑的问题。

2. 认识职场环境的方法

（1）学校就业指导中心　学校就业指导中心是学校主管大学生就业工作的相关职能部门，是联系用人单位和毕业生的主要环节，具有发布就业信息、介绍就业形势和政策、宣讲就业法规、联系用人单位召开大型招聘会、介绍行业信息、开设就业指导课程、举办就业讲座、展开就业咨询等一系列的职能，是离学生最近、针对性强、较全面、准确的信息和服务来源。大学生应定期关注学校就业指导网站、宣传橱窗，了解最新的信息，同时在就业过程中遇到困难或瓶颈时也可向相关就业咨询老师寻求帮助。

（2）新闻媒体及互联网　我们处在一个信息爆炸的时代，每天可以通过报纸、电视、杂志、网络了解大量的社会信息，其中网络又俨然是一个虚拟社会，几乎囊括了人们所需要的一切知识和信息，它庞大的信息交流功能使之慢慢成为一个工作平台，许多大中城市的用人单位几乎都具有自己企业的网站，并开设网上求职、网上招聘活动。但网络也不乏过时信息、诈骗信息、虚假信息的存在，在利用网络资源时应尽量选择官方的、正规的、有一定知名度的网站。相关网站详见附录。

对于大学生来说，资讯来源并不成问题，关键在于养成定期关注的习惯和定向搜集的意识。

（3）专业岗位实践 在制订职业生涯规划时需要了解具体行业、职业甚至岗位的情况，而专业岗位实践就可以提供对这方面信息直观的、感性的认知；通过在具体岗位的实习，可以接触到行业发展前沿的信息，了解行业发展的前景及趋势；可以了解社会对本专业毕业生专业素养和综合素质的需求，从而有针对性地进行知识的更新、能力的优化；可以对职业发展的途径有一个大致的了解；可以积累专业工作经验，弥补理论与实际的差距。因此，应充分利用校园专业实习平台、暑期社会实践、毕业实习、课余兼职等机会积极开展专业实习、实践活动，了解相关信息的同时也为将来的择业竞争做好准备。

（4）生涯人物访谈 所谓生涯人物，是指具有一定从事相关职业的经历和经验（一般3年以上）的工作者，通过和他们的接触了解相关职业的真实工作感受，加深对某种职业的了解，包括工作内容、发展方向、薪资情况、知识技能需求等。对于大学生来说，最容易找的生涯人物就是自己的师哥、师姐，因为专业方向的关系，大都从事本行业的工作，他们和自己具有一样的起点和知识背景，有较强的借鉴性。同时，因为是校友，比较容易寻找和接近。要注意的是，访谈的对象最好具有不同的社会生活背景或在不同性质的用人单位就职，这样可以使得到的信息更加全面。

（5）个人社会关系 人是社会动物，每个人身上都有着千丝万缕的社会关系，父母、亲戚、兄弟、姐妹、邻居、老师、朋友、同学等所形成的一张复杂而庞大的社会关系网络能够为自己带来丰富的信息资源。在需要对某个行业、某种职业多一些了解时，应多听取身边不同人的声音，征询他们的建议和意见，他们丰富的社会阅历、相关职业的工作经历或者他们所具有的人脉关系可以为自己提供多角度的信息。

4.2.3 制订职业生涯规划书

按照萨珀的职业发展理论，大学期间属于职业探索阶段，这一阶段主要是找到自己认为合适的职业并为此进行一系列准备性的基础工作，包括知识的储备、能力的培养等。

1. 选择职业

职业选择正确与否，直接关系到人生事业的成功或失败。如何才能正确地选择职业呢？首先，要通过自我评价、职业生涯机会的评估认识自己、分析环境，在此基础上对自己的职业做出选择。在选择职业时，要充分考虑自己与环境的特点，要分析自我、了解自己；同时分析环境、了解职业世界，使自己的性格、兴趣、特长与职业要求相吻合。

2. 设定职业生涯目标

职业生涯目标的设定是规划职业生涯的核心。目标抉择，就是明确自己想成为一个什么样的人，在职业发展上达到哪一个级别，担任什么样的社会角色，这是人生事业能否成功的重要条件。职业生涯目标的确定，是个人理想的具体化和可操作化，是指可预想到的、有一定实现可能的目标。职业生涯目标可分为长期目标、中期目标以及短期目标，时间跨度分别为 5~10 年、3~5 年以及一年、一季度、一个月、一周，甚至细化为一日。

大学生涯目标的确定，是在整个职业生涯规划所确定的职业生涯目标的基础上进行的，是职业生涯目标分解后的一部分，即职业生涯准备期的目标。它属于职业生涯目标的分目标，是中短期目标，包括大学期间总体目标的确定、学年度目标的确定、学期目标的确定，甚至月目标、周目标、日目标的确定。

大学生涯目标的总体目标，是根据职业生涯目标的需要，以及自身在专业知识、技能、综合素质等方面的不足，确定在大学期间将要进行哪些方面的努力，需要达到什么样的目标。例如，大学毕业后，是直接就业还是攻读硕士研究生或出国深造。

学年度目标，是某一年间阅读多少书籍、阅读哪些书、掌握哪些技能、担任某一学生干部职务、争取通过努力加入党组织等；学期目标，是指哪一学期通过英语等级考试、国家计算机等级考试等。

应注意的问题如下：

1) 目标要符合社会发展趋势。
2) 目标要适合自身特点，充分考虑到自身优劣势。
3) 目标应以清晰、可执行为宜，同一时期内目标不宜过多。
4) 注意长期目标与短期目标的结合，长期目标是前进的方向，短期目标是实现长期目标的保证。
5) 注重职业目标与个人生活、健康目标相协调。

3. 选择职业生涯路线

职业生涯路线是指个体选定职业后选择何种途径实现自己的职业目标。例如，如果觉得自身在专业技术上有优势，选择技术型路线；如果对管理特别有兴趣，就选择管理型路线；如果希望不要在职业生涯中遇到太多变动，就选择稳定型路线；如果希望进行创业，则选择创造型路线；如果想成为一名自由职业者，则选择自主型路线。

在选择职业生涯路线时，可从以下三方面考虑。

（1）个人喜好　即希望自己向哪一条路线发展。主要是根据自己的价值观、理想、就业动机和职业目标等因素，计划出自己希望朝哪条路发展。

（2）个人特点　即自己适合向哪一条路线发展。主要是根据自己的性格、特长、经历、学历等一些客观因素，确定发展路线。

（3）个人能力　即自己能够向哪一条路线发展。主要根据就业环境、地域环境等因素来确定自己的发展路线。

4. 制订职业生涯规划书的方法

（1）SWOT 法　SWOT 法是一种对个人的优势、劣势、机会、风险等主客观条件进行综合分析的评估方法。其中 S 是指优势（Strengths）、W 是指劣势（Weaknesses）、O 是指机会（Opportunities）、T 是指风险（Threats）。在进行综合分析时，应把所有的内部因素都集中在一起，然后用外部力量来对这些因素进行评估。这些外部力量包括机会和风险，它们是由于竞争压力或环境中的趋势所造成的。这些因素的平衡决定了一个人应做什么以及什么时候去做。

（2）五 What 法　通过回答五个问题，找到它们的结合点，就有了自己的职业生涯规划。

1）What are you，即"我是谁"。对自己进行一次全面分析，把自己的优点和缺点都一一列出来，静下心来面对自己，真实地写出每一个想到的答案。

2）What you want，即"我想干什么"。这是对自己职业发展的一个心理趋向的测定。每个人在不同阶段的兴趣和目标并不完全一致，但会随着年龄和经历的增长而逐渐稳定，并最终锁定自己的终生理想。在问自己这个问题时，可回想自己的孩童时代，从人生初次萌生第一个想干什么的念头开始，然后回忆自己曾经计划想从事的工作，并一一地记录下来。

3）What can you do，即"我能干什么"。这是对自己能力与潜力的全面总结。个人能力如同浮动在海面上的冰山一角，而潜力则如同海面下的巨大冰体。一个人职业的定位要归结于他的能力，而他职业发展空间的大小则取决于他的潜力。对于自身的潜力应该从几个方面着手去认识，如兴趣、韧性、判断力、知识结构等。

4）What can support you，即"环境支持或允许我干什么"。环境支持在客观方面包括工作所在地的各种状况，如经济发展、人事政策、企业制度等；主观方面包括同事关系、领导态度、亲戚关系等，这两方面的因素应该综合起来分析。在这些环境中，要认真分析自己可能获得什么支持和允许，再以重要程度排列一下。

5）What you can be in the end，即"自己最终的职业目标是什么"。明晰了前面四个问题，就会从各个问题中找到对实现有关职业目标有利和不利的条件，列出不利条件最少的、自己想做而且又能够做的职业目标，那么有关"自己最终的职业目标是什么"这个问题自然就有了一个清楚明了的框架。

（3）虚拟简历法　虚拟简历法见表4-7

表4-7　虚拟简历法

姓名		性别		年龄		专业	
特长							
人生目标							
职业目标							
第一学期		就业筹码增加		学业目标			
				活动或工作成果			
		自我人格完善		能力发展			
				养成一个好习惯			
				克服一个毛病			
				其他			
第二学期		就业筹码增加		学业目标			
				活动或工作成果			
		自我人格完善		能力发展			
				养成一个好习惯			
				克服一个毛病			
				其他			
……		……		……			

5．职业生涯规划书的内容

1）姓名、年限、年龄跨度、起讫时间。

2）职业方向及长期目标（包括从业方向、当前可预见的最长远目标）。

3）政治、经济、法律、职业环境的分析。

4）目标企业分析（包括行业、企业制度、企业文化、领导人、产品及服务）。

5）自身特点、能力及潜力测评结果。

6）记录对自己职业生涯具有影响的一些人的建议。

7）目标分解（将职业目标分解为若干具有可操作性的子目标）。

8）成功的标准。

9）目标与现实的差距。

10）缩小差距的方法及实施方案。

4.3 大学生职业生涯管理

4.3.1 大学生职业生涯管理的内容

大学阶段是就业前最关键的时期，大学生只有明确自己应完成的职业生涯任务，才能有效地计划大学阶段的学习和生活，才能顺利实现自己与职业的最佳匹配，最终实现自我价值的最大化。

我国的职业生涯管理教育从20世纪90年代开始迅猛发展，引起了全社会的广泛关注。但从在校大学生职业教育的现状看，大学生的职业兴趣不明确、缺乏自主决策的意识和环境，学生对自己性格、能力、价值观的了解和判断不清晰等情况还是十分严重的。究竟如何对自己大学期间的职业生涯进行管理？仔细分析这个看起来非常宏观的概念，不难发现其实可以从大学生活的日常活动开始，其中包括时间管理、学习管理以及健康管理。

1. 时间管理

在国外人力资源培训课程中，费用最高的就要数"时间管理"这门课程了。这其实也不难理解，在时间充分的情况下，即使一个能力不强的人也能做出一定的成绩。但是时间对每个人都是公平的，如何能在有限的时间内把工作尽可能地完成好，确实是一个值得探讨与研究的课题。时间管理是为了有效地运用时间，其目的在于帮助自己决定该做些什么；决定什么事情不应该做。时间管理最重要的功能是通过事先的规划，作为对自己的一种提醒与指引。

管理时间的三种办法如下：

（1）计划管理 关于计划，时间管理的重点是每日待办单，也就是将需要完成的事情列成一份清单，排出优先次序，确认完成时间，以突出工作重点、避免遗忘。待办单主要包括的内容为每日的非日常工作、特殊事项以及行动计划中的工作、未完成的事项等。

待办单可以在每天的固定时间制订，如刚到办公室的时候。一天只制订一张待办单，完成一项工作划掉一项，同时待办单要为应付紧急情况留出时间。

和每日待办单一样，同样也可以在每年年末做出下一年度工作规划、每季季末做出下一季度工作规划、每月月末做出下月工作规划、每周周末做出下周工作规划。

（2）时间"四象限"法 著名管理学家科维提出了一个时间管理的理论，把工作按照重要和紧急两个不同的程度进行了划分，基本上可以分为四个"象限"：既紧急又重要，如人事危机、客户投诉、即将到期的任务、财务危机等；重要但不紧急，如建立人际关系、人员培训等；紧急但不重要，如电话铃声、不速之客、行政检查、主管部门会议等；既不紧急也不重要，如同事间的闲谈。在这四个象限中，人们往往会忽略重要但不紧急的工作。时间管理理论的一个重要观念是应有重点地把主要的精力和时间集中地放在处理那些重要但不紧急的工作上，这样可以做到未雨绸缪，防患于未然。在人们的日常工作中，很多时候往往有机会去很好地计划和完成一件事，却因为缺乏对重要但不紧急工作的重视，久而久之造成工作质量下降。要避免这种情况的发生，一个好的方法是建立预约。建立了预约，自己的时间才不会被他人所占据，从而有效地开展工作。

（3）时间 ABC 分类法　将自己工作按轻重缓急分为：A（紧急、重要）、B（次要）、C（一般）三类；安排各项工作优先顺序，粗略估计各项工作所用的时间和占用百分比；在工作中记载实际耗用时间；每日将计划时间安排与耗用时间对比，分析时间运用效率；重新调整自己的时间安排，更有效地工作。

在工作中要很好地完成工作就必须善于利用自己的工作时间。工作永远做不完，而时间却是有限的。没有足够的时间，计划再好，目标再高，能力再强，也无法实现。因此，要学会在学习和工作中充分合理地利用任何可利用的时间，压缩时间流程，使时间效用和价值最大化。

> **小贴士**：10 条时间管理窍门
> 1）有计划地使用时间。
> 2）行为目标要具体，具有可实现性。
> 3）将要做的事情根据优先程度分先后顺序。在所有的工作中，一般只有20%的事情是值得做的，应当享有优先权。因此，要善于区分这20%的有价值的事情，然后根据价值大小，分配时间。
> 4）每件事都有具体的时间结束点。控制好闲聊与玩乐的时间。
> 5）遵循你的生物钟。你办事效率最佳的时间是什么时候？将优先办的事情放在最佳时间里。
> 6）做好的事情要比把事情做好更重要。
> 7）将一天从早到晚要做的事情进行罗列，将其中没有任何意义的事情删除掉。
> 8）巧妙地拖延。如果一件事情，你不想做同时又不紧急，可以将这件事情细分为很小的部分，每次只做其中一个小的部分就可以了。
> 9）学会说"不"。一旦确定了哪些事情是重要的，对那些不重要的事情就应当说"不"。
> 10）集中自己的整块时间进行某些问题的处理。

2. 学习管理

学习能力是人类与其他动物的根本区别，是人类及其社会进步发展的原动力。对于大学生来说，学习不仅是一种行动，还是一种理念；不仅是一个习惯，还是一种能力。好的学习管理，要帮助我们解答"学什么、如何学"这两个问题。

（1）学什么　指定明确且可执行的目标，对于人们的认识有着十分重要的作用。一个有目标的人，会向着自己的目标不懈努力，用目标来激励自己前进。应当将学习目标与自己的生涯规划结合起来，将学习纳入生涯规划当中。

（2）如何学　学校本身已经拥有许多学习资源，如老师讲的课、教学参考书、图书馆和资料中心、各种学术讲座和研讨会等。除此之外，如何利用校外资源，如社会实践、网络资源，各地市级图书馆、博物馆、社会培训机构的课程等。这些校外资源对于大学生来说也是十分重要的。

同时，如果能寻找到适合自己的学习方法，将能达到事半功倍的效果，从而享受到学习的乐趣，坚定学习的信心。找到合适的学习方法和策略，一方面需要根据学习的目标和内容来确定，另一方面需要了解自己的思维风格。如果自己的学习内容是理论性的，那就需要静下心来，阅读各种丰富的知识资料，在了解前人研究的基础上再来展开学习；如果自己的学习内容是实践性的，那就需要在掌握专业技能的基础上，加强与社会联系，而这种思维风格与人的个性特征密切相关。这就要求我们对自身要具有一定程度的了解。

（3）制订学习计划　一个合适的学习目标最后能否实现，很大程度上取决于学习计划是否安排得当。制订学习计划，要注意以下三个方面。

1）根据自己学习上的薄弱环节和某方面能力的欠缺制订中长期学习计划。

2）根据自己的身体状态制定每天的学习时间表。

3）根据考试及工作成果的反馈，及时调整学习计划。

3. 健康管理

何为健康？当代大学生都处于花季年龄，其实不应该出现健康问题。但是由于缺乏自控能力，许多大学生都存在不同程度的健康问题。说到底，这也是由不良的生活习惯造成的，如过分沉迷网络游戏、长期熬夜、不吃早餐、不参加适度的体育锻炼等。世界卫生组织指出，人的健康长寿15%取决于基因，18%取决于社会医疗条件，7%取决于自然环境，60%取决于个人生活方式。由此看来，我们自己才是决定自身是否健康的关键所在。

如何做好日常生活中的健康管理呢？

首先，可以对照世界卫生组织制定的健康标准，对自己的身心健康状况进行评判。

1）有足够充沛的精力，能从容不迫地应付日常生活和工作压力，而不感到过分紧张。

2）处事乐观，态度积极，乐于承担责任，事无巨细不挑剔。

3）善于休息，睡眠良好。

4）应变能力强，能适应环境的各种变化。

5）靠自身免疫力能够抵抗一般性感冒和传染病。

6）体重适当，身材匀称。

7）眼睛明亮无炎症，视觉敏锐。

8）牙齿清洁，无空洞，无痛感。

9）头发有光泽，无头屑。

10）皮肤富有弹性，走路感觉轻松。

对照这 10 条标准，可以了解到自己身体存在的问题，弄清楚自身健康的薄弱环节。

在此之后，要学习了解基本的保健常识。包括一般的卫生常识、心理保健知识、常见病的防治知识、健康饮食知识等，树立自我保健意识。

其次，养成良好的生活习惯。要合理地安排作息时间，形成良好的作息制度。刚进入大学就应开始养成早睡早起的习惯，长期熬夜甚至通宵不仅影响平时的课业学习，还容易引起失眠，甚至引发神经衰弱。还应进行适当的体育锻炼和文娱活动，适度的体育锻炼可以缓解心理压力、放松心情、提高学习效率。各种球类运动、健美操，甚至是一些极限运动等都有助于增强体质，提高对疾病的抵抗力。

最后，要养成良好的饮食习惯。早餐是一天中供应人体营养和能量最重要的一餐，早餐吃饱、吃好是很必要的；同时还应根据营养学知识注意摄取足量的水果、蔬菜、蛋白质等，用餐时不要挑食偏食。要杜绝吸烟、酗酒等不良的生活习惯。

4.3.2 大学生职业生涯管理的方法

在阶段性发展规划确定之后，可以开始制订具体的学期行动计划，甚至可以细化到每天的时间安排。具体实施原则是：个人目标管理和他人监控相结合。

1. 个人目标管理

个人目标管理是指在准确分析自身优势、劣势的基础上，设定职业目标，设定长期及中短期目标，并围绕这一目标进行计划、组织、实施、控制，促使自身按照计划的节奏步调行动，以达到中短期目标，并最终达到长期目标的动态过程。其中特别要注意以下几个方面：

1）将计划贯穿于行动。制订计划的最终意义在于行动，这也提醒人们在制订计划时就应充分考虑到可执行性。

2）学会自律、自控。大学生作为计划的制订者和执行者，同时也是第一个监管者。强大的自控能力是成功的最重要保证。

3）积极争取外界帮助。

2. 他人监控

请求辅导员、班主任、最信任的亲友担任监控职能，以确保在自我管理失效时，保证目标计划的顺利实施。可以在目标计划确定之初就确定一个或两个监控人，与他们沟通，让他们了解自己的目标计划，并在计划施行的过程中不断监督、控制计划的执行情况，起到自我管理不能达到的监管力度。

案例 1：

李同学，男，23 岁，中国美术学院油画系，应届本科毕业生。他性格外向，有上进心，学习能力强，人际沟通能力强，希望毕业后能成为一名职业艺术家或从事与艺术相关的工作。李同学原本希望出国深造绘画研究生课程，但国外大学对申请的学生语言程度要求较高，同时递交作品的创新力与独特想法要求较突出。李同学的油画风格为大型历史绘画与传统绘画风格，递交作品通过率有不确定性，同时家庭经济能力一般，出国留学费用较高，会造成一定的经济压力。

同时，一所知名艺术机构已经同意录用他，是先留学还是先就业就成了摆在他面前的一个难题。他去求助就业指导教师，经过了解情况，就业指导教师给出的建议："先就业，然后选择合适的机会出国深造。"

先工作或先出国其目的都是为了将来有更好的职业发展前景，违背个人兴趣和职业理想以及不顾个人实际情况与能力，为了出国而出国，从个人职业发展来看并不可取。

从职业发展方面考虑，受聘知名艺术机构，有与著名艺术家沟通的平台、良好的工作氛围、规范的工作机制以及较强的艺术推广与实践机会，对职业技能发展大有好处。同时该知名艺术机构的主要工作是搭建艺术家与艺术界的沟通交流、策展、推广等艺术活动，与李同学大学所学专业基本对口，且李同学的性格特点是勤奋刻苦、事业心强、意志坚定，在工作中将会有较好的表现和较大的发展空间。

生涯专家评点：李同学在先就业与先出国之间面临选择，无论是先就业，还是先出国，最终的目的都是为了将来有更好的职业发展前景，结合自身情况，并预先评估两条方案的可行性及未来达成的时间长度及预期结果，测算出先出国更有利于将来职业发展，还是先就业更有利于职业发展。

作为刚刚毕业的大学生，选择合适的职业发展方向尤为重要。人生精力有限，必须选准方向，强化发展。职业方向的确定必须结合个人特长、兴趣所在，并综合考察行业前景来确定。应届毕业生，从表面上看是就业的问题，而实际上是择业的问题，择业就是要做选择，选择适合自己的职业发展方向，集中目标，强化发展，通过若干年的工作，实现从无工作经历者到行业人才的提升。同理，应届毕业生选择出国深造，也要以职业发展为指标，选择合适的深造途径，在学历资质上提高自己的含金量，为"职场前途"做好准备！

案例2：

莫离（化名），女，中国美术学院2016级综合设计专业本科生，现为淘宝皇冠店店主。

莫离是设计艺术学院综合设计专业学生，专业成绩优异。平时对服饰搭配很感兴趣，对时尚资讯也做过不少研究。此外，她还爱好摄影，曾经在学校举办的摄影展中获奖。自我评价是一个有创意、有想法、有冲劲的人。

但是大三那年，莫离因为在期末文化课考试中携带复习资料，受到留校察看处分。这件事情对她的打击非常大，她怎么也无法接受，从小到大都一直被父母、师长肯定的自己，居然成了一个"有污点"、甚至连学位都很有可能拿不到的"问题学生"。

于是，她到办公室来找辅导员谈话。进了房间她却一直默默无语，辅导员先打破沉默:"我很高兴你能主动来找我,接下来这段时间,我希望你能尽量放松,呈现跟面对最真实的自己。"经过各种开放性跟封闭性问题的询问,辅导员知道了最让莫离纠结的问题所在:受父母亲的影响,她一直以来把当老师作为自己的人生目标,打算考取教师资格证。原本的计划是毕业以后去公立中学当一个美术老师。但从目前的情况来看,由于拿不到学位,这一系列计划都成了泡影,她对自己的未来充满了迷惘。

辅导员问她:"你说你想当老师,也说这是你父母对你的期望。那你自己是怎么想的?你喜欢这份职业吗?"莫离迟疑了一下,回答:"说不清楚。"于是辅导员用自我职业搜索量表(SDS)对她进行了测量,测评分析报告显示:莫离在职业兴趣方面,有较强的独立自主性,富有创造力和想象力,做事理想化且追求完美;性格方面,莫离属于外向型,是一个完美的事务管理者;能力特征方面,社会交往能力跟艺术能力、实际动手能力较强;人格特征方面,非常喜欢交际活动,善于和人打交道,同时很有同情心,对人友善热情,在工作中擅长与人合作;职业价值观方面,她看中职业能否发挥自己的能力特长,工作中是否能形成良好的人际关系以及工作环境的舒适,不太看中工资、福利和稳定性。

在量表的帮助下,莫离发现,自己在父母的影响下,一直以为将会从事教师这一职业,压抑自己想出去闯闯的冲劲。其实相比教师,自己对于创业倒是更有热情,而且更适合。了解到这点以后,莫离开始尝试着从阴影中走出来,并寻找创业的途径。由于她一直喜欢研究服饰流行趋势,而且也有上网购物的经验,所以在校期间就与同学合伙注册了一个淘宝店铺并开始经营。从开始到批发市场亲自进货,到后来在服装厂打版开发自己的品牌,她只用了三年的时间就做到了淘宝皇冠店。

莫离这个故事显示了职业生涯规划的价值和魅力,同时也告诉人们一个道理,人生的道路绝不会越走越窄,而是具有无限的可能性。"上帝"为你关上了一扇门,就一定会为你打开一扇窗,只要你充分认识自己、了解自己,时刻不放弃希望,不放弃自己,就一定会迎来人生跟事业的又一个春天。正所谓:"山重水复疑无路,柳暗花明又一村!"

【思考与练习】

1. 你如何理解职业生涯规划的意义?
2. 你认为自己的职业锚在哪里?
3. 请参考360°评估法进行一次自我探索之旅。
4. 结合霍兰德职业兴趣量表测量结果,列举在目前所学专业对应的行业领域适合自己的职业种类。
5. 为自己制订一个大学期间社会实践计划表,突出各个阶段的针对性。
6. 走访2~3位行业人物,听取他们对于自己专业学习、职业取向、人生规划方面的建议,并形成走访记录。
7. 假如现在你个人的生命处于0~100岁,接下来玩一个游戏。

请准备一张长条纸,用笔将它划分成10份,最左边的空余部分写上"生"字,最右边的空余部分写上"死"字。

下面回答几个问题。

第一个问题：请问你现在多少岁？把前面相应的部分撕掉。

第二个问题：请问你想活到多少岁？如果不想活到100岁，就把后面那部分撕掉。

第三个问题：请问你想多少岁退休？请把后面相应的退休以后的部分撕下来，不用扔掉，放在桌子上。

剩下这么长，就是你可以用来工作的时间。

第四个问题：请问一天24小时你会如何分配？

一般人通常是睡觉8小时。吃饭、休息、聊天、上网、看电视、游玩等又占了8小时。其实真正可以工作的时间只有约8小时，只有1/3的时间。

所以请将剩下来的部分折成三等份，并把2/3撕下来，并放在桌子上。

第五个问题：比比看。

请用左手拿起剩下的1/3，用右手把退休那一段和刚才撕下的2/3加在一起，请思考一下自己要用左手1/3的工作时间赚钱，提供自己另外2/3的时间吃喝玩乐及退休后的生活。

第六个问题：想一想。

你要赚多少钱、存多少钱才能养活自己，这还不包括给父母、子女、配偶或其他家庭成员的。

第七个问题：你会如何看待你的未来？

第八个问题：你将如何计划你的未来并付诸行动？

8. 请制订一份时间跨度贯穿自己整个职业生涯的职业生涯规划书。

第5章 求职择业的方法与技巧

求职择业是人生职业道路上必经的一个关口。选择自己的未来,也是大学生人生道路上的一次重大选择。渴望有一个好职业,是每个大学毕业生梦寐以求的事情。面临职业选择的大学毕业生,要想择业成功,做好求职择业的准备,学习求职择业的方法,掌握求职择业的技巧,是非常必要的。

5.1 求职择业的准备

求职择业的准备工作在就业过程中占有重要地位,"凡事预则立,不预则废",求职择业更是如此,应早做打算,精心筹划,认真组织,制定合理策略。只有做好了充分的就业准备,才会有好的就业结果。

5.1.1 观念准备和心理准备

观念准备和心理准备是就业过程中的行动指南和思想引导。充分做好观念准备和心理准备,才能使毕业生正确认识自我、认识社会,有助于在校期间有目的地培养自己各方面的能力,有助于根据社会需要及时调整就业目标,减少求职过程中的阻力和压力。

1. 观念准备

观念准备是指毕业生应树立正确的就业观。就业观是对就业选择的基本看法。目前人才市场竞争日趋激烈,对求职者的素质要求越来越高,因此毕业生要针对自身实际,树立科学的就业观。

(1) 自主就业,积极进取 就业是毕业生自己的事,"自主择业,双向选择"使毕业生从被动服从组织分配变为主动寻求就业机会,自己的路最终要靠自己一步一步走下去,有远大志向和抱负的年轻人,都应把握自己的前途和命运,不能过分依赖他人,更不能怨天尤人。即使有可以借助的外界条件,也要通过个人努力去实现更丰富的人生价值,取得属于自己的成就。

(2) 勇于竞争,迎接挑战 新的就业制度为大学生就业提供了公开、公平的竞争环境。如今商品意识已经广泛渗透到社会生活的方方面面,在市场经济的背景下,毕业生如果没有强烈的竞争意识,就不可能成就事业。然而,很多毕业生在社会为其提供的竞争机会面前表现为胆怯和束手无策,不敢大胆应聘,积极择业。有些毕业生既渴望参与竞争又顾虑重重,有的怕竞争失败丢了面子,有的怕伤了同学之间的和气,有的认为社会上存在着不正之风,很难真正形成公平、公正的竞争。一些毕业生在就业竞争中遇到困难时,不能及时调整目标,重振士气,而是缺乏竞争勇气。在就业过程中,学历、证书都不是最重要的,每个人都有自己的特点和特长,"不拘一格降人才",社会需要的是人才,只要对社会有用,能够体现自身价值,就是人才。只要心中信念不动摇,那么终究会走向成功。

(3) 动态就业,骑驴找马 传统就业理念是终生驻守在一个单位,进入市场经济时代,就业不再是一劳永逸和依赖终生了,而是一个动态过程,就业也可能失业,面临再就业。随着科学技术和产业结构调整速度的加快,有些职业和岗位不断消失,新的职业和岗位却不断涌现,就业者也必须随之变化,只有通过合理流动才能找到最适合自己的工作,才能发现最能施展自己才华的岗位。毕业之初，毕业生只能把毕业的前两年看作学校学习的延续，在社会这个大学校里学习锻炼，才能找到自己的最佳位置。现在"拥有一个稳定职业"的观念已经被"拥有终生就业能力和就业机会"所代替。新的就业市场要求每个人具有从一项工作转换到另一项工作的能力，希望就业一步到位，只会让人错过很多就业机会。

（4）拓宽渠道，开阔视野　目前就业形势严峻，毕业生必须从多渠道、多门路入手，实现就业。有些毕业生就业时，往往强调"专业对口"，认为如果不从事"专业对口"的工作，等于十几年书白读，殊不知一味追求专业对口只会使自己就业之路越走越窄。专业对口固然理想，但在目前严峻的就业形势下，专业不对口的现象在所难免，为了拓宽自己的就业面，在就业过程中，有必要根据实际情况弱化"专业对口"的限制。一方面，积极主动搜集就业信息，尤其要利用各类招聘网站、微博、微信平台等新型招聘媒介来"广撒网"；另一方面，凡是与就业有关的社会关系都要动用起来。毕业生就业还应打破地区和所有制的界限，积极响应国家提出的到基层去、到中小城市去、到中西部地区去、到部队去、到祖国最需要的地方去的号召。有的毕业生非大城市、大企业不去。其实，无论是进国家机关、国有企事业单位，还是外资、私营个体企业，都有发挥自己聪明才智的机会，非某某单位不进、非专业对口不干的观念只会让自己在一棵树上吊死。

（5）创造条件，自主创业　随着社会的发展，自主创业成为大学生就业路上的新兴现象。现代大学生有创新精神，有对传统观念和传统行业挑战的信心和欲望，而这种创新精神也往往成了大学生创业的动力源泉。大学生创业的最大好处在于能提高自己的能力、增长经验，以及学以致用；最大的诱人之处是通过成功创业，可以实现自己的理想，证明自己的价值。为支持大学生创业，国家各级政府出台了很多优惠政策，涉及融资、开业、税收、创业培训、创业指导等诸多方面。对打算创业的大学生来说，了解这些政策，才能走好创业的第一步。

> **小贴士**：同学都在为工作忙碌奔波时，刚毕业的小张已经在家做起了SOHO一族。她自己注册了一家网店装修公司。如今网络购物已成为年轻人购物的重要途径，网店销售的商品五花八门，网店的店面也是风格各异。随着网络经营竞争的加剧，网店的店面设计显得尤为重要，因为网店的最大特点是看不到实物，图片及店面的"装修"成为吸引消费者的重要因素。很多人通过网络找到了小张的网店装修公司，想为自己的网络小店打造独具特色的装修风格。对于网店装修的前景，小张十分看好，她认为，随着网络购物的逐渐普及，网店装修将会成为主流职业。面对越来越多的竞争，小张表示愿意去迎接挑战。她的规划就是，希望自己的公司今后一个月能赚到5万元。

2. 心理准备

求职择业过程中心理准备是十分重要的，心理准备效果直接影响求职择业过程中个人水平的发挥，进而影响到求职择业工作的成败。这就要求大学毕业生以健康的心态应对求职择业的过程。

（1）常见心理问题　在求职择业过程中，毕业生的心理是复杂多变的，喜悦和忧虑交织，渴望和恐惧并存，这些心态使毕业生产生种种心理问题。

1）焦虑迷惘心理。就业是大学生职业生涯的第一步，面对人生中的一个重大选择，很多大学生会因就业竞争激烈或工作单位迟迟未落实等引发择业性焦虑，表现为情绪烦躁、心神不宁、意志消沉、萎靡不振，影响正常的学习生活和择业。很多毕业生面对即将踏入社会，会感到一片茫然，不知该如何处理与他人的关系，不知该怎样融入社会。

2）自傲自卑心理。一些大学生出身名校，雄心万丈，过高估计自己的能力，自我期望值较高，眼高手低，脱离实际，自傲自大，择业目标与现实之间存在着巨大的反差。而有些大学生则会因为学历、能力、性格等方面的不足对自己缺乏自信，没有勇气，产生自卑心理，不敢主动面对就业竞争。

3）攀比从众心理。有些毕业生在求职择业时对自我缺乏客观正确的分析，不从自身实际出发，不考虑所选单位是否适合自己，而是盲目地攀比从众。过多地把注意力集中在他人的就业取向上，这样会使自己的既定目标受到他人的干扰。特别是看到与自己成绩、能力差不多的同学找到令人羡慕的工作时，觉得自己找不到理想工作，很没面子。此外，还有的毕业生就业时缺乏个人主见，人云亦云，在求职过程中对热门单位、热门岗位盲目追逐。

4）过度依赖心理。很多大学毕业生是独生子女，从小受到父母百般呵护，面对就业，他们缺少紧迫感和外在压力，不能主动依靠自己的努力去参与就业市场的竞争，而是有严重的依赖心理，寄希望于家庭、学校、长辈的安排，放弃主动择业的机会，放弃竞争，这样终将被社会所淘汰。

5）急功近利心理。就业是一个长期的过程，需要一个清晰的职业规划和长期的锻炼积累，而择业对很多人来说是一个不断跌倒爬起、循序渐进的过程。有些同学在就业时过分看重地位、薪酬，一心只想进大城市、大机关，去沿海发达地区，到挣钱多、待遇好的单位，甚至为了暂时的功利宁可抛弃所学的专业等。这种心理可能会使自己得到一些眼前的利益和满足，但从长远发展看并非明智的选择。

6）患得患失心理。面对纷繁复杂的社会、严峻的就业形势、激烈的就业竞争，面对国家需要、个人意向、有限的供职岗位、多样的工作环境等许多因素，有些大学生产生患得患失心理。职业的选择往往也是对机遇的一种把握，错过机遇，将会与成功失之交臂。当断不断、患得患失，这山望着那山高，这也是导致许多毕业生陷入就业误区的一种心理障碍。

（2）常见心理问题的自我调适　解决毕业生心理问题的根本对策是，要学会自我调适，主动自觉地适应环境，与环境保持协调，客观地分析自我与现实，有效地排除心理障碍，从而保持一种稳定而积极的心态，达到顺利就业、合理择业和健康成长的目的。

1）审时度势，自我评估。正确认识社会和评价自我是进行自我调适的基础。大学生作为社会的个体，不可能脱离社会而存在，在求职择业前，首先应认清就业形势，认真了解社会对各专业的需求情况，了解职业对择业者的要求，同时正确地认识和评价自我，根据自己的职业兴趣、专业特长、实际能力、性格气质、家庭情况等正确定位，科学地进行人职匹配，并为了理想的职业做好择业的知识、能力、心理准备。

2）正视现实，调整预期。面对当前的就业形势，不得不正视现实条件，目前的宏观大环境或许不具备将自己更高的理想转化为现实的条件，而自己又不能改变宏观经济这个大环境，就只能调整自己的心态，降低自己的预期。心理价位要尽量向市场价位靠拢，排除趋热、趋利的择业误区，有走向基层、走向农村、走向第三产业的准备和决心，把目标从求轻松和求舒适转到重视拼搏奉献、报效祖国、重视自我创业、实现自我价值上来。

3）面对挫折，保持自信。遇到挫折时，应冷静分析，从客观因素、主观因素、环境条件等方面找出受挫原因，采取有效的补救措施。也要清楚地认识到，求职遇到的困难、挫折、委屈是暂时的、在所难免的，一味地抱怨解决不了问题，关键是对待挫折要有充分的心理准备，坚信"天生我材必有用"，摆正位置，调整心态，变压力为动力，使自己能从容、冷静地面对就业这一人生重大课题，并做出正确、理智的选择。

4）敢于竞争，不怕失败。现在的就业制度为毕业生和用人单位提供了"双向选择"的机会，使大学生能够结合自己的专业、爱好、性格、特长、愿望等挑选工作岗位，可以通过适当的途径和方式展示自己、推荐自己。大学生应该珍惜这个机遇，敢于竞争，努力实现自己的抱负。敢于竞争，就要有竞争意识，有朝气和锐气，敢想、敢说、敢干，有敢为天下先的精神，不能唯唯诺诺、胆小怕事。敢于竞争，就要从实际出发，充分考虑到自己的专业、性格、气质、爱好等，扬长避短，发挥特长。敢于竞争，要靠真才实学，而不能靠纸上谈兵，更不能互相拆台或互相嫉妒。竞争应是在互学、互勉、共同进步中进行。勇于参与，敢于竞争，在竞争中生存，在竞争中发展，这才是正确的择业态度。

小贴士：大学生常见的心理误区

1）抱怨政策，崇尚自由。　　　　2）互相攀比，强求平衡。
3）过于自信，盲目乐观。　　　　4）盲目随从，缺乏主见。
5）都市情结，挥之不去。　　　　6）急功近利，讲求实惠。
7）拉拢关系，迎合恶俗。　　　　8）首次就业，犹豫不决。

5.1.2 知识准备和能力准备

知识准备和能力准备是大学生求职过程中的硬件准备，也是用人单位选择人才的重要依据，因此大学生要加强自身硬件条件建设，充分做好就业前的知识准备和能力准备。

1. 知识准备

知识积累是用人单位选拔人才的重要因素，也是大学毕业生特有的优势，具有较精深的专业知识和非专业知识，才会获得社会的欢迎和用人单位的认可。

（1）专业知识　专业知识是毕业生在自己所擅长的领域和他人竞争的最有力的武器。通常，经过大学期间的系统学习，毕业生已经基本掌握了本专业的专业知识。在用人单位看来，专业精深的毕业生更适合专业化的工作，所以大学生应该从进校起就努力学好专业知识，打好基础。同时还要注意知识的系统化和结构化，并根据社会需要及时完善和调整自己的知识结构。当然，在学好本专业的同时，大学生可以选择学习相关专业知识，现在"一专多能"的复合型人才更加受到用人单位的欢迎。

（2）非专业知识　非专业知识包括公共知识、生活常识、人文知识、待人接物礼仪等内容，是构成大学生知识体系不可或缺的部分。非专业知识既是用人单位选拔人才的重要依据，也是公务员、事业单位等职业招聘考试的重要内容。因此，大学生要在平时注意学习积累，加强自身修养，并将多年来积累的零散知识进行梳理，围绕自己既定的就业目标，对掌握的知识合理组合，强档调配，使其形成一个有层次的、可协调发展的动态结构，只有这样才能将知识积累转化为解决问题的能力。

2. 能力准备

和知识一样，能力也是用人单位最看重的要素之一，能力是毕业生成功就业的前提，一个人能否登上事业的制高点，取决于自身能力的强弱。

（1）逻辑思维能力的准备　逻辑思维能力是指正确、合理地进行思考的能力，即对事物进行观察、比较、分析、综合、抽象、概括、判断、推理的能力，采用科学的逻辑方法准确而有条理地表达自己思维过程的能力。用人单位往往通过笔试和面试，考察求职者对各种信息的理解、判断、分析、综合、推理等逻辑思维能力。

大学生应从以下几方面注重逻辑思维能力的培养：一是有意识地灵活使用逻辑思维，避免思维僵化；二是参与演讲与辩论，在辩论中让逻辑观点更加严密；三是掌握更多的常识，善于剥开事物表象看到本质；四是敢于质疑逻辑上存在矛盾的权威和结论。

（2）表达能力　表达能力包括语言表达能力和书面表达能力，是求职者与用人单位沟通必不可少的手段。用人单位通常通过笔试和面试，考察求职者能否用准确、流畅的语言讲述事实、表达观点，以及撰写计划、总结、报告、公文等。

> **小贴士**：如何提高语商
> 　　语商（LQ）是指一个人学习、认识和掌握运用语言能力的商数。具体地说，它是指一个人语言的思辨能力、说话的表达能力和在语言交流中的应变能力。可以从以下几方面入手提高语商：
> 　　1）说话时不应用俗语。
> 　　2）要做到尽量多用数字。
> 　　3）多看电视里面的资讯性及访谈性节目。
> 　　4）训练目标感，说话要有的放矢。
> 　　5）学用一些新语言。
> 　　6）培养探究精神。
> 　　7）训练判断力。
> 　　8）多说有力量的话。
> 　　9）多与人交谈。

　　(3) 沟通与合作能力　在现代企业中，人与人之间、上下级之间、单位与单位之间、地区与地区之间的沟通与合作越发密切。现代企业也越加重视员工的人文素质和团队合作精神，一个人即使能力再突出，如果不能和团队中的其他同事良好沟通、密切合作，也不会受到用人单位的欢迎。因此，企业在招聘时也特别关注毕业生在应聘过程中表现出来的沟通能力和合作能力。提高沟通与合作能力，应从以下几个方面准备：一是要站在对方角度考虑问题，这是有效沟通的前提；二是要了解或掌握对方的情况做到心中有数；三是要提高语言能力，熟练使用语言这个沟通工具；四是要合理使用沟通方式，对于同级层的人员，采取横向方式沟通；对于有上下级隶属关系的人员，则采用纵向沟通方式。

　　(4) 策划组织能力　策划组织能力是指为完成某一特定的任务而去制订相应的计划和方案，并为顺利地完成这一任务而进行有效的操作。现在很多用人单位缺乏既懂技术又懂管理的人，如果毕业生既有一技之长，又具备一定的组织管理能力，很容易得到用人单位的青睐。一般策划分为以下流程：第一，分析问题；第二，目标确立；第三，方案拟订；第四，方案评估；第五，方案选择。毕业生在大学学习期间除了要学好各门功课外，还要积极参加社团活动、社会实践、实习见习等，另外，还可以学习一些管理知识，有意识地培养自己的策划组织能力。

　　(5) 应变能力　应变能力是指处理突发事件的能力，是自然人或法人在外界事物发生改变时，所做出的反应。这种反应可能是本能的，也可能是经过思考后所做出的决策。在就业过程中，用人单位由于工作需要，也会针对应变能力设计一些问题。大学生应从以下几方面入手进行应变能力的准备。

　　1）多参加富有挑战性的活动。在实践活动中，必然会遇到各种各样的问题和实际困难，努力去解决问题和克服困难的过程，就是增强人的应变能力的过程。

　　2）扩大个人的交往范围。无论家庭、学校还是小团体，都是社会的一个缩影，在这些相对较小的范围内，也可能会遇到各种需要应变能力才能解决的问题。因此，只有首先学会应对各种各样的人，才能推而广之，应付各种复杂环境。只有提高自己在较小范围内的应变能力，才能推而广之，应付更为复杂的社会问题。实际上，扩大自己的应变范围，也是一个不断实践的过程。

3）加强自身的修养。应变能力强的人往往能够在复杂的环境中沉着应战，而不是紧张和莽撞从事。在工作、学习和日常生活中，遇事首先冷静，学会自我检查、自我监督、自我鼓励，有助于培养良好的应变能力。

4）注意改变不良的习惯和惰性。假如自己遇事总是犹疑不决、优柔寡断，就要主动地锻炼自己分析问题的能力，迅速做出决策；假如自己总是因循守旧、半途而废，那就要从小事做起，努力控制自己，不达目标不罢休。只要下决心锻炼，人的应变能力是会不断增强的。

（6）创新能力　创新能力是指在各种能力发展的基础上创造新颖、独特、有社会价值的精神和物质产品的能力。创新能力是现代企业最需要的能力，因为有创新就有市场，有创新就会带来财富。毕业生要想今后有所发展，就要肯动脑筋，有开拓创新精神。以下介绍几种常用的创新思维方法。

1）通过相互间思维的碰撞产生共振，启发和产生创造性的思维。

2）打破常规思维方式，抛开熟悉的方法，一切从零开始，重新进行设计和规划。

3）采用逆向思维方法。

大学生应对事物持有"怀疑"的态度，敢于创新，不断钻研；平时积极参加各种创新科研项目或创新创业比赛，积累知识的同时锻炼创新思维，培养创新意识。

（7）实践能力　实践能力是人在实践活动中体现出来的个性心理特征。现代企业对大学生的实践能力有较高要求，广大毕业生必须着力提高自己的动手能力和实践能力，一个人虽然学术功底扎实但实践能力不强，也不会有较大的发展前途。

大学生应该创造并珍惜每一次实践机会，多看、多听、多思考，培养自己的实践能力。实践能力的培养可以有多种途径，如参加学校组织的各类社会实践、实习见习、兼职等活动，通过亲身体验，将书本知识学以致用。

5.1.3　求职择业的材料准备

求职是一个双向选择的过程，对于毕业生而言，精心准备的求职材料无疑是成功求职的关键环节，如同商家推销商品一样，使用精美的包装和完善的产品说明，来吸引更多的消费者。一份精美、全面的求职材料，不仅是对自己多年学习生活的梳理和总结，也更能面向用人单位全方位展示自我。

1. 求职材料的组成与准备原则

（1）求职材料的组成　求职材料是毕业生介绍个人基本情况，全方位展示自我风采的各种说明性和证明性材料,一般包括求职信、个人简历、推荐书、成绩单、证明材料、成果及作品等。

(2) 求职材料的准备原则

1) 目的明确。毕业生准备求职材料的目的很明确,就是辅助就业。所以,在准备求职材料的时候必须抓住就业主题,只要有利于就业的材料和编写方法都可以运用。准备材料时要注意突出主题,一些修饰性信息不能影响到主要信息。

2) 因需设计。有些毕业生认为,求职材料只需做好一份,再复印分发给所有不同的用人单位就行了。其实不然,求职材料应根据个人大致的就业意向、行业、岗位或单位特点进行组织、安排或撰写。做到有针对性,因需设计。只有知己知彼,针对不同情况准备的求职材料,才能让用人单位感受到求职者的诚意,提高求职成功的概率。否则再好的求职材料也没有实用价值。

3) 内容翔实。求职材料是毕业生大学生涯的全面总结,不仅要真实反映自身的基本情况,还要综合体现自己的学识、品德、能力、专长等各方面的情况。对自己的成绩、优势与不足的评价要符合个人实际,一旦被发现弄虚作假,很可能丧失就业机会,即使参加了工作,也会失去单位的信任。此外,自荐材料属于实用说明文,求职信等专用文书的写作要注意格式的准确、规范。切不可过分追求文笔超脱,辞藻华丽,以致本末倒置。

4) 突出特长和优势。自荐材料从形式到内容,皆是求职者创造性和想象力的展示,因此求职者应注重体现自己的个性、特长和优势。自荐材料虽要独具匠心,但也不能太花哨,应以庄重、朴实为宜。

2. 求职信的准备

(1) 求职信的用途　求职信是求职者为了获得工作岗位而向用人单位表达求职意愿的一种信函。通过求职信,求职者可以展示自己的知识水平,表达求职意愿,陈述求职理由和表明求职态度。同时为了主动出击,也可以发信给那些暂时没有明确招聘计划的单位,起到投石问路的作用。俗话说:"文如其人",流畅得体的求职信,会让用人单位过目难忘,进而充分了解求职者的优点,且感觉其非常适合自己的工作岗位。但求职信并不是必需的,写得不好还不如不写,可直接发简历。

(2) 求职信的结构和内容　求职信作为一种信函,具有信函的基本写作格式,主要包括称呼、正文、结尾、署名、日期、附件等内容。

1) 称呼。称呼要恰当,要使用敬语,对用人单位性质和负责人比较清楚的,可以写出负责人的职务或职称,如"尊敬的××经理""尊敬的××校长"等;对用人单位性质和负责人不太清楚的,可以写成"尊敬的领导"等。称呼写在第一行,顶格书写,之后用冒号,另起一行,写上问候语"您好"。毕业生应尽量学会针对每一家用人单位、每一个应聘职位"量身定制"求职信,用准确得体的称呼博取对方的好感,而且对方的头衔和单位名称一定不能写错,否则给人的第一印象将大打折扣。

2)正文。正文内容如下:

第一,简单的自我介绍,用一句话说明自己的情况和所在学校、所学专业,表明自己的身份。

第二,简述招聘信息的来源,使招聘者对你的信息渠道认同,不会产生"来路不明"的印象。如果招聘单位未公开发布招聘信息,则可说明自己通过何种途径获得招聘单位的招聘信息,对招聘单位的主动关注往往能引起对方的好感。

第三,说明应聘职位,开宗明义,表明自己想要应聘的岗位,以便招聘单位有的放矢地关注你是否适合招聘的职位。

第四,综合展示自己的专业、能力、性格、特长等。展示重点应突出专业对口、对应聘行业的深入了解、自己在学校取得的成绩、社会工作中培养的能力及曾经兼职或者实习的工作与应聘工作的相关程度等内容,切忌语言空洞华美,要学会用实例和数据说话。例如,向招聘者介绍自己曾有担任学生干部经历,可以列出担任学生干部时取得了何种成绩,这就说明了自己有管理和组织方面的才能。这种说明不需要明示,但要从语言上引导招聘者了解自己的特长。

3)结尾。结尾主要体现自己为单位服务的强烈愿望以及对单位的祝福,也可标明自己的联系方式,以便招聘者轻易就能找到自己的联系信息。

4)署名、日期。最后在文尾的右下方写明求职者的姓名及写作求职信的时间,日期不能缩写。

(3)写求职信注意事项

1)格式规范、设计美观。求职信多数为计算机打印,在页面设置上要美观,字体以宋体、仿宋体、楷体为宜;字体过小、过密,容易造成阅读者视觉疲劳,正文部分字体可用四号或小四号字体,选用 A4 白纸打印。

2)条理清晰、措辞严谨。求职信的写作应以重点突出、语言简洁为原则,招聘者大多因工作繁忙而讲求效率,不会花大量时间看完冗长的求职信,所以求职信的篇幅应以一页为宜,不可超过两页。同时,求职信中的语句应条理清晰,反复推敲,切忌出现错字及病句。对于招聘单位来说,大多喜欢待人处事比较客观的求职者,因此求职信中应尽量避免过分强调自我或使用隐晦的字词,既不过分谦虚、妄自菲薄,也不过分吹嘘,弄虚作假。

3)结合专业、有的放矢。事先应尽量详尽掌握招聘单位的信息,了解招聘岗位所需要的条件,只有这样,才会有针对性地写求职信,并引起招聘单位的兴趣。例如,两个人同时给一个招聘单位写求职信,第一个人泛泛介绍自己的情况、学习成绩和经历,第二个人无论从专业、具备的能力、社会实践的锻炼、性格特点都写明与所应聘职位联系紧密,让招聘单位看后感到与其招聘条件相吻合,就可能得到面试机会。所以,招聘的职位不同,关注的重点也不同,求职信的侧重点也就不同。

3. 简历的准备

如今，一般用人单位很少会看求职信，通常都直接看简历。因为简历是更简洁、更直观的个人介绍。简历是求职者将自己与所应聘职位紧密相关的个人信息经过分析整理并清晰简要地表述出来的书面求职资料，是个人信息、学习、工作、经历、成绩的概括集锦，目的是让招聘单位全面地了解自己。一份卓有成效的个人简历是开启成功就业之门的钥匙。

(1) 简历的分类

1) 简历。简历一般以表格的形式分栏目介绍个人履历，条理清晰、形式美观。栏目一般包括：本人基本信息、意向岗位、教育背景、社会活动及获奖情况、实习/实践经历、技能和特长。参加大型招聘会，一般企业都需要毕业生提交纸质版简历，并根据简历的内容与毕业生进行简短的面谈。学生在网上搜索就业信息，一般都会看到用人单位留下招聘邮箱，此时，毕业生就可以通过邮件形式将电子版简历投递给招聘单位。

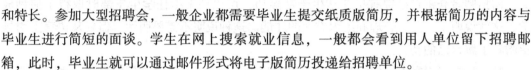

2) 网申。近年来，求职网络申请已成为普遍现象。一些公司不收简历，要求毕业生到招聘官网去网申。

填写"关键字段"才能成功突围。在网络求职申请过程中，最重要的就是填写"关键字段"。由于网申系统可以设置筛选条件，如果求职者不能填写出 HR 设置的那几个备选关键字段，简历进入人工筛选环节的机会就非常小。其中，"学校""专业""学位""英语水平"这几栏的关键字段填写最重要。一般而言，大企业不会考虑与职位不相关的专业。"英语水平"一般都填写取得了哪些证书，如"CET6""托福""GRE"等，这些字段能被计算机系统有效识别，而填写"口语流利""写作快速流畅"这些字段是没有用的。

网络求职申请时很多关于求职者"资质"的问题是以选项的形式给出的，大多数选项都是以"是"或"否"的形式给出，求职者必须集中注意力选择。每次网络求职申请过后，HR 都能从失败的简历中发现大量由于求职者粗心选错选项而被淘汰的例子。要知道，电子筛选并不会因为求职者很优秀而网开一面。

(2) 简历的内容和结构

1) 标题。标题一般为"简历""个人简历"或"求职简历"，也可以用"自己的名字＋个人简历"，如"张超的个人简历"，这样就一目了然了。

2) 个人基本信息。个人基本信息通常包括姓名、年龄（出生年月）、性别、籍贯、民族、最高学历、政治面貌、毕业学校、专业、联系方式等。

一般来说，对本人基本情况的介绍越详细越好，但也不要过分详细，以免画蛇添足。要有条理地逐条罗列，一个内容用一两个关键词简明扼要地概括说明一下即可。

3）求职意向。求职意向是求职者所愿意从事的职业，最直接的表达方式就是写明岗位和职务名称。这项内容要简洁清晰，尽量使自己的求职意愿与应聘的职位相吻合。不能把自己说成是一个全才，任何职位都适合。建议不要只准备一份简历，要根据工作性质来有侧重地表现自己。如果认为一家单位有两个职位都适合自己，可以向该单位同时投两份简历。

4）教育背景。列出进入大学之后的学习经历，大学阶段的主修、辅修与选修课科目，尤其是要体现与你所谋求的职位有关的教育科目、专业知识。不必面面俱到，要突出重点，有针对性。使你的学历、知识结构让用人单位感到与其招聘条件相吻合。

5）实习/实践经历。这是简历中很重要的一部分内容。除个人能力外，实践经历越来越多地成为招聘单位关注的焦点，在这方面，一定要认真填写。填写时，要突出大学阶段所担任的社会工作、职务及获得何种奖励，从事各种兼职工作、实习和社会实践内容、成果，如果兼职的单位是比较大或优秀的企业，一定要在简历中提及，这也是用人单位最看重的。实践经历的表述应突出重点，切忌冗长烦琐，应强调在此过程中收获的经验、获得的资质和成绩，多用数字说话。

6）所获奖项和荣誉。可以列出本人的获奖情况和取得的荣誉，如三好学生、奖学金、优秀学生干部、专业成果获奖成绩、校内外文体活动获奖情况等。奖项和荣誉从一定程度上体现了你的专业知识是否扎实，是否积极参加活动，是否具备一定的组织管理能力等。

(3) 简历的制作要求

1）简洁有力。简历应尽量简短，控制在两页 A4 纸以内，最好精练成一页。简历要有说服力，要让招聘者一看到简历，就认定求职者是自己单位所需要的人才。

2）真实可信。简历中所提供的信息必须实事求是、真实可信，千万不要弄虚作假。简历的真实性是一个求职者的生命线，一旦用人单位发现简历有假，求职者就会失去就业机会。

3）准确无误。一份好的简历在用词、术语及撰写上应准确无误，撰写时应反复斟酌、修改，确定没有任何错误后，再打印出来，一份准确无误的简历能够体现求职者做事认真的态度。

4）突出重点。简历中应将自己的能力分析和自己能胜任这份工作的理由作为重点予以突出，对不同的行业、不同的职位，求职者应事先进行分析，有针对性地准备简历。用人单位总是关注求职者与之相关的知识背景和实践经历，因此，要针对自己应聘的单位和职位列出自己这方面的专长。例如，应聘广告公司就应详细写明自己在某广告公司的兼职经历，最好把简历做成一件作品，这件作品就是自己能力的最好说明。

5）赏心悦目。一份布局合理、版面整洁清晰、设计美观大方的简历会让招聘者感觉到舒服。适度的美观、大方能够提升求职者的人格、品位，给招聘者留下良好的第一印象。如果包装过度，就会给人轻浮、华而不实的感觉，还会使简历显得繁杂，干扰"突出重点"的效果，甚至导致招聘者传阅和携带不便，因此易遭到舍弃。

(4) 简历中应避免出现的问题

1) 过于简单。简历过于简单会导致求职者相关资料的不完整，必要信息的缺乏会导致求职者失去面试机会。

2) 条理不清。简历层次不清晰、布局不合理、逻辑混乱，会使招聘者的阅读和理解产生困难。通常 HR 会收到多份简历，给每份简历分配的阅读时间并不多。逻辑清晰、重点突出的简历，才有可能给 HR 留下印象。

3) 过度包装。有的求职者为了给自己的简历生辉、增色，把大量的花哨、华丽的词句堆砌在一起，或大量地使用成语、俗语，有的人甚至自己去创造成语，却不知会弄巧成拙，有画蛇添足之嫌。还有人喜欢在简历中用生僻的字、句或喜欢用繁体字，本想展示自己的才华，殊不知有时适得其反。

4) 无时效性。有些求职者在简历中留下自己的手机号码，投递简历后却更换手机号，导致用人单位无法与求职者取得联系，错失机会。

5) 切记不要弄虚作假。求职者提交的掺有水分的简历，一旦被招聘者看出破绽，即会因有违诚信而失去求职机会。

4. 推荐书的准备

"毕业生求职推荐书"一般是由学校毕业生就业指导服务中心统一印制，其内容与表格型简历类似，包括姓名、性别、出生年月、民族、政治面貌、籍贯、学历、专业、通信地址、联系电话、培养方式、特长、奖惩情况、在校表现、院系推荐意见、学校推荐意见、成绩单等。"毕业生求职推荐书"是学校正式向用人单位推荐毕业生的书面材料，是应届毕业生的身份证明，是毕业生毕业就业的重要凭证，它全面反映毕业生的基本情况，是用人单位了解学生的基本途径；"毕业生求职推荐书"的原件是一些大城市（如北京、上海、广州、深圳等）以及机关、企事业单位办理户口及编制不可缺少的材料之一。因此，毕业生在签约前与单位洽谈要用复印件，与用人单位签订协议时，再将原件交给用人单位。作为代表校方的证明材料，推荐书加盖了院系及就业指导中心的公章，因此填写时不能涂改，尤其是成绩单，一旦有涂改痕迹，可能引起用人单位误解。

5. 其他材料的准备

(1) 成绩单　作为在校期间的学习成绩证明，成绩单会受到用人单位的重视。成绩单一般由学校教务部门打印并加盖公章，毕业生不可随意涂改。

(2) 证明材料　证明材料包括毕业生获得的各种专业技能证书、各种奖状、荣誉称号证书以及各种文体活动获奖证书等。

（3）发表文章或成果、作品　在校期间的创作、作品、毕业设计、论文以及在刊物上发表的文章、摄影作品、影像作品等均可作为求职材料的附件。

对美术类院校毕业生来说，作品集是求职时必备的证明材料。作品集可以体现毕业生的专业功底、审美能力、创意思维等。

> **小贴士**：作品集如何准备？
>
> （1）一般用人单位主要通过作品集了解毕业生的功底、审美和创意，建议挑选能展现学习能力、创造力、自我特点和个性的优质作品。
>
> （2）作品集中的作品不在多，尽量少而精，但思路完整、清晰。
>
> （3）应在作品的排版上下点功夫，一个优秀的排版会提升作品档次，并体现你对求职机会的重视。排版可以按主题、种类、时间等顺序整理，需突出重点和个人特色，但应简洁明了。
>
> （4）由于内容侧重有所不同，作品集需跟岗位需求和专业要求相符，建议专门做一份有针对性的作品集。最好应聘什么岗位就重点放什么岗位的作品集，有一些自己觉得特别优秀的、能展示个人特长、但不太相关的作品可以放在后面，不作重点，也会给你加分。
>
> （5）根据用人单位的要求，将作品集投递到企业邮箱，或者准备纸质版或电子版带到面试现场。电子版可存储在手机或iPad上当场给HR看，如果时间很紧张，建议把自己最想展示的作品放最前面。
>
> （6）平时创作的时候要注重过程，尽量把每个作品的制作过程、想法、思路记录下来。因为招聘人员在看作品集时，会围绕作品问一系列问题，但有些作品完成的时间太久，很多细节可能会忘记。所以平时做笔记会方便回忆，也能体现进步的过程。

5.2 求职择业信息的搜集

现代社会信息化程度越来越高，谁拥有信息越多、越准确，谁就越能获得求职主动权，就有可能在竞争中脱颖而出。大学生在毕业的前一年里，就应进行就业信息的搜集整理工作。就业信息需要毕业生利用各种渠道，全面、迅速地搜集，从中寻找合适的就业机会。

5.2.1 求职择业信息搜集的基本原则

1. 及时性、广泛性原则

搜集就业信息要早做准备，早行动，不能临时抱佛脚。要搜集各个方面和不同层次的信息,以供分析、筛选,不能把信息面限定得太窄。获得的就业信息越广泛,求职的视野就会越宽阔。

2. 真实性、准确性原则

真实准确是信息搜集的基本原则,要求获取的招聘信息必须真实可信、准确无误。一方面要求信息搜集源真实可靠;另一方面在搜集过程中必须严格分析、筛选,去伪存真,排除错误的信息。信息不准,不但浪费时间,也可能产生安全问题。获得的就业信息越准确,求职的命中率就会越高。

3. 适用性、针对性原则

搜集招聘信息要注意它的价值性。随着人才市场的发展,就业信息越来越丰富,若不注意信息的适用性、针对性,就可能在众多的信息中把握不住方向,搜集不到有价值的信息。每个人的情况不一样,毕业生在搜集就业信息的时候,要做好自我认识和评估,结合自身专业、特长、能力、性格、兴趣等多方面的因素搜集和筛选信息。要认真考虑自己是否愿意和适合从事这个职业,并做出选择。

4. 时效性原则

人才市场瞬息万变,用人单位发布招聘信息后,随时都会收到毕业生的求职信息,及时与用人单位联系能体现出求职者积极的态度,为求职成功增加砝码。因此,搜集到就业信息后,应及时使用,以免过期而错过好的就业机会。

5.2.2 求职择业信息搜集的途径与方法

求职高峰时期,不少毕业生为了找到一份满意的工作,到处参加招聘会、托亲朋好友,就是为了尽可能多地获得有用的就业信息。可以说,一定程度上谁拥有更多的就业信息,谁就会在求职过程中有更多的机会。如今,各高校都在加强就业服务,用人单位求贤若渴,社会各方都在关心大学生就业,毕业生搜集就业信息的途径越来越多。

1. 搜集就业信息的途径

(1) 各级政府主管部门和就业指导机构　为了适应毕业生就业制度改革的需要,县级以上各级政府一般都设立了毕业生就业指导机构,这些主管部门的主要职责,就是制定辖区的毕业生就业政策,向毕业生发布本地区企事业单位及用人单位招聘信息,并为毕业生就业提供各种咨询与服务。

(2) 学校毕业生就业工作管理部门　学校毕业生就业工作管理部门是学校对毕业生进行就业政策咨询和就业工作指导的职能部门,专门从事毕业生就业工作,与用人单位建立了长期友好的合作关系，通过有针对性并及时地向各用人单位发布毕业生资源信息函、电话联系及参加各种信息交流活动等方式，掌握很多用人单位的信息资料和社会需求信息，同时也是用人单位选录毕业生所依赖的一个重要窗口，在毕业生和用人单位之间架起了一座信息桥梁。学校毕业生就业工作部门提供的信息数量大，而且大部分的信息都是用人单位针对学校的专业设置的，具有较强的针对性和可信度，是毕业生获取求职信息的主渠道。

（3）各类招聘会、供需见面会　这些活动往往具有时间集中、信息量大、针对性强、双方交流更直接等特点，是毕业生了解信息、成功择业难得的机会。每年从 11 月下旬开始到次年 7 月，政府所属的毕业生就业指导和服务机构，某些人才服务机构和高等学校，都会召开各种形式的毕业生"双选"和招聘活动。各地各部门在毕业生就业的高峰期举办各种类型、各种层次的双向洽谈会，由于这些洽谈会是专门针对毕业生组织的，所以与人才市场定期组织的人才交流会相比，针对性更强，毕业生和用人单位都有较强的目的性，毕业生的专业和能力与企业的招聘岗位契合度更高，获得成功的可能性比较大。特别是以学校为主体的毕业生供需见面会和各类企业专场宣讲会，为毕业生搭建了高效的双向选择平台，专业更对口，用人单位更有选才的诚意，应格外予以重视。在招聘会上，毕业生将直接面对招聘单位，通过彼此的交流可以获得更为丰富和全面的信息，更有利于毕业生正确地做好就业决策。

（4）社会上的传播媒介　在传媒业高速发展的今天，各级广播、电视、报纸、杂志等新闻媒体以其信誉高、易于大众接受等特点，成为各类企事业单位介绍企业现状、发展前景和人才需求的重要工具。毕业生可以通过新闻媒体获取大量的就业信息，但这些媒体是面向社会的，有些内容对毕业生不一定适合，查阅时要注意筛选。另外，手机的广泛使用及其功能的不断拓展，也使得它在提供就业信息方面异军突起，显露出更加便捷、快速的特点。例如，上海市人才市场开通的"上海人才移动网暨招聘信息服务"，求职者只要通过手机订阅相关的短信息，就可以及时、准确地收到最新的招聘信息。

（5）社会实践和毕业实习　毕业生在校期间所进行的社会实践和社会实习活动，是毕业生了解用人单位，并让用人单位了解自己的很好途径。毕业生在参加社会实践和社会实习时，要力求做到单位的选择与就业意向相挂钩，同时注意了解企业各方面的情况，在工作中好好表现，社会实践和实习很有可能成为毕业生择业成功的机会。实践证明，有一大部分大学生就是通过毕业实习落实就业单位的。

（6）各种社会关系　毕业生在求职择业时，别忘了周围的亲朋好友、老师校友等，也许他们会给你提供一些机会。通过这些社会关系获取就业信息，也是毕业生搜集就业信息的一个非常重要的渠道。通过学校老师了解需求信息，联系实习单位，推荐到相关单位求职，对毕业生择业成功是很有帮助的。校友大多在专业对口的单位工作，他们对所处的行业或单位情况比较熟悉，有些对所在单位引进人才还有一定影响力。他们所提供的就业信息往往更准确，通过他们引荐成功率较高。家长、亲友与毕业生具有特殊的亲情关系，凭着他们多年的社会经历和社会交往，会更加尽心地帮助搜集就业信息或推荐就业机会。毕业生要善于利用各种社会关系，拓宽信息的来源，让更多的人帮助自己搜集就业信息。

(7) 网上求职信息　网络是当今大学毕业生了解社会需求的重要途径，通过网络求职是近年来毕业生比较常用的方式。现在许多地方的毕业生就业指导、服务机构，建立了专门的毕业生就业信息网，大部分高校也建立了毕业生就业网站，向毕业生提供就业指导和就业服务信息。毕业生不仅可以自由地从互联网上搜集各种就业信息，而且还能利用互联网投递简历，可以通过网络互相选择、直接交流。

无论选择哪一种途径，都要有意识地、科学地选择和利用信息，有针对性地进行筛选，不能盲目的信任，这个分析、选择的过程也是很好的职业训练和素质提高的过程。

2. 搜集就业信息的方法

(1) 地域优先法　毕业生搜集信息时以地域为主要参考要素，体现地域特性。例如，按东部、西部、沿海、内陆等不同的区域来划分选择，或者具体到北京、上海、浙江、江苏等城市或省份来划分选择。

(2) 专业优先法　各个高校都有自己的专业特色，毕业生搜集信息时可以根据自己的专业学习情况和意愿，围绕相关行业进行选择。

(3) 志趣优先法　毕业生搜集信息时以个人的特长和爱好为出发点，以自己的志向和兴趣为主，体现了当代大学生关注自我价值的特点。

(4) 广泛撒网法　毕业生搜集信息时尽可能多地广泛撒网，不考虑地域、行业、兴趣，全部搜集后进行筛选，选出最好、最适合自己的信息，保证获取信息的全面性。

以上几种搜集信息的方法各有利弊。前三种方法针对性、目的性较强，在短暂的时间里可以用有限的精力和时间去获取对自己有用的信息，但信息面比较窄。采取第四种方法搜集的信息比较广泛，但由于没有目标，获取信息后的筛选、甄别会浪费很多时间和精力。毕业生可根据自己的实际情况，选择适当的方法，有机结合，相互补充。

5.2.3　求职择业信息的处理

毕业生在求职择业过程中，通过各种渠道、采用各种方式搜集到大量的就业信息，内容虚实兼有，这就需要对获得的信息加以整理，毕业生要结合自己的实际情况，依据国家的有关政策、法律法规对信息进行分析筛选，去伪存真、去粗取精，有针对性地进行处理，提取那些更具准确性、适用性和时效性的信息，更好地为自己的求职择业服务。

1. 就业信息的鉴别

鉴别搜集到的就业信息是信息处理的第一步，也是一个重要的前提。要对信息的真实性和有效性进行认真鉴别和判断，要确定信息来源的可靠性，要看内容的明确性。一般来说，较好的就业信息应该包含以下要素：

1）用人单位的准确名称、性质及上级主管部门名称。
2）用人单位的规模、实力、发展前景，在行业中以及在社会上的地位。
3）招聘岗位的描述。
4）对应聘者的学历、职业技能和其他才能的要求。
5）对应聘者的职业价值观、兴趣、气质等心理特征方面的要求。
6）个人发展的机会、薪酬、福利条件等。
7）用人单位的联系方式，如人事部门联系人、电话、通信地址、邮政编码、E-mail等。

值得注意的是，有些用人单位只宣传自己的优势，很少讲或根本不讲自己的劣势，这就需要毕业生首先对它们的情况进行充分的调查和了解，做到心中有数。

2. 就业信息的选择

不是每条信息都适合毕业生自己的实际情况，需要对所搜集的信息进行比较和选择，可以根据自己的专业特长、兴趣、性格等来分析，看看自己的性格、兴趣、特长与哪些单位更匹配，哪些单位对自己的发展更有利等，然后选择出自己有意向要进入的单位作为备选单位。

（1）专业适合性　专业是否对口，往往是用人单位与应聘者的共同标准。专业对口可以缩短个人进入职业岗位后的适应期，使个人更容易发挥专业特长，避免自己专业资源的浪费，也可以减少企业在职业培训中的投入。因此，选择专业对口的就业信息加以考虑是适宜的。

（2）兴趣爱好的适合性　兴趣爱好是一个人在职业生涯中取得成功的重要条件。对一项工作有兴趣不仅可以促使你投入大量的精力，而且有益于身心健康。在多数情况下，个人专业特长与兴趣爱好是基本一致的，不过也有两者发生矛盾的情况，这时要注意权衡利弊，做出决策。

（3）性格特征的适合性　性格特征本身无所谓好坏，但就具体的工作职位而言，性格特征是有适合与不适合之分的。为此，在考虑专业性和兴趣爱好的同时，也要兼顾到就业岗位与自己性格是否吻合。

3. 就业信息的使用

毕业生对就业信息进行整理分析后，应该尽快使用信息。这不仅因为求职信息的时效性，还由于信息对全国高校的毕业生都是公开的，一旦自己的动作慢了，或者努力不够，其他毕业生就会捷足先登，用人单位完成招聘计划后短期内就不会再招聘了，尤其是在企业定岗、定员的今天，更不会轻易多用人。所以毕业生在使用信息时，既不能盲目，也不能拖沓。

5.3 求职择业的基本流程

5.3.1 自荐

自荐就是自我推荐,是求职者向用人单位推销自己,让用人单位认识自己、了解自己、选择自己的重要途径和方法。毕业生在求职过程中通过正确地宣传自己、展示自己、推荐自己,即成功地自荐,进而获得进一步面试的机会。

1. 自荐的种类

(1) 直接型自荐

1) 现场自荐。现场自荐是指求职者到用人单位或招聘现场自荐。优点是直接面对用人单位,容易让用人单位对自己有直观印象。也便于展示自己的风度和才华,如表现出色,可能会被用人单位现场录用。缺点是涉及面有限,不适宜路途遥远的单位。

2) 书面自荐。书面自荐即通过向用人单位邮寄或呈送自荐材料的形式推销自己。此种方式覆盖面宽,可以扩大自荐范围,不受时空限制,是毕业生求职择业过程中最常用的,也是最重要的手段。科研、出版、金融和设计传媒等注重实际操作的用人单位,也乐于接受此类自荐方式。书面自荐的方式主要包括求职信、自荐信、毕业生推荐表等。书面自荐的缺点是用人单位只见到应聘材料,缺乏对个人的主观印象和必要的信任。在竞争激烈的情况下,书面自荐不易引起用人单位的注意。

书面自荐过程中需要注意的事项有以下几方面:

在邮寄时信封上注明"应聘:某某职位",以便用人单位人力资源部门转交到相关的用人部门。一些集团公司刊登的招聘广告是下属单位招聘信息的集中发布,应聘者的简历寄到该公司后,要进行二次处理。因此,注明应聘职位有助于招聘人员分拣。

一定要注意用人单位关于投递简历的有效期,过期获得机会的可能性几乎为零。应届毕业生可以提前递交,避开高峰。在每年的10月以前,就可以发送简历,这时招聘人员一般会有充足时间来阅读简历,并且可以做进一步了解。而求职高峰的时候,同样的条件就未必会获得面试的机会了。

简历投递之后一周左右,可以给招聘人员打电话询问简历是否收到。如果招聘人员正好有时间,他可能会马上翻阅你的简历,很可能就会发现你这个人才。

记录好已投递简历的公司名称和应聘职位。千万不要让用人单位通知面试时,却反问"我向你们投过简历吗?"

3) 电话自荐。电话自荐是主动打电话给招聘单位介绍自己的一种自荐方式,但仍需要书面材料或面试。对于谈话自如、反应敏捷的毕业生，此种方式更能发挥自己的优势。

4）网络自荐。如今随着网络技术的发展，网络自荐正成为主流的自荐方式之一，网络自荐主要有三种方式：一是通过人才招聘网站注册简历，通过人才招聘网站投递；二是登录用人单位网站进行网络申请；三是通过电子邮件向用人单位发送简历。需注意的是，发送电子邮件最好把简历文本贴在邮件正文中，尽量不要以附件形式发送简历，以免被电子邮箱系统误认为是病毒邮件删除。电子邮件一定要有标题，注明"应聘：某某职位"。

(2) 间接型自荐

1）学校推荐。这是一种间接的自荐方式。来学校招聘的往往是具有明确用人需求，或是与学校关系密切、相互信任的单位。学校对毕业生的情况了解比较全面，因此，以组织负责的形式向用人单位推荐，具有较大的可信性和权威性。尤其是学校老师的推荐意见，容易引起用人单位的重视和信任，成功率较高。

2）他人推荐。即请亲朋好友推荐而达到就业目的。这些人中大多是与对口用人单位的领导或业务骨干有较为密切的联系，或者具有较广泛的社会关系或较高的业界声望，他们的推荐容易引起用人单位的重视和信任。父母、亲友、同学也可帮助毕业生扩大自荐范围，对毕业生顺利就业助一臂之力。

2. 自荐的技巧

自荐是毕业生与用人单位的"第一次亲密接触"，给用人单位留下好的第一印象非常重要。灵活掌握自我介绍的一些基本技巧，将有助于顺利打开求职的大门。

(1) 自我介绍的技巧

1）积极主动。自荐要求毕业生积极主动，不可消极等待。自荐信、个人简历等自荐材料的呈交、寄送要及时。在了解到需求信息时，更不能迟疑，否则就可能错失良机。为使用人单位更全面地了解自己的情况，应主动呈交自荐材料。条件成熟时，主动进行自我介绍。不要消极等待回音，要主动询问，因为态度决定一切，态度积极、求职心切、胸有成竹往往能赢得用人单位的好感。

2）如实全面。在介绍自己的时候要实事求是、客观全面，既不吹嘘也不过分谦虚。尤其是在介绍自己以往学习、工作上所取得的成绩时，要恰如其分，否则夸夸其谈会引起用人单位的反感。同时，自荐材料要系统全面，自荐信、个人简历、证明材料应一应俱全，个人基本情况、学习成绩、专业特长及爱好均要有所体现。

3）重点突出。在介绍自己时，由于时间很短，应重点突出自己的能力和知识，对本人基本情况和家庭情况简单介绍即可。对方更感兴趣的是自己的专长、经验、能力、兴趣等，对此应重点介绍，有时还要举例说明。

4）有的放矢。自我介绍时还要针对用人单位的具体要求，看用人单位最看重的是什么，因需介绍，才能使招聘者相信你就是最适合的应聘者。强调针对性的同时，也应全面反映自己具备的相关知识和才能。专业特长加上广泛的知识面和兴趣爱好往往会更受用人单位青睐。

面对面直接交流时，表达要简明、得体、连贯。同时语音、语调、语气都要适当控制，尤其不要打断他人说话。电话沟通时，要注意使用文明用语，言简意赅，同时要注意音量及语速。

(2) 赢得好感的技巧

1) 落落大方。羞涩、懦弱会让招聘者察觉到应聘者的不自信，进而怀疑应聘者的能力，所以应聘时应声音洪亮，举止从容，表现出应聘者的信心。

2) 谦虚谨慎。应聘者应有自信但不可过于自负，自视甚高、处处炫耀会招致招聘者的反感，即使自己的确优秀，也应以谦逊的态度向对方展示。

3) 文明礼貌。礼貌是道德的一种外在表现形式。自荐时，无论是称呼、表情，还是动作，都能反映一个人的内在修养和素质。因此，自荐时要以礼待人，不能认为这是小节问题而不认真对待，即使对方当场回绝或不太理睬自己时也要表现冷静，给自己找个台阶下，给对方留下明理懂事的印象。

4) 衣着整洁。着装能够表现一个人的直观风貌，也能体现人的情操、性格与美德，还隐含着丰富的寓意。虽说"人不可貌相"，但在双方的接触时间、空间都很有限的情况下，用人单位就不得不"以貌取人"了。所以，整洁得体的衣着打扮是必不可少的。

5.3.2 笔试

笔试也是一种最常用的招聘方式，它主要是针对应聘者的知识、技能和工作能力进行测试。笔试以其客观性、广博性、经济性的特点成为招聘单位选拔人才的重要手段。

1. 笔试种类

(1) 专业考试　专业考试主要是检验应聘者是否能达到用人单位所要求的专业知识水平和相关的实际能力，专业知识考试的题目专业性很强。有一些用人单位认为应聘者的自荐材料中的学习成绩并不能完全反映其自身的某些能力或者是单位工作性质的要求，需要通过笔试的方式对其进行专业知识的再考核，进行重新认定。

(2) 量表测试

1) 心理量表测试。心理量表测试是使用事先编好的量表或问卷测试应聘者，以判断其心理水平或个性差异的方法。一些用人单位常常以此来测试求职者的态度、兴趣、动机、智力、个性等心理素质。通过心理测试，用人单位可大致了解应聘者的基本心理素质和心理趋向，以便挑选与岗位要求相符的人员。

2) 智商量表测试。智商量表测试往往被一些跨国公司所采用，主要通过量表测试应聘者的记忆力、分析观察能力、综合归纳能力、思维反应能力。在用人单位看来，专业能力可以通过后期培训获得，因此有没有专业训练背景无关紧要，但应聘者应具有不断接收新知识的能力。

3）文字能力测试。文字能力测试经常要求应聘者在限定时间内写出一份会议通知或工作报告等公文，也可能给出一个观点，让应聘者对此论证或批驳，以考察应聘者的文字能力和应用表达能力。

4）综合能力测试。综合能力测试兼有智商测试，但测试内容涵盖面更加广泛，这种考试的目的是考察应聘者的文字、口头表达能力以及分析问题、解决问题和逻辑思维的能力。现在国家公务员考试和事业单位招聘考试主要采用综合能力测试，考试的内容综合性较强，有数学、语文、心理测试等，题目数量大。

应聘者达到了规定的笔试分数线，将参加下一轮的面试。

2. 笔试的技巧

（1）有针对性的准备　笔试准备的重要方式之一是复习所需的知识。在笔试前，应聘者可以了解招聘单位所要招聘职位的工作性质和内容，这样就会基本弄清笔试的类型和内容，做到知己知彼。尤其要弄清笔试的目的是考查文化知识、专业知识，还是专业技术技能。如果是考查实际文化水平，笔试的题目则活题居多，主要测试应聘者文化基础知识是否扎实、文字表达能力水平等；如果是考查专业知识，则笔试的题目专业性强；如果考查的是专业技术能力，那么笔试是为了检验应聘者实际工作能力或专业技术能力，这种考试往往在特意设置的工作环境中进行。因此要了解笔试重点，进行认真复习。

（2）良好的心态　在笔试前，应聘者要调整好心态，合理安排好复习和休息的时间，保证睡眠，消除紧张心理。笔试时要树立自信心，以乐观的心态应对笔试。

（3）科学答卷　拿到试卷后，首先应通读一遍，了解题目的多少和难易程度，以便掌握答题的深度和速度，按照先易后难、先简后繁的原则排出答题顺序。现在公务员考试和事业单位招聘考试中很多试卷包含大量题目，考生很难在规定时间内全部做完，这就要求考生要学会放弃，挑选自己熟悉的和容易得分的题目下手。在具体答题时，应精心审题，理解题意，积极思考。书写时要字迹工整，保持卷面整洁，给招聘者留下良好的印象。

5.3.3　面试

面试是用人单位通过与应聘者面对面的直接交流和观察，测试应聘者的知识、能力等有关素质的一种考核方式。面试是用人单位挑选职工的一种重要方法。面试给用人单位和应聘者提供了进行双向交流的机会，能使彼此之间相互了解，从而促使双方准确做出聘用与否、受聘与否的决定。面试不仅能考核一个人的业务水平，而且能让用人单位面对面地了解毕业生的形象、气质、口才和应变能力等。因此，面试具有更大的挑战性。

1. 面试的种类

面试包括一对一面试、多对一面试、多对多面试、无领导小组讨论等形式。

2. 面试的流程

1）自我介绍。自我介绍主要是陈述自己的个人情况、学历背景、性格特点等，使考官对应聘者有一个初步了解。考官将会对应聘者的精神面貌、表达方式、工作态度等进行初步的判断，形成第一印象。无论哪种面试形式，应聘者均要事先准备好一段 2~3 分钟的自我介绍，进行反复练习。

2）背景陈述。这部分主要由应聘者介绍自己的专业、能力和经验，以体现是否和应聘岗位要求相符。

3）交流讨论。交流讨论由考官和应聘者问答互动，考官将把应聘者的能力和职业兴趣与单位可提供的工作职位进行对比。此时，应聘者可根据所讨论的话题阐述自己的观点和建议，还可以结合自己的特长将话题引导至自己擅长的领域。

4）如果应聘者应聘教师岗位或技术岗位，一般还要进行试讲或试操作。

5）结束阶段。应聘者应在最后提出与工作相关但尚不了解的问题，考官解答并告知何时通知面试结果，或介绍下一步考核方式。

3. 面试的考察内容

（1）求职动机　体现应聘者的求职目的、兴趣爱好和价值观，判断本单位所提供的岗位和工作条件等能否满足其工作要求和期望。

（2）专业知识　通过面试考察笔试中没有涉及的专业知识，更加具有深度和灵活性，可以了解应聘者的专业能力是否符合招聘岗位的要求。

（3）仪表风度　从应聘者的体态、外貌、衣着举止、精神气质等方面进行考察。对仪表风度的要求较高的是国家公务员、教师、公关人员、企业经理等。一般单位都喜欢仪表端庄、衣着整洁、举止文明的人。

（4）综合分析能力　考察应聘者是否能够针对问题说理透彻、分析全面、条理清晰。

（5）工作实践经验　通过应聘者对工作经历和实践经历的叙述，可以了解应聘者的经验和能力，也可以看出应聘者的思维能力、口头表达能力、责任感、主动性及遇事的理智状况等。

（6）口头表达能力　考察应聘者表达的逻辑性、准确性和感染力。应聘者平时应注意加以锻炼，在面试时能够将自己的思想、观点、意见或建议顺畅地用语言表达出来。

（7）反应能力与应变能力　考察应聘者的思维反应能力。考官会注意应聘者对问题的回答是否迅速，理解是否准确等。应聘者对于突发问题的反应是否机智敏捷、回答是否恰当，也能反映出其日后工作中对于意外事情的处理是否得当。

（8）人际交往能力　通过询问应聘者的社交圈子、在集体中所扮演的角色等问题，可以了解应聘者的性格特点、行为方式、人际交往能力和与人相处的技巧。

（9）工作态度　通过了解应聘者以前的学习、工作态度，可以判断其在以后工作中的态度。

4. 面试技巧

(1) 有针对性的准备　俗话说："知己知彼、百战不殆。"首先，面试前应尽可能多地了解招聘单位，对单位性质、业务范围做到心中有数，有的放矢；也要了解应聘岗位对专业知识和技能的具体要求，进而有针对性地展示自己的特长。其次，预测对方的问题方向，对于一些习惯性经常提到的问题应事先拟好答案。最后，还要了解招聘者的心态，对待说话直截了当、缺乏人情味的考官，回答时要直接、清楚和充满自信，切忌含糊、不确定；对待友善、温和型的考官，回答时应表现出较强的集体主义观念和较好的人际交往能力；对待深思熟虑、细致深入型的考官，回答时要严谨、完整、条理清楚。面试还应针对招聘单位准备相应的支撑材料，如应聘传媒设计类单位需携带自己的作品集，可装订成册或放在平板电脑等设备里以便主考官查看。

(2) 面试中的礼仪

1) 严格守时、耐心等候。一般参加面试时决不能迟到，并且要提前一刻钟抵达面试的地点，既可以表示诚意，又可以调整自己的心态。如果因为意外迟到，一定要道歉并说明原因，征得招聘单位的谅解。

2) 仪态规范、彬彬有礼。进入面试现场前应先敲门，进入考场后应向考官问好致意，在得到确认后主动做自我介绍，在考官许可后方可入座，坐姿要端正，离去时应说"再见"。敲门、握手、站、坐、手势等要符合个人形象和交往礼仪的规范要求，给人举止文明、彬彬有礼的感觉。

3) 认真聆听。面试时不要有小动作，也不要左顾右盼、表现散漫。举止要文明大方，谈吐要谦虚谨慎，态度要积极热情。在面试时应注意关掉手机。

4) 形象要大方得体。面试时应朴素大方，着装要符合职业特点。不能穿运动装及拖鞋、短裤。应妆面清新，不宜浓妆艳抹，也不要标新立异。头发和指甲要干净，衣服鞋帽要整洁。

(3) 面试中的语言　语言表达艺术标志着应聘者的成熟程度和综合素养，必须认真地把握。

1) 称谓得当。对事业单位的知识分子，可以称呼"老师"；对外企人员可以称呼"小姐""女士"；对党政机关人员可以称呼"同志"或者职务，如"某科长""某局长"等。千万不要大声呼叫他人的名字。在用语中，注意多使用"您好""您请问""您请说""对不起，我插一句话""如果您方便的话，请……"等。

2) 语言文明。语言是否文明表现了一个人的文化教养和素质。面试时谈吐要得体、大方、文明，不要将不文明的口头语带出来，那样会使场面很尴尬。

3) 语气平和。问话应朴实、简洁，不要说一些夸大其词的话。例如"最怎么样""特别什么""非我不可"等话，都显得应聘者极不成熟。

4) 语言表达要清晰，不要啰唆。话不在多而在精，不要反反复复地强调，也不要喋喋不休地演讲。

5）不要班门弄斧。要含蓄、机智、幽默，不要兜售自己的学识，一张嘴就是专业术语，故弄玄虚。要注意听者的反应。

(4) 回答问题

1）巧妙回答问题。对于对方想知道非常明确信息的问题，最好正面回答；对于开放性的问题难以直接回答时，就可以不正面回答，避免答案不符合考官意图让对方感觉武断或极端。

2）察言观色，与用人单位观念一致。在与考官交流的时候，一定要表现出对用人单位的了解和热心，并尽量迎合对方的企业文化和价值观。

3）学会倾听。首先，要耐心。对对方提起的任何话题，都应耐心倾听，不能表现出心不在焉或不耐烦的神色，要尽量让对方兴致勃勃地讲完，不要轻易打断或插话。其次，要细心。也就是要具备足够的敏感性，善于理解对方的"弦外之音"，即从对方的言谈话语之间找出他没能表达出来的潜在意思，同时要注意倾听对方说话的语调和说话的每一个细节。最后，要专心。专心的目的是要抓住对方谈话的要点和实质。

> **小贴士**：面试中要注意的15个应该做和15个不应该做的事情
>
> 15个应该做的事情是：准时；表现自然、大方；态度友善、积极；主动参与；精神焕发、充满活力；言简意赅；回答准确；温文尔雅、有教养；耐心倾听他人的意见；集中注意力；穿着得体；提出富有建设性的意见；自我表现得当；有幽默感；突出工作方面的事情。
>
> 15个不应该做的事情是：迟到或根本不到；过分拘谨紧张；态度生硬、过分悲观；回答冷淡或无话可说；精神萎靡懒散；滔滔不绝、炫耀口才；答非所问、不着边际；言语粗鲁、举止夸张；打断他人说话、急于表现自己；东张西望，不关手机且随意接打电话；衣冠不整、过分打扮；刻薄、随意、提不出意见；处处强调自己的优势、过分卖弄才干；言语枯燥、刻意引人发笑；对待遇斤斤计较。

5.4 求职择业中的自我保护

随着高等教育体制和劳动人事制度改革的深化，越来越多的毕业生走向市场，自主寻求适合自身发展的舞台。在求职择业过程中，毕业生应增强自我保护意识，提高自我保护本领。

5.4.1 签约

毕业生通过笔试、面试与用人单位达成就业意向后，应以签订协议、合同等方式与用人单位确定聘用关系并明确权利和义务。

1. Offer Letter

（1）Offer 的性质　　Offer 全称是 Offer Letter，也叫录用信或录取通知，或称为"要约函"。过去，一般是指外企表达自己愿意录用应聘者的一封格式类似的信件，后来很多人都把自己接到公司的"Offer Letter"、电话通知等称为 Offer。现在，被公司通知面试、体验合格并同意录用就可以说收到了 Offer。

（2）Offer 的效力　　很多毕业生接到 Offer 后认为万事大吉，不再与公司签订任何协议和合同。Offer 在法律上一般翻译为要约，指当事人一方提出签约条件，愿与对方签订合同的意向表示。因此，Offer 只是一种单方的意向书，并未达成对双方的约束。所以，毕业生收到 Offer 以后应尽快与用人单位签订正式就业协议书或劳动合同，以保障自己的权益。

2. 就业协议书

（1）就业协议书的性质及适用对象　　就业协议书是明确毕业生、用人单位和学校在毕业生就业工作中权利和义务的书面表现形式，是毕业生落实用人单位、用人单位接收毕业生以及学校制订毕业生就业方案、毕业生就业主管部门编制毕业生就业计划的依据。

（2）就业协议书的内容和填写说明

1）三方协议是由毕业生、用人单位和学校三方之间确定毕业生就业单位签订的一种协议，由三方共同签署后生效。对签约的三方都有约束力。毕业生与用人单位经过双向选择达成就业意向后，必须签订学校统一发放的"高校毕业生、毕业研究生就业协议书"，毕业生与用人单位签订的其他就业协议书无效。

2）就业协议在毕业生到用人单位报到、用人单位正式接收后自行终止。就业协议是明确毕业生、用人单位、学校三方在毕业生就业工作中的权利和义务的书面表现形式（劳动合同是毕业生上岗后签订的，从事何种岗位、享受何种待遇以及相关的权利和义务的法律依据）。

3）就业协议的主体合法原则。签订就业协议的当事人必须具备合法的主体资格。对毕业生而言，就是必须取得毕业资格，如果毕业生在派遣时未取得毕业资格，用人单位可以不予接收而无须承担法律责任。

4）填写用人单位名称时，务必注意，是否与用人单位的有效印鉴上的名称一致，如果不一致，协议无效。

5）毕业生填写自己的专业名称时，要与学校教务处的专业名称一致，不能简写。

6）试用期与见习期的时间。外企、合资企业、私企一般采用试用期，根据合同期的长度，试用期有 1~3 个月不等，通常试用期为 3 个月，不得超过 6 个月。国家机关、高校、研究所一般采用见习期，通常为一年。见习期是对应届毕业生进行业务适应及考核的一种制度，不是劳动合同法制度下的概念，而是人事制度下的做法。试用期和见习期只取其中之一。

7）违约金。由毕业生和用人单位双方协定。不少单位为了"留住"学生，以高额违约金约束毕业生。毕业生应该在协商中力争将违约金降到最低,通常违约金为一个月工资,一般不得超过 5000 元。

8) 现行的毕业生就业协议书属"格式合同",但"备注"部分允许三方另行约定各自的权利义务。为了防止用人单位承诺一套,做一套,毕业生可将签约前达成的休假、住房、保险等福利待遇在备注栏中说明,如果发生纠纷,可以及时向法庭举证,维护自己的合法权利。

9) 毕业生在签订"协议"时,必须严格按照规定的步骤,等用人单位填写完毕、盖章后再到学校就业指导中心鉴证盖章。有的毕业生偷懒,自己填写完毕后就直接到学校毕业生就业指导中心盖章。后果是,单位在填写时,工资待遇等与过去承诺的大相径庭。毕业生不满却因为自己和学校都已经签字盖章。要不逆来顺受,要不就被迫违约,赔偿用人单位违约金。

(3) 就业协议书的签订流程　就业协议书的签订流程如图 5-1 所示。

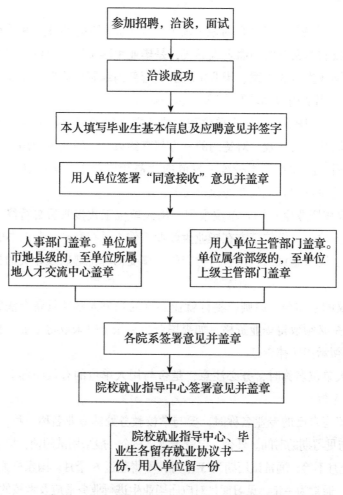

图 5-1　就业协议书的签订流程 (以浙江省为例)

(4) 就业协议的解除　就业协议的解除分为单方解除和三方解除两种。

1）单方解除。包括单方擅自解除和单方依法或依协议解除。单方擅自解除协议属违约行为，解约方应对另外两方承担违约责任。单方依法或依协议解除，是指一方解除就业协议有法律上或协议上的依据。例如，学生未取得毕业资格，用人单位有权单方解除就业协议；毕业生考取研究生后，可解除就业协议；依协议规定，毕业生未通过用人单位所在地组织的公务员考试，用人单位有权解除协议。此类单方解除，解除方无须对另外两方承担法律责任。

2）三方解除。三方解除是指毕业生、用人单位、学校三方经协商一致，解除已订立的协议，使协议不发生法律效力。此类解除因是三方当事人真实意愿一致的体现，三方均不承担法律责任。三方解除应在就业计划上报主管部门之前进行，如就业派遣计划下达后三方解除，还须经主管部门批准办理调整改派。

(5) 违约责任及毕业生违约的后果　就业协议书一经毕业生、用人单位、学校签署即具有法律效力，任何一方不得擅自解除，否则违约方应向权利受损方支付协议条款所规定的违约金。

毕业生违约，除本人应承担违约责任，支付违约金外，还会造成一些不良后果。就用人单位而言，招录毕业生需要大量的人力物力，花费大量时间，一旦毕业生违约，对用人单位来说造成了一定的损失。就学校而言，毕业生违约会影响以后毕业生到该单位就业的机会，可能会不利于学校和企业的长期就业合作。

3. 劳动合同

劳动合同又称劳动契约或劳动协议，是指劳动者与用人单位之间确立劳动关系、明确双方权利和义务的协议。需要注意的是，无论工作的时间是长还是短，无论是固定工还是临时工，都应该与企业签订劳动合同。一般来说，毕业生在办理报到手续后，就可与用人单位签订劳动合同。劳动合同应当以书面形式订立。现在使用的劳动合同一般是由劳动部门统一印制的格式合同，里面的必备条款有：①劳动合同期限；②工作内容；③劳动保护和劳动条件；④劳动报酬；⑤劳动纪律；⑥劳动合同终止条件；⑦违反劳动合同的责任；⑧双方还可以协商约定劳动合同补充条款。其中违反劳动合同的责任条款比较重要，因为《劳动法》规定双方可以协商约定责任的认定、赔偿的范围、计算方法和承担方式，用人单位提供的合同补充条款中常有这方面的约定。

4. Offer、就业协议书与劳动合同的区别

Offer 指单向的录用通知，不具备双方合约的性质。

就业协议书与劳动合同的区别主要有以下几方面：

(1) 适用的法律、法规不同　劳动合同适用《劳动法》《劳动合同法》及劳动人事部门颁布的有关劳动人事方面的规章。就业协议适用教育部颁布的《普通高等学校毕业生就业工作暂行规定》和有关政策。

(2) 适用主体不同　劳动合同是劳动者与用人单位之间确立劳动关系的协议，只要双方当事人协商一致，符合国家的法律、政策法规，无欺诈、胁迫等手段，经双方签字盖章，合同即生效。就业协议目前除毕业生与用人单位双方签字、盖章外，尚需学校和鉴证机关（人事部门）参与。

(3) 内容不同　劳动合同的内容依据《劳动合同法》，规定得比较详细。就业协议的条款比较简单，主要是毕业生如实向用人单位介绍自己的情况，愿意在规定期限内到用人单位报到，用人单位如实向毕业生介绍本单位的情况，同意录用该毕业生等，另外还有一些简单条款。

(4) 适用的人员不同　劳动合同可以适用于各类人员。凡是中华人民共和国公民，只要有劳动能力并符合法律规定的条件，经过供需见面，双向选择，一经录用都可以与用人单位签订劳动合同。就业协议只适用于高校毕业生。

(5) 签订时间不同　一般来说，就业协议签订在前，劳动合同订立在后。就业协议是毕业生在找工作过程中，落实用人单位后签订的，就业协议的签订在毕业生离校前。

劳动合同是毕业生到用人单位报到后订立的。如果毕业生与用人单位在工资待遇、住房等方面有事先约定，可在就业协议的约定条款中注明，附后补充，日后订立劳动合同时对此内容应予以认可。

5.4.2　派遣与报到

1. 派遣

毕业生的派遣是指毕业生就业主管部门根据当年国家和省、市毕业生就业政策和毕业生就业派遣计划，对完成学业的高校毕业生进行的派遣。

派遣毕业生统一使用"普通高校毕业生派遣通知书"或"全国普通高等学校毕业生就业报到证"（以下简称就业报到证）。就业报到证由省市毕业生就业主管部门审核签发。

毕业生派遣程序如下：

1) 毕业生与用人单位通过双向选择落实就业单位后，应根据当年国家和省、市毕业生就业政策规定签订就业协议，经毕业生就业主管部门鉴证后，将就业协议书及时交回学校。

2) 学校将办理毕业生派遣手续所需的材料集中报省、市毕业生就业主管部门审核。

3) 省、市毕业生就业主管部门根据当年国家和省、市毕业生就业政策规定签发毕业生就业报到证。

4) 对未落实单位的毕业生按规定派遣回生源地毕业生就业主管部门。

2. 报到

毕业生的报到是指毕业生接到就业报到证后，在规定的期限内持就业报到证等材料到指定地点办理报到登记。

毕业生报到需出具的材料如下：

1）毕业生就业报到证。
2）户口迁移证。
3）学历证书或学位证书。
4）已落实单位的毕业生还需持就业协议书或劳动合同。

3. 改派

毕业生的改派是指对已经派遣的毕业生符合规定需调整就业单位的，由毕业生就业主管部门办理调整改派手续。办理毕业生就业调整手续的流程如图5-2所示

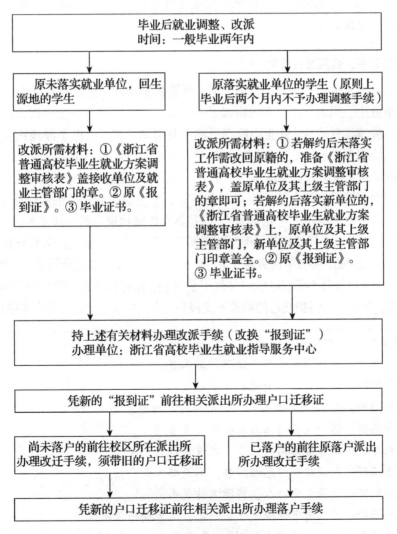

图5-2 办理毕业生就业调整手续的流程（以浙江省为例）

5.4.3 常见的侵权和违法行为

1. 招聘、面试阶段

企业在招聘、面试阶段对毕业生权益的典型侵害主要有以下几方面：

（1）歧视行为　其中常见的是性别歧视。《劳动法》规定，男女劳动者享有平等的就业权利。

（2）虚假广告　一些企业会夸大或隐瞒自己的一些情况，或对毕业生承诺不能实现的待遇。所以，应聘者应事先对所应聘的单位进行充分了解和调查，以免上当受骗，浪费时间，错失招聘时机。

（3）侵害应聘学生的知情权　面试时企业有时会回避应聘者提出的问题，这就侵害了应聘者享有的知情权。

2. 就业协议书、合同签订阶段

在毕业生和用人单位签订劳动合同之前，可能会先签订一份就业协议书。该就业协议书是学校、毕业生、用人单位三方的协议书，应该是教育部规定的统一格式的文本，属于意向性协议。应该注意的是，就业协议书虽然不是劳动合同，但也牵涉违约金的问题，所以在签订就业协议书之前也要三思而后行。建议毕业生如果不是非常确定会留在该用人单位，在签订协议前先与用人单位探讨违约金的问题，争取把违约金降到最低。

正式的劳动合同可能是在毕业生毕业前签订，毕业后生效的，也可能是毕业后签订，立即生效的。劳动合同绝不是"走形式"，而是具有法律约束力的正式文本。

毕业生如果在劳动合同签订前发现问题要据理力争，甚至拒绝签订劳动合同；如果在劳动合同签订后发现问题，要与单位协商变更，甚至请求仲裁委员会就合同是否有效进行认定。如果遇到的问题自己应对不了，可以向单位工会反映，也可以求助于法律部门或劳动监察、仲裁委员会等。毕业生为维护自己的利益不受侵犯，应该尽量通过合法的人才中介机构求职。

> **小贴士**：最需防范的十大求职陷阱
> 1) 试用陷阱：以新招人员替代试用期满人员。
> 2) 培训陷阱：以招聘为名为培训学校拉生源。
> 3) 实习陷阱：利用"实习"名义使用廉价劳动力。
> 4) 收费陷阱：招聘过程巧立名目收取各类费用。
> 5) 侵权陷阱：以考察为名，无偿占用设计成果。
> 6) 广告陷阱：利用招聘信息做广告，不是招人是卖货。
> 7) 名称陷阱：招聘名称诱人，实际工作气人。
> 8) 保险陷阱：录用先考保险代理执业证，进来全当保险代理。
> 9) 劳务陷阱：先说招聘"合同制"，录用后变"劳务工"。
> 10) 推销陷阱：招聘"销售人员"，实为推销、传销工作。

5.4.4 劳动争议

劳动争议又称劳动纠纷，是指劳动者与用人单位因执行劳动法律、法规和履行劳动合同，实现劳动权利和利益，履行劳动义务而发生的争执。在私营企业、外商独资企业又称劳资纠纷。劳动争议具备两个特征，一是劳动争议当事人一方是用人单位，另一方是与之建立劳动关系的劳动者；二是劳动争议的内容是基于国家劳动法律法规和劳动合同而产生的劳动权利、义务。当事人可以通过协商、依法申请调解、仲裁、提起诉讼等途径解决劳动争议。调解原则适用于仲裁和诉讼程序。

总之，各种争议的解决都要依法定程序，在法定权限范围内进行，了解这一点当事人才能及时、正确地解决争议，维护自己的合法权益。如果采取的方式不当，会给自己带来很多不必要的麻烦。

案例1：2个简历模板

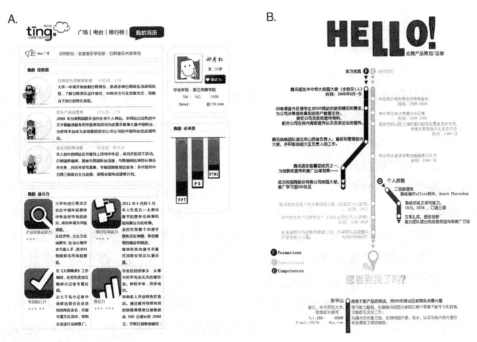

案例2：笔试题目范例
2015年国家公务员考试《行政职业能力测试》部分试题

第一部分：常识判断
根据题目要求，在四个选项中选出一个最恰当的答案。
1. 下列哪种情形最可能实行一审终审（　　）
  A. 基层人民法院审理被告提出反诉的买卖合同纠纷案件
  B. 基层人民法院审理夫妻双方争夺子女抚养权的离婚案件

C. 中级人民法院审理在本辖区有重大影响的合同纠纷案件

D. 基层人民法院审理权利义务关系明确的租赁合同纠纷案件

2. 中国古代在"室"内举办宴会，座位以西为尊，北次之，南再次之，东最次。按"上北下南，左西右东"的方位，下列宴会座位安排符合礼法的是（　　）

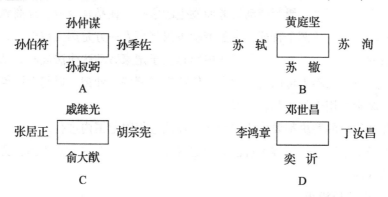

第二部分：言语理解与表达

本部分包括表达与理解两方面的内容。请根据题目要求，在四个选项中选出一个最恰当的答案。

1. 交流是复杂的艺术，有声语言并不是表达意义的唯一方式，辅以动作和面部表情，可以使表达生动形象，也折射出历史和文化智慧的光芒。各民族间的形体语言，有的形式和意义相同（如握手致意），有的虽然形式相同，意义却_____。如果不能正确解读就可能产生误会，甚至引起严重的后果。

填入划横线部分最恰当的一项是（　　）

A. 南辕北辙　　　B. 针锋相对　　　C. 截然相反　　　D. 纷繁复杂

2. "微创新"，这个概念正在成为中国企业尝试的新方向。今天的技术革新在很多时候已经不再是颠覆性的更新换代，任何针对用户体验的微小改变，都可能引爆整个市场。微博就可以看作是在博客基础上的微创新，用140个字拉低了用户门槛，迅速引发了全民微博潮。对于习惯了模仿的企业来说，如何不让微创新成为"山寨"的代名词，是问题的关键，特别是在互联网领域，像团购这样的一窝蜂现象屡见不鲜，然而其中很难看到"微创新"在发挥作用。

这段文字用"团购"来说明（　　）

A. 盲目从众的现象　　　　　　　B. 更新换代的趋势

C. 复制与模仿的做法　　　　　　D. 集体相约采购的行为

第三部分：数量关系

在这部分试题中，每道题呈现一段表述数字关系的文字，要求你迅速、准确地计算出答案。

1. 某单位有 50 人,男女性别比为 3:2,其中有 15 人未入党,如从中任选 1 人,则此人为男性党员的概率最大为多少( )

A. $\dfrac{3}{5}$ B. $\dfrac{2}{3}$ C. $\dfrac{3}{4}$ D. $\dfrac{5}{7}$

2. 某学校准备重新粉刷升国旗的旗台,该旗台由两个正方体上下叠加而成,边长分别为 1 米和 2 米,问需要粉刷的面积为( )

A. 30 平方米   B. 29 平方米
C. 26 平方米   D. 24 平方米

第四部分:判断推理

图形推理:请按每道题的答题要求作答。

1. 从所给四个选项中,选择最合适的一个填入问号处。使之呈现一定规律性( )

2. 把下面的六个图形分为两类,使每一类图形都有各自的共同特征或规律,分类正确的一项是( )

A. ①②⑥,③④⑤   B. ①④⑤,②③⑥
C. ①②⑤,③④⑥   D. ①②③,④⑤⑥

定义判断:每道题先给出定义,然后列出四种情况,要求你严格依据定义,从中选出一个最符合或最不符合该定义的答案。注意:假设这个定义是正确的,不容置疑的。

3. 垂直搜索引擎是针对某一个行业的专业搜索引擎,是对网页资源中的某类专门的信息进行一次整合,定向分字段抽取出需要的数据进行处理后再以某种形式返回给用户。

根据上述定义,下列应用与垂直搜索引擎关系最为密切的是( )

A. 在某个购物网站上在线购买鞋子   B. 登录央视网站查询某个城市天气
C. 用百度音乐搜索自己爱听的歌曲   D. 在图书馆网站上查询该馆的藏书

案例 3:某网络游戏公司招聘游戏美术设计人员笔试试题

1. 为以下 Q 版角色设置一套装备

要求:

1)装备与人物的风格相符。

2)要有套装的整体感。

3)装备要偏向中华文化。

4）装备需满足所提供角色原型的身体比例（可等比例放大），但不可小于角色尺寸。

2. 以以下 Q 版角色为参考，绘制对应风格的少女角色以及一只 Q 版的野狼
要求：

1）人物风格需求一致。

2）首先绘制线稿。

3）粗略地上色。

4）角色最终尺寸不超过 200 像素 × 200 像素

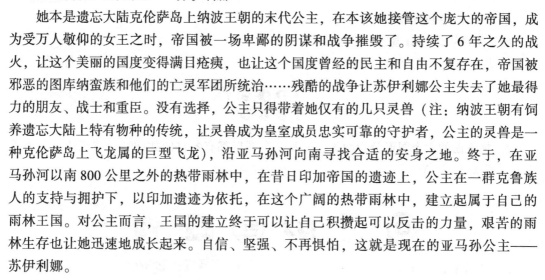

3. 绘制亚马孙公主——苏伊利娜

她本是遗忘大陆克伦萨岛上纳波王朝的末代公主，在本该她接管这个庞大的帝国，成为受万人敬仰的女王之时，帝国被一场卑鄙的阴谋和战争摧毁了。持续了 6 年之久的战火，让这个美丽的国度变得满目疮痍，也让这个国度曾经的民主和自由不复存在，帝国被邪恶的图库纳蛮族和他们的亡灵军团所统治……残酷的战争让苏伊利娜公主失去了她最得力的朋友、战士和重臣。没有选择，公主只得带着她仅有的几只灵兽（注：纳波王朝有饲养遗忘大陆上特有物种的传统，让灵兽成为皇室成员忠实可靠的守护者，公主的灵兽是一种克伦萨岛上飞龙属的巨型飞龙），沿亚马孙河向南寻找合适的安身之地。终于，在亚马孙河以南 800 公里之外的热带雨林中，在昔日印加帝国的遗迹上，公主在一群克鲁族人的支持与拥护下，以印加遗迹为依托，在这个广阔的热带雨林中，建立起属于自己的雨林王国。对公主而言，王国的建立终于可以让自己积攒起可以反击的力量，艰苦的雨林生存也让她迅速地成长起来。自信、坚强、不再惧怕，这就是现在的亚马孙公主——苏伊利娜。

要求：

1）风格偏写实，结构清晰准确，服饰可在忠实世界观的前提下，融入一定当今的时尚审美概念。

2）先画出角色线稿，并保存为 PSD 格式，再上色。

3）再设计一个 Q 版形象。

案例 4：5 道面试题

"你为什么……"考官可以一连造出 100 个句子来询问应聘者。但实际上，万变不离其宗，考官可能问到的问题，大多能提炼成 5 个。

1）你为什么到我们公司来？

两名外语专业的大四学生，同校同班，一同应聘总裁助理职位。A 说："我毕业于某大学外语专业，22 岁，平均成绩为 90 分，班级排名第一，是校学生会主席，组织过很多社团活动，还是学校义卖形象大使。我爸爸是局长，有广泛的人脉。我的爱好是游泳、看书。"B 说："我关注贵公司很久了，很清楚你们公司的业务是……做总裁助理英语必须很好，所以我除了平时在校刻苦学习英语外，还利用寒暑假到旅行社实习；我也知道总裁助理的文笔要好，所以一直练习写作，给校广播站和杂志社投稿，现在已发表多篇文章，而

且给出版社翻译过外文书。"或许 A 看起来很优秀，但显然 B 对公司和职位更有热情，更用心。

2）你能为我们做什么？

有时候考官会问你："你在大学都学了哪些专业课？""除了这些，还会什么？"很多大学生回答："我会 C＋＋"，那简直傻透了，对考官来说，他并不是问你会什么，而是问你能为公司做些什么。如果把回答修改为"我可以利用 C＋＋帮公司开发或者完善客户系统，让检索更简单""优化公司的管理系统，让全国的数据实现快速共享和更新"，那就截然不同了。

3）你是什么样的人？

这等于是在问：你了解自己吗？你的价值观是否和我们一致？你必须清楚地告诉我把你招进来，能把你用在什么地方。这个问题还会以"你最害怕的一件事""最不喜欢的工作环境""你最喜欢什么样的老板""你最崇敬的一个人是谁，对你的影响是什么""你的优点和缺点是什么"等形式出现。

4）你与竞争同一职位的其他人有何区别？

通常这个问题会带着"你的优势是什么""为什么我要录用你"的面具。"时常有学生回答，我有良好的沟通能力、团队合作精神、人际交往能力、组织协调能力……这毫无意义，因为在校生在这些方面的差别只差毫厘，既然岗位要求了这些能力，所有进入面试的候选人都具备了大同小异的沟通能力、团队合作精神，这不是你的优势！"汪洱说道，"要讲那些别人没有、只有你有的。"

5）你还有什么问题要问我吗？

通常许多学生会问工资、培训这些问题，事实上这不是最好的选择。招聘者的问题有时间顺序，从遥远的过去递进到最近、到现在、再到未来。这个问题就是个典型的关注未来的问题，你要关注的是工作本身，而不是公司能为你提供什么。所以，"这份工作最大的挑战是什么""如果我被公司录用做这份工作，我需要注意些什么"，这类问题都是较好的问题。

【思考与练习】

1. 大学生应具备什么样的择业心态？
2. 毕业生就业信息搜集的主要途径有哪些？
3. 制作一份个人简历，并根据自己的求职经历或虚拟一个求职岗位，写一封求职信。
4. 面试时应注意哪些基本礼仪？
5. 了解毕业生报到及改派流程。

第 6 章
大学生创业

当下,大学生创业是一个热门话题,无论在哪儿都会读到或听到与创业有关的信息。随手拿起身边的一份报纸或一本新闻杂志,打开收音机或电视机,或者浏览一个新闻网站,都会发现很多关于大学生创业或创意产业的报道。创业是当前的一个流行话题。但是,创业究竟是什么?大学生该如何认识创业,并顺利进行创业呢?

盖茨也许会说:下一个比尔·盖茨是中国的马云。马云以后也许会说:下一个马云是……其实我们都可以想象"下一个马云"的答案:那一定是创业者。

6.1 扩大就业新战略,以创业带动就业

大学生创业教育在欧美等发达国家已有几十年的历史,一直深受重视,至今已颇具规模。美国作为其中主要代表国家,其创业教育在全世界有着很大的影响,它的兴起主要基于美国 20 世纪 70 年代的经济背景、政治背景和文化背景。在美国,至少有 400 个学院和大学提供一种或多种创业课程,许多顶尖大学提供创业方面的课程和学位。美国人的创业得到了政府的大力支持。创立企业的个人能够从政府得到税收减免,建筑物、道路、人员雇佣、原材料和能源等资源供应方面的优惠条件。政府还设立各种基金,以向创业者提供技术开发和创立企业所需的资金。小企业的发展,使得美国人的创业热情持续高涨。在硅谷,创业热形成了一种时尚。位于硅谷的斯坦福大学,其师生创业是一种风气。强大的创业文化氛围,发挥了巨大的创业带动影响力。据相关资料显示,从斯坦福大学到硅谷 25 公里范围内,聚集着 5000 家左右的企业。硅谷的创业文化所表现出的最直接的魅力就是:任何人只要有能力、有抱负,都可以在硅谷施展才华,白手起家,发展自己的企业;任何有前途的发明专利、技术项目,都可以在硅谷尽快投产直至产业化。正是这种"创造知识经济神话"的硅谷创业文化带动了美国风起云涌的创业活动,使得大学生们如鱼得水,大显身手,获得了广阔的创业发展空间。事实上,创业教育作为培养创新型人才的一个有机组成部分,已经越来越受到世界各国的重视。

与国外相比,我国创业教育起步较晚。我国大学生创业的历史可以追溯到改革开放之初,而广泛的大学生创业则是在 1998 年清华大学举办的首届大学生创业设计大赛之后迅速发展起来的。高校创业教育的发展和大学生加入创业队伍,为我国的创业大军注入了一股新的活力。同时,大学生创业逐渐受到公众、学校和政府的关注。虽然如此,我国大学生创业的各项条件和基础依然不成熟,起点较低。在创业教育培训方面,我国目前也没有形成独立的创业教育体系。相比一些教育发达国家,我国大学生创业教育仍然比较落后,大部分高校的创业教育还停留在少数人的"创业活动",而不是多数人的"创业教育"水平上,大学生创业处于起步阶段。据相关资料显示,2004—2007 年,我国高校毕业生人数虽然有不同程度的增加,但大学毕业生参与自主创业的人数比例一直保持为 0.3%~0.4%,2012 年为 2%,2016 年达到了 3%,2019 年大学生创业者达 35 万,我国高校毕业生创业率已超过 3%。

党的十七大报告明确提出,要提高自主创新能力,建设创新型国家;要实施扩大就业的发展战略,促进以创业带动就业。把鼓励创业、支持创业摆到就业工作更加突出的位置,这是在总结我国近年来就业工作的实践、深入认识扩大就业的规律、科学分析我国就业形势的基础上提出来的。根据中央文件精神,一方面要完善支持自主创业、自谋职业政策。政府要从鼓励劳动者创业出发,在税费征收、小额贷款、社会保险补贴、经营场地、工商管理等方面给创业者提供更多的方便,降低创业门槛,减少创业成本和风险,营造良好的创业环境。要加快制定面向全体城乡创业者的优惠政策,扩大扶持创业的范围。另一

方面，要加强就业观念教育。随着国有企业改革、经济结构调整和事业单位分类改革的深入，非公有制经济组织和灵活就业越来越成为扩大就业的主渠道。劳动者要主动适应就业方式多样化的趋势，通过劳务派遣、家政服务、承揽大公司的外包业务等多种形式，或实现就业，或组建公司去创业。党的十七大报告还强调要健全面向全体劳动者的职业教育培训制度。创业培训是职业教育培训的重要内容，对提高劳动者的创业能力起着积极的促进作用。因此，要加强创业培训，创新培训方式，努力提高创业培训的成功率。

党的十九大报告中指出，要"提供全方位公共就业服务，促进高校毕业生等青年群体、农民工多渠道就业创业。破除妨碍劳动力、人才社会性流动的体制机制弊端，使人人都有通过辛勤劳动实现自身发展的机会"。

在此政策基础上，我国各地地方政府纷纷出台大学生创业优惠政策，鼓励和支持大学生创业，天津、杭州、深圳、厦门等地已经设立了一大批文化创意产业园和相关产业基地，旨在为大学生创业提供更好的服务平台。

例如，杭州市，对符合条件的大学生给予商业贴息贷款，最高申请额度为1万元，项目无偿资助分2万元、5万元、8万元和10万元四个资助额度。同时，杭州市规定在杭自主创办企业且符合杭州市产业发展导向要求的高校毕业生，可以申请落户杭州。此外，杭州市政府专门设立创业投资引导基金，积极鼓励国内外创投企业在杭州发展。大学生来杭注册设立从事高新技术产品研发、生产和服务的企业，会得到相关部门向创业投资企业的积极推荐。一旦获得创业投资企业投资的创业企业，即可获得政府创业投资引导基金的跟进投资。杭州市政府还对在杭自主创业普通高校应届本专科毕业生毕业两年内从事个体经营，除国家限制的行业外，自工商登记注册之日起3年内，免收登记类、管理类和证照类等行政事业性收费。各级人事部门所属人才服务机构还对在杭创业大学生提供两年免费人事代理服务。杭州市的相关城区还免费为大学生创业提供场地，并对大学生创业提供场地租金补贴等。

目前，我国大学生创业正处于蓬勃的发展之中，方兴未艾。

6.2 大学生创业的内涵及现状分析

创业，时下已经成为当代我国大学生的一种新追求。面对日新月异、高速发展的外部世界，各种因素、各种动力都在吸引着当代大学生去实践并实现他们的梦想。席卷全球的创业热潮、高速发展的时代经济、国内高等教育的快速发展，都不断催生着当代大学生跳出传统的就业思维，去尝试改变自己和改变世界。大学生群体敢于憧憬，敢于幻想，敢于行动，他们具有活力和激情，是富有超越精神和创新意识的一个群体。作为创业大军中的一支生力军，大学生创业者有着自己独特的优势和特征。

6.2.1 大学生创业的内涵

创业是创业者捕捉机会、创办事业、创造经济效益和社会效益的过程。创业的显著特征是创新和创意。同时，创业还具有自身特定的目标，如获取经济收入、实现自我价值和得到社会认可等。大学生自主创业，是大学生利用自己的知识和能力，在追求个人富足和自我价值实现的同时，创造社会财富和吸纳劳动力，同时为国家和社会进步做出积极贡献的过程。大学生创业者的内涵包括以下两个方面：

首先，大学生创业是一种创新，也是一种继承。作为一名创业者，首先必须具备创新意识和创新能力。善于把握机会，针对机会提出创意，并将创意转化为切实可行的实施方案，然后把方案付诸实施于企业。大学生创业者首先是创新者，要具有创新的思维和能力。同时，任何创新活动都不能脱离实际，要根据以往企业的原有条件、现实状况及未来发展方向去进行创新，在此基础上进行创造和改变，具有传承性。

其次，大学生创业是一种管理，也是一种参与。万事开头难，对于大学生而言，即使各方面创业条件都很充足，如果不能一步一步具体去行动和把握，也很难取得成功。所以，大学生创业，一定要身体力行，从最基本的公司事务做起，一步一个脚印。因为是初创企业，所以创业者通常在企业中既居于管理者的位置，从事企业的日常经营与战略决策，同时又是普通的创业团队成员，具有普通劳动者的需要和特征，希望通过劳动获得收入，提高生活质量，博得相应的社会地位和社会承认与尊重，在劳动过程中实现自我价值等。

6.2.2 大学生创业的现状分析

近年来，随着我国高校扩招，大学毕业生连年递增，加上大学生就业体制由"国家分配"向"双向选择，自主择业"转变，大学生就业困难已成为非常突出的问题。同时，国内经济的快速发展，使得整个社会民间资本变得越来越雄厚，社会资本为大学生创业提供了比较充足的资金保障。而在高校大力推进创造型、复合型人才教育过程中，创业教育也逐渐被高校关注和重视。在此背景下，我国大学生掀起了澎湃的创业浪潮，政府与高校也为促进大学生创业做出了积极的努力，出台了一些鼓励和促进大学生创业的优惠政策，也取得了一定的效果。

当前我国大学生创业群体主要呈现以下特点：

1) 自主创业的基本意识逐渐形成，创业动机呈多元化。东北师范大学发布的《中国大学生就业创业发展报告·2017—2018》显示，2018届毕业生有较高的创业热情。

2) 大学生创业意识强，文化和专业水平相对较高，对事物有较高的领悟能力，但缺乏真正有商业前景的创业项目，很多创意想法经不起市场的考验，经不住实践的检验。大学生创业热情高，上手快，但是往往对困难估计不足，在做创业规划和计划时，比较盲目乐观。有部分大学生没有经过认真翔实的市场调查，对销售预期过于自信，往往想得很好，但一接触市场就被打击得体无完肤。

3）大学生创业心理承受能力差，遇到挫折就轻易放弃。很多大学生对困难估计不足，浅尝辄止。由于创业过程纷繁复杂，创业者在创业之初需要投入大量的时间和精力来管理公司，拓展业务，可谓困难重重。企业要生存，公司债务的偿还、员工工资的支付等都使得大学生创业者承受着各种外部和内部压力，心理压力巨大。很多时候，创业者会因为承受不住这种压力而选择放弃。

4）大学生创业多眼高手低，喜欢纸上谈兵，缺乏社会经验和职业经历做铺垫，创业设想大而无当，市场预测普遍过于乐观；看不起蝇头小利，往往大谈"第一桶金"，不谈赚"第一分钱"，创业成功率低。据相关资料显示，新创企业成功率在30%左右，而大学生创业成功率只有2%~3%，远低于一般企业。人民网关于大学生自主创业的网上调查中，对"您认为，大学生创业过程中遇到的最大阻碍是什么"这一调查问题的回答，"社会经验不够"占30.7%，"资金不足"占34.1%，"人际关系缺乏"占17.8%，"政策支持力度不够"占14.9%，2.5%选择"其他"。

6.2.3 大学生创业的认识误区

近年来，随着风险投资、互联网和电子商务在国内的快速发展，政府一系列优惠政策的出台，一批批网络高科技企业在这个时代诞生。许多大学生都梦想走上创业者的成功之路。很多大学生辍学、休学创业的例子也是不胜枚举。这些充分表明了大学生自主创业的热情高涨，创业意识在不断提高。然而，对于学生创业者来说，由于缺少工作经历和管理经验，面对市场的风云变幻和激烈的同业竞争，创业容易走入误区，造成损失。所以大学生创业不仅需要知识和能力的储备，更需要以理性来引领创业过程。

1. 认为自主创业就是快速赚钱，注重短期效益，忽视长期利益

在大学生创业动机的调查中，很多大学生把自主创业当作快速赚钱的捷径，认为自主创业比就业更容易赚到钱，大谈创业的"第一桶金"。其实，绝大多数的创业者在创业前期很长一段时间内，都难以从企业中取得收入，相反，有的企业却需要创业者不断地投入资金，维持企业的运转。对于大学生而言，如果选择创业这条路，就要用心坚持去做，把创业当作自己人生的事业去经营和积累，纯粹为赚钱而创业，并不可取。如果创业注重的是自己人生的积淀而不是一时的金钱得失，就可以轻装上阵，不会有太大的压力。以看风景的态度去走创业的道路，会发现即使失败也受益匪浅。

2. 认为网络和高科技创业容易成功,看重名人效应,忽视实际困难

提到创业,很多大学生立即就想到马云、马化腾等电子商务、网络巨头,认为互联网、电子通信等高科技领域创业投资小、成功率高,更有广阔的发展前景。先不说网络创业在行业内是被认为典型的"烧钱"领域,单就大学生自身的技术研发能力而言,网络、高科技、IT 领域的创业之路也是很难走通的。其实,创业成功率的高低,根本在于对于市场缝隙的把握和大学生创业者的自身素质条件,在大多数领域的市场环境都相对成熟的今天,大学生要想提高创业成功率,就必须根据自身的创业条件,从自己熟悉和了解的行业着手,注重企业发展规律,踏实肯干,一步一个脚印,把企业一步一步做大、做强。

3. 认为亲密朋友才是良好合作伙伴,看重个人友谊,忽视实际素质

很多大学生创业都喜欢选择自己最要好的朋友和同学作为合作者。亲密朋友诚然有成为合格合作者的可能,但就普遍意义而言,亲密朋友并不是理想的创业合作伙伴。理想的创业合作者不但要相互信任,彼此了解,而且要在性格和能力上具有良好的互补性。朋友间的合作,诚然会在创业初期具有亲密无间的战斗力,但是朋友之间也会在创业遇到挫折或者分享创业成功果实的时候产生矛盾,反目相见,大大挫伤创业者的积极性。

4. 认为口头协议就可以有效约定,看重君子协定,忽视书面协议

大学生创业者一般在创业初期因为没有利益分配,每个成员都是合作者,很少会因为利益、领导权等问题产生矛盾。很多事情都是通过口头协议等予以约定。对于将来的利益分配和公司领导人员等也没有明确的书面规定和说明。这些往往都为公司成长后留下隐患。其实,大学生创业更应该注重书面协议,把合作者的权利和义务通过书面协议的形式确定下来。合作创业,一定要做到"亲兄弟,明算账",做到账目清楚、手续齐全。很多成功的企业,正是由于创业开始时没有通过书面协议的形式确定各自的权利和义务,最终导致兄弟反目、朋友成仇,企业也在矛盾当中遭受重创。

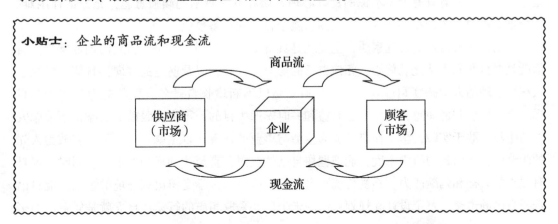

小贴士:企业的商品流和现金流

6.3 大学生创业素质的构成

大学生由于还处于求学阶段，社会接触面比较狭窄，深入社会拓展市场的能力比较弱，在组织能力、执行能力等方面与成熟的社会人士还有一定的差距，这一差距在创业过程中也体现得很明显。作为一名大学生，应具备怎样的素质才能降低创业失败的风险？创业失败了又应怎样面对？

其实，并不是每个人都适合自主创业。如今的大学生，身在校园，与外界社会接触少，社会经验缺乏，而创业能力首先需要的就是社会交往和组织能力，这些能力只有在进入社会以后才能够慢慢积累和把握。社会经验及能力的不足常常导致大学生在选择创业时存在一定的误区，认为只要有信心、有资金，创业就一定能够成功。其实，创业既要有良好的心理素质，又要有高尚的品行和优秀的领导才能，需要具有冷静、理智、平和的心态，狂热的、冲动性的创业之路通常是很难走得远的。很多大学生对于创业只是处于理论认识阶段，对所选择的行业缺乏深度审视，对社会消费能力、市场前景缺乏理性了解。只有在各方面做好充分的准备，从心理上、知识上、能力上提前做好功课，才能提高创业成功概率。

6.3.1 心理准备

宋代大文豪苏轼说："古之成大事者，不唯有超世之才，亦必有坚韧不拔之志。"创业之路，是充满艰险与曲折的，需要创业者具有非常强的心理调控能力，能够持续保持创业激情，以一种积极、沉稳的心态去面对创业道路上的困难和挫折，也就是要具有良好的创业心理素质。创业的成功与否在很大程度上取决于创业者的创业心理素质。如果不具备良好的心理素质、坚韧的意志，一遇到挫折就心灰意冷、甩手不干，那么，在创业的道路上是走不远的。只有具有处变不惊的良好心理素质和越挫越强的顽强意志，充分估计困难，充分把握机遇，才能在创业的道路上闯出属于自己的一番事业。

所谓创业者良好的心理素质，主要就是具备自信、自强、自主、自立的创业精神。自信就是对自我和团队充满信心，相信自己的努力和判断，以及前进的方向，自信心能赋予人积极主动的人生态度和进取精神。自强就是以不断增长自己各方面的能力与才干为目标，有责任感和使命感，不以一己利益和一时安逸为目的，不贪图眼前的利益，不依恋安逸的生活，敢于实践，勇于使自己成为生活与事业的强者。自主就是有远见、有敢为人先的胆略和实事求是的科学态度，能把握住自己的航向，直至达到成功的彼岸。同时，要具有独立的人格和判断能力，不受传统和世俗偏见的束缚，不受舆论和环境的影响，能自己选择自己的道路，善于设计和规划自己的未来，并采取相应的行动。自立就是凭自己的努力、自己的奋斗,不依赖于外界条件,从头做起,从最基础的方面做起,一步一个脚印地建立起自己生活和事业的基础。

所以说,在创业中良好的心理素质是至关重要的,好的心理素质是整个创业过程顺利发展的推进剂。作为大学生创业者,在创业前就要认真思考,反复评估,考虑成熟再行动。要深入、细致地审视自己,为什么要创业,是否有足够的决心,是否有创业失败的准备。作为一名创业者,需要的是冷静、理智、平和的心态而不是狂热的冲动。作为大学生,创业的心理准备主要包括不屈不挠的责任心、坚定不移的自信心、献身创业的事业心和笃志不移的进取心。

6.3.2 知识准备

大学生在准备创业之前,也要经历创业知识的准备和积累过程。要具备一定的商业知识和经营之道。一旦选择了自主创业,就要眼观六路、耳听八方,没有丰富的商业知识和经营之道,就难以把握商机,甚至开展不了业务。学习必要的商务知识和专业知识,是创业路上的第一课。

创业知识准备主要包括专业知识、经营管理知识、财务管理知识、法律知识等诸多方面。

(1) 专业知识　专业知识是创业之本。通常而言,大学生创业者都会选择自己本身所学习的专业领域或者自己熟悉的行业进行创业,只有拥有丰富的专业知识,才能对自己所涉足的领域有比较深的了解和洞察,才能够找准机会,熟门熟路。专业知识对于创业者确定创业目标具有至关重要的作用。创业者要重视在创业过程中积累专业技术方面的经验,强化职业技能的训练,不断探索专业知识的内涵,并能够触类旁通,举一反三。在探索的过程中要详细记录、认真分析,进行总结、归纳,上升为理论,形成自己的经验特色,并进行不断的积累和更新。只有这样,专业技术能力才会不断提高。

(2) 经营管理知识　在当前风云变幻的市场经济条件下,市场充满了竞争和风险,创业者要使自己的创业实践活动获得成功,就必须重视经营管理。首先,是对人员的管理。在创业过程中,用人非常重要。用人之道,不能要求被用之人十全十美,而是要求"尽其所长",宜梁则梁,宜栋则栋。人员管理就是对团队内各种人员进行有效的配置和分工。它包括确定组织的管理体制、设置管理机构、配备管理人员,并根据生产经营的需要,合理地安排和使用劳动力资源,以提高劳动力的利用率和生产率。其次,是对经营目标的管理。它包括经营规模、经营收入、经营利润、市场占有率、产品种类等。这就需要进行市场调查,掌握本团队所需的经济信息,并在此基础上进行市场预测和经营决策,编制经营计划,签订经济合同,掌握企业发展的主动权。最后,是对经营过程的管理。要通过建立、健全生产责任制等各种管理制度,使企业人尽其才、物尽其用,各方面权、责、利关系明确,生产高效。

(3) 财务管理知识 财务管理的内容包括资金流入与流出、流动资产、固定资产、成本和费用、企业财务报告和财务评价等。如果大学生本人不具备财务方面的知识,那么就需要在团队成员中配备一名财务方面的专业人员,这对于公司的正常运转、利润核算、资金流动等均具有非常重要的作用。企业财务管理的基本任务和方法是做好各项财务收支的计划、组织、控制、核算、分析和考核工作,创业初期财务管理的最主要内容是资金及其运作。举个例子来说,在创业之初,赚钱较难,应尽量减少现金的流出。这时可以购买价格便宜的办公用品,设法寻找租金较低的房子,还可以减少人员数量等。同时,也应增加现金的流入,除了提高销售额之外,还可以通过加快客户付款速度来实现利润。例如,让客户30天内付款而不是60天内付款,这样就可以提前30天收回现金。加快资金周转会给急需现金的新企业带来很多好处。

(4) 法律知识 法律知识在创业过程中也是非常重要的。对于大学生创业者而言,应基本了解相关企业法律知识,既让自己能够按照法律法规进行依法经营,同时在遇到困难和纠纷时,又能够依据法律法规保障自己的权益。法律法规主要包括《经济合同法》等相关法律法规。

6.3.3 能力准备

并不是每个大学生都具备独立创办企业的能力,大学生创业能力是指大学生独立创办企业、运营企业的实践活动能力。创业能力是大学生创业者创业基本素质的重要组成部分之一。大学生创业的能力包括创新能力、策划能力、组织能力、管理能力、公关能力等。

创新能力是一个企业的灵魂。作为一个创业者或创业团队,必须具备市场运营、技术开发、公司管理和质量控制等的创新能力。创新能力需要创造性思维,一个成功创业团队或创业者,一定要具有独立性、求异性、想象性、新颖性、灵感性、敏锐性等人格特质。

策划能力是一个企业的核心武器。作为竞争中最有力的技术武器,对每一位创业者来说都是非常重要的。策划要富于创新,所以,根据外部环境和掌握的创业机会,进行与众不同的奇思妙想的策划,对创建企业是至关重要的。

组织能力是一个企业的机体。创业者的组织能力主要是指创业者能够运用一定方法和技巧,把所有的团队成员组织在一个团结向上的集体之中,使大家朝着一个共同方向和目标去努力、去奋斗。任何一个创业团队和创业者都必须建立基于组织整体的管理能力,不断增强个人、团队、组织的能力,通过实现企业目标规划的能力管理,形成公司独特的核心竞争优势,如此才能从众多的竞争者中脱颖而出。

管理能力是一个企业的黏合剂。公司的各项运营、人员、产品、资金都是通过良好的管理而发挥各自的效率。管理能力是每一个创业者必备的重要能力,要在工作中不断地培养、积累自己的组织管理能力。管理能力主要包括对员工的激励能力、自我控制情绪的能力、对不同意见的倾听能力等。管理不仅是对创业者个人自身的管理约束,更是对整个创业团队的管理。管理能力高低直接影响着公司的整体运营效率，对形成一个良好的创业团队起着至关重要的作用。

公关能力是一个企业不断发展的动力源泉。现代企业能否成功的最主要因素就是看其是否有足够的业务合作关系，而公关能力恰恰是企业业务合作关系的关键因素。创业企业在市场经济的大环境中，时时刻刻面临着高度复杂的竞争压力，如何获得广泛的社会支持，赢得商业伙伴和客户的信任，获得社会和顾客认可，这是企业能否生存并不断发展的重要方面。这就是为什么许多招聘单位特别看中应聘者社会活动能力的原因所在。善于与他人进行互利互惠的合作，实际上也是公关交际能力强的表现，对于立志商业上成功的人来说，有意识地培养这种能力非常重要。

> **小贴士**：一位创业失败者的经验总结
>
> 1) 创业首先要进入相对朝阳的产业。须记住：在创业失败的企业里，90%的企业死在了行业选择的决策性失误上，剩余的企业则死在了一直建不起来的企业系统上。
>
> 2) 应考虑自己的所长，进入自己熟悉的领域，不要全力投入自己不熟悉的领域。如果执意要做，应做好充足的资金准备、充分的心理准备，以及具备相应的得力人手。否则，及早退出。
>
> 3) 用较长的时间来寻找适合的股东，不可侥幸。所谓成也萧何败也萧何，一个人做的风险远小于与不适合的股东合伙。同时，作为创业的掌舵者，应宽容、积极、善待自己的股东。
>
> 4) 领导者要具备最重要的四个素质：洞察力，否则难以判断人和事；全局能力，否则难以平衡人和事；用人能力，否则累死自己也做不完；影响力，经常被他人影响就不是好领导。
>
> 5) 企业家要具备的四要素：梦想，有梦想才有方向和目标；激情，激情是行动力，是影响力；冒险，凡事走在前，成功概率越大，竞争越激烈；责任，责任使人自律和坚韧。
>
> 6) 对于小企业融资，占用上游和下游资金是上上策；降价成交、用预期折现、出租房屋是上策；找银行和机构贷款是中策；私人借款、内部集资是下策；信用卡透支、典当是下下策。

6.4 大学生创业的实践宝典

6.4.1 良好的企业构思

一个成功的企业始于合理而又周密的企业构思，这样可以避免日后的失败和损失。当你决定要创办一个企业时，你会发现，要选择一个合适的领域和项目，十分困难。其实企业有很多种类型，主要分为四种：贸易类、服务类、制造类和农林牧渔类。挖掘好的企业构思，主要有两个途径，一种是从自己的专长出发，大学生创业者个人的经历、技术、能力适合于生产哪种产品，就生产哪种产品。例如，陶艺专业学生开办陶艺作坊、陶艺礼品坊就属于此类。另一种就是从顾客需求出发，顾客缺少和需要什么样的服务，创业者就提供什么样的服务，或者改进现有的服务模式，填充现存的行业缝隙，这些是比较好的企业构思。

通常，对于大学生创业者而言，"头脑风暴"式的构想探索法，对于创造良好的企业构思能提供某种程度的助益。

所谓的"头脑风暴"法，就是一种集思广益的方法，由数位成员针对同一主题自由讨论，提出构想，其特色在于以下几方面。

1）所提构想越多越好。
2）对彼此的意见、想法，不做好坏的评价。
3）以他人所提的看法为线索，启发或弥补自己的不足，以便产生更新的见解。

这三点也就是采用"头脑风暴"法进行讨论的前提。在某个固定时间内，大家集合一处，贡献彼此的知识与智慧，由已有的产品或服务进行思维延展，从他人的意见中获得启示，将每一位成员当场所产生的灵感逐项记录。提出的想法越多，获得良好构想的机会也越高。至于每个人所提的想法，无须考虑是否能得以实现，即使是空想、妄想，也同样受到欢迎。越是经过训练的构思者和策划者，越能在头脑风暴会议中提出高品质的想法，进而产生好的企业构思。

6.4.2　准确的市场评估

有了一个良好的企业构思以后，就需要对企业构思进行市场评估，衡量要创办的企业生产的产品或者提供的服务有没有市场和消费者。这就需要学习市场营销知识，制订市场营销计划。市场营销计划能指明企业的发展方向，是企业各部门工作的核心和龙头，它告诉创业者谁是自己的顾客、顾客需要什么、如何满足顾客的需要并从中获取利润等。市场评估可以从以下几个方面入手。

（1）了解顾客　顾客是企业的根本，如果企业能以合理的价格和高端的品质提供给顾客需要的产品或服务，就会赢得顾客的信任和忠诚。让顾客满意，就意味着能够带来更多的销售业绩和利润。了解顾客之前要学会搜集潜在顾客的信息，通过行业渠道信息或者抽样访问来了解顾客需求和相关信息，如产品和服务对于顾客消费层面的定位、顾客群的居住场所、顾客群的消费能力、顾客群的消费时间、顾客群的消费方式等，这些都是创业企业所要了解和掌握的。

（2）了解对手　每一个企业在运行过程中都会遇到同行的竞争，如何在强手林立中站稳脚跟是新创企业面临的课题。越是详细地了解了竞争对手的信息，就越能把握主动，获取竞争优势。了解对手的相关信息包括对手的产品或服务的项目和价格、对手的销售渠道、对手的顾客定位、对手的成本和价格策略、对手的运作方式等。

(3) 制订市场营销计划　在掌握了顾客和对手的相关信息以后，接着就可以着手准备开创企业的市场营销计划。制订市场营销计划的一种简单的方法就是从市场营销的四个方面，即产品、价格、地点和促销着手，通常称为"4P方法"。产品（Product）、价格（Price）、地点（Place）、促销（Promotion）四个方面构成了市场营销的整个内容。因为这四个词的英文第一个字母都是P，所以常把市场营销的四个方面称为"4P"。产品的概念包括提供给顾客的产品或服务的类型、质量、颜色、包装、售后服务等，创业者需要规划和设计好自己的核心产品，并确保自己的产品或服务能与众不同，得到顾客群的认可和接纳。价格的概念是指创业者要精确核算出自己提供的产品或服务的成本，制定价格策略。价格是影响消费者最终选择的重要条件，所以创业者要通过广泛的调查和自己的成本支出制定出既有竞争力又有良好利润的价格非常关键。地点是指创办企业的地点和场所，地点的选择既要考虑顾客群的远近，又要考虑租金、物流等成本。促销是指把企业的产品和服务信息传递给顾客，通过传单、网络、广告等方式，让顾客了解企业的产品或服务，也可以利用陈列、展示、免费赠送、竞赛等活动吸引顾客。需要指出的是，企业促销是一项花费很大、需要投入很多资金的活动，初创企业需要精心策划促销策略，减少成本支出。

(4) 销售预测　销售预测是制订市场计划中最重要但也是最困难的部分。很多大学生创业者往往对创业前景过分乐观，过高估计自己的销售额，导致产能和投入过剩。创业企业进行销售预测通常可以通过客户调查、同类行业比较、产品试销、发放预订单等方式，对销售情况进行摸底预测。

6.4.3　高效的人员组织

在大学生创业过程中，作为创业最重要的因素，创业者和创业团队是非常关键的。一个好的创业构思和项目，需要一个好的创业团队去执行，才有可能把构思变成现实，获得利润。大学生创业，企业的人员组织和岗位设置是其中重要的一个环节。作为创业团队的领军人物，创业者自身既要具有良好的心理素质和广博的知识积累，还要有较强的领导团队共同战斗的能力。一个创业团队，应该有一个既定的共同目标，为团队成员指明方向。创业目标在创业企业的管理中以创业企业的远景和战略的形式出现。目标是通过人来实现的，在一个团队中，需要有人出点子，有人订计划，有人去实施，有人协调不同的人员分工。所以，创业者在人员选择方面要尽可能考虑人员的能力如何、技能如何、经验如何、特长如何，这些成员在这些方面的能力能否构成优势互补。一个成功的创业者需要知道如何组织一支高效的团队，并懂得如何管理团队，具备领导团队运作的能力。一般而言，成功的创业团队主要有以下几个特征。

(1) 同甘共苦的凝聚效力　团队是一个整体，团队成员要能同甘共苦，心往一起想，劲往一处使。每位成员都要有主人翁意识，不要有个人英雄主义。在创业初期，大家都能够牺牲自己的短期利益来换取长期的成功果实，不斤斤计较。

（2）公平合理的利益分配　平均主义并非合理，团队成员的利益分配不一定要均等，但需要合理、透明与公平。要根据企业成员的贡献大小合理进行分配。同时要体现一定的弹性机制，给那些后来却对公司有很大作用和贡献的成员预留一部分机会。

（3）优势互补的能力搭配　创业者组建团队成员，应该以弥补团队人力资源能力上的不足为着眼点。好的创业团队，成员间的能力通常都能形成良好的能力互补。而这种互补也有利于团队成员间的相互协作。"主内"与"主外"需要不同的人才，具有耐心的"总管"、具有战略眼光的"领袖"，以及技术与市场两方面的人才都是不可或缺的。

（4）诚恳互信的沟通氛围　创业者在企业运行过程中，团队成员之间肯定会避免不了有意见相左、观点不一致的情况出现。这时，每位成员都应该本着诚恳和对企业负责的态度发表自己的观点，并且相信其他成员的各种观点也是为了整个企业着想。互相不服气和猜疑是创业企业的毒药。团队成员要对企业和集体有绝对的忠诚，彼此以诚相待，公平相处，观点不同时要及时公开沟通，避免产生矛盾。

6.4.4　充裕的投资资金

开创新的企业，最大的困难不是技术、专利、项目，而是如何获得充裕的资金。俗话说"现金为王"，现金才是企业最厉害的武器。创业者如何获得资金呢？除了部分创业者自己个人出资、向家庭和朋友借款外，更多的可能需要向银行贷款，也有好的项目需要寻求风险投资。创业者要通过考察各种融资渠道、比较各种融资的差异，选择适合自己企业的融资方式。

（1）银行贷款　商业银行贷款是新创企业的主要融资渠道。银行对贷款申请者的要求：① 年满18周岁，具有合法有效的身份证明和贷款银行所在地的合法居住证明，有固定的住所或营业场所；② 持有工商行政管理机关核发的营业执照及相关行业的经营许可证，从事正当的生产经营活动，有稳定的收入和还本付息的能力；③ 贷款人的投资项目已有一定的自有资金；④ 贷款用途符合国家有关法律和该行信贷政策规定，不允许用于股本权益性投资；⑤ 在该行开立结算账户，营业收入经过本行结算。

贷款申请者需提供的申请资料：① 贷款人及配偶身份证件（包括居民身份证、户口簿或其他有效居住证原件）和婚姻状况证明；② 个人或家庭收入及财产状况等还款能力证明材料；③ 营业执照及相关行业的经营许可证，贷款用途中的相关协议、合同或其他资料；④ 担保材料：抵押品或质押品的权属凭证和清单，有权处分人同意抵（质）押的证明，本行认可的评估部门出具的抵（质）押物估价报告。

同时，银行对于贷款人的品质审查也是必不可少的。一个有不良信用记录或不道德行为的贷款人很难获得银行的信任而获得贷款。银行通过对企业财务报表的评价和对未来的预期，对企业进行评估，并判断新创企业的还贷能力。贷款人自身是否在新创企业中投入资金，是银行衡量企业经营状况的一个重要依据。由于行业和经济状况会影响企业的经营状况和未来收益，从而也会影响到企业的偿还能力，因此，企业的前景和创业者的个人情况是银行考虑的重要因素。

（2）风险投资　风险投资是新创企业获得创业资金的一个重要投资来源。风险投资公司通常选择那些有高速成长潜力和成长前景的创业企业。风险投资是一种渴望获得高收益，同时又愿意承担高风险的投资行为。通常情况下，风险投资倾向于以高新技术为基础，生产与经营技术密集型产品的创业企业。风险投资的主体包括投资者、风险投资家与风险投资公司、融资企业和创业者，他们之间既互相监督、制衡，又互相促进、协调发展。风险投资作为一种权益性投资，其投资的产品就是创业企业本身，风险投资支持科技成果产业化，成立高科技企业，然后把企业培育成熟，最后把这个企业卖掉或上市进行股权转让来获得盈利和回报。风险投资最大的特点就是高风险、高回报。风险投资主要投资刚刚起步或者还没有起步的高新科技企业。在企业的成长过程中会面临各种风险，诸如初创企业的技术开发、成果转化风险，新技术新产品的市场风险，新企业的财务、管理风险，新企业的行业风险等。风险投资既不是慈善事业，也不是免费午餐，有很多高风险，必然有很大的投资回报相对应。统计显示，在发达国家，风险投资企业的成功率只有20%~30%，但是成功企业的回报率很高，故仍能吸引一批投资人进行投资。

创业企业要想吸引风险投资，需要具备几个方面的条件，包括：创业企业的团队有一个良好的业绩记录；创业者有一个受风险投资家尊重并相信其判断能力的推荐人；创业团队已将大量自有资金投入企业作为企业开办和运营的一部分，并不领取不合理的高工资；创业企业必须向风险投资家提供产品或服务的潜在年销售额足够大，同时证明创业企业每年的增长率为30%~50%。同时具备以上条件，才能足以引起风险投资家的兴趣，获得风险投资的概率才会大大提高。

事实上，创业者能否获得风险投资公司的资金投入，关键要取决于以下几个方面。一是创业项目。毫无疑问，优秀的项目，特别是市场大、持续时间长、单位产品市场收益率高、成长前景较好的项目比较容易得到风险投资家的支持。二是创业团队。特别是主要创业者，包括创业者的经历、经验、技术、知识、社会关系、人生态度等。在新创企业团队中，每个成员的个人职责是否明确、落实、可控。三是商业计划。一份详尽的、切实可行的商业计划，有助于投资者真正了解和理解创业者的思路和行为。近年来，某些风险投资公司愿意出资上百万乃至上千万元给大学生创业计划大赛中涌现出的优秀项目，直接原因就是这些创业计划和项目打动了投资者。四是能否为风险投资公司提供满意的预期投资回报，以及回报的具体方式。

6.4.5 翔实的计划文本

创业计划书也就是商业计划书，是为了企业发展和实现吸引投资，在对创业项目进行科学调研、分析、搜集和整理有关资料的基础上，形成的一份完整、翔实、独立的公司文件。创业计划书以介绍良好的企业构思，以及具有针对性的市场需求为主导，从市场定位、顾客定位、企业核心产品或服务定位、人员组织配置定位等方面进行阐述，从而展望项目的未来前景，探索其中合理的创办思路，确认实施项目所需的各种必要资源，以期寻求所需的人力资源支持和资金支持。

创业计划书的主要内容一般包括企业概况摘要、产品或服务、市场调查和分析、市场营销策略、企业人员组织、企业财务预测等。

1）企业概况摘要主要是从总体上概括整个计划书的内容，是浓缩了的经营计划的精华。企业概况涵盖了计划的要点，以求一目了然。企业概况应该传达出以下信息：创业计划的根据和准备、市场针对性及投资价值。

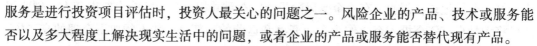

2）产品或服务主要描述拟开发的产品或服务功能、应用领域、市场前景、竞争优势，新产品和服务的计划和成本分析、产品或技术品牌专利等。产品或服务是进行投资项目评估时，投资人最关心的问题之一。风险企业的产品、技术或服务能否以及多大程度上解决现实生活中的问题，或者企业的产品或服务能否替代现有产品。

3）市场调查和分析主要包括新创企业的行业发展历史、现有市场状况、变化趋势及潜力、行业竞争对手状况及自身的竞争优势、本企业产品或服务的市场定位、目标顾客及目标市场等。市场调查和分析需要通过市场预测来实现。当企业要开发一种新产品或服务时，首先就要对市场进行预测：市场是否存在对这种产品的需求、需求程度和市场规模多大、需求发展的趋势是否与本企业未来发展相关、影响需求的因素有哪些、市场中的主要竞争对手有哪些、竞争对手的市场状况怎么样等。

4）市场营销策略主要描述如何让自己的产品或服务打入市场，企业采用的销售策略、分销渠道、合作伙伴、广告策略和价格策略等。营销是企业经营中最关键也是最富有挑战的环节，影响营销策略的主要因素有消费者的特点和购买力、产品的顾客群定位、产品的价值因素、市场外部环境等很多方面。一般而言，初创企业需要以低成本、低利润、多渠道的营销战略逐步打开市场。

5）企业人员组织主要展现团队每一位成员的概况、能力、在本企业中的职务和责任、经历和背景等。同时要介绍公司的组织结构、部门功能及责任、行政体系等。企业管理的好坏，直接决定了企业经营风险的大小，而高素质的管理人员和良好的组织结构则是管理成功的重要保证。因此,在管理人员的分工和选拔时,各部门和各成员之间应该是互补型的。一个企业必须要具备负责产品设计和开发、市场营销、财务管理等方面的专门人才。

6)企业财务预测是衡量创业企业可行性和赢利性的一项重要方法,也是创业计划书最关键的一个内容。企业财务预测主要是预测拟创企业在未来一段时间的销售收入、利润、资产收益率等方面的情况。包括相关表格如销售收入预测表、销售和成本计划表、现金流量计划表、资产负债表、损益表、现金收支分析表等。应该说,详尽的财务预测和规划是对创业企业经营计划的支持和说明。因此,一份好的财务规划预测对评估创业企业可行性和创业所需资金数量,提高创业企业取得资金的可能性是十分关键的。

6.4.6 便捷的注册流程

创办企业必须依法办理相应的注册登记手续,企业取得合法的身份才能正式运行。《注册资本登记制度改革方案》放宽了注册资本登记条件。除法律、行政法规以及国务院决定对特定行业注册资本最低限额另有规定的外,取消有限责任公司最低注册资本3万元、一人有限责任公司最低注册资本10万元、股份有限公司最低注册资本500万元的限制。

注册公司所需的注册资料:① 个人资料(身份证、法人户口本复印件或户籍证明、居住地址、电话号码);② 注册资金;③ 拟订注册公司名称若干;④ 公司经营范围;⑤ 租房房产证(复印件)、租赁合同;⑥ 公司住所;⑦ 股东名册及股东联系电话、联系地址;⑧ 公司的机构及其产生办法、职权、议事规则;⑨ 公司章程。

注册公司的步骤如下:

1)企业名称预核准。去工商局领取"企业(字号)名称预先核准申请表",填写准备选取的公司名称,由工商局检索是否有重名,如果没有重名,就可以使用这个名称,就会核发一张"企业(字号)名称预先核准通知书"。

2)办理营业场所证明。法律规定,企业必须有一定的营业场所从事生产经营活动。因此创业者必须到工商行政管理部门办理营业证明。如果营业场所是自有,必须提交产权证明。如果营业场所是租赁,则需要提交租赁期限在一年以上的房屋租赁合同,并提交出租人的产权证明(复印件)。

3)预备相关材料。编写"公司章程",可以在工商局网站下载"公司章程"的样本。章程的最后由所有股东签名。同时准备刻制一枚法人私章(方形的)。并事先联系一家会计师事务所,领取一张会计师事务所盖章的"银行询征函"原件。

4)去银行开立公司验资账户。带上验资资金、公司章程、工商局发的核名通知、法人代表的私章、身份证、空白询征函表格,到银行去开立公司账户。

5）办理验资报告。凭银行出具的股东缴款单、银行盖章后的询征函，以及公司章程、核名通知、房租合同、房产证复印件，到会计师事务所办理验资报告。

6）注册公司。到工商局领取并填写公司设立登记的各种表格，包括设立登记申请表、股东（发起人）名单、董事经理监理情况、法人代表登记表、指定代表或委托代理人登记表。连同核名通知、公司章程、房租合同、房产证复印件、验资报告一起交给工商局。大概3个工作日后可领取营业执照。

7）刻制印章。凭营业执照，到公安局特行科指定的刻章社，去刻制公章、财务章。

8）办理企业组织机构代码证。凭营业执照到质量技术监督局办理组织机构代码证，质量技术监督局会首先发一个预先受理代码证明文件，凭文件办理税务登记证、银行基本账户开户手续。

9）去银行开基本账户。凭营业执照、组织机构代码证，去银行开立基本账户。开基本账户需要的材料包括营业执照正本原件、身份证、组织机构代码证、公章及财务章、法人章。

10）办理税务登记。领取营业执照后，30日内到当地税务局申请领取税务登记证。一般的公司都需要办理两种税务登记证，即国税和地税登记证。

11）申请领购发票。如果企业是销售商品的，应该到国税局去申请发票，如果是服务性质的公司，则到地税局申领发票。

案例1：

李玉，中国美术学院艺术设计学系非物质文化遗产保护与理论研究方向研究生毕业，现为遇水品牌创始人、遇水·草木生活体验空间主理人、遇水君花园餐厅创始人、杭州拾级园艺设计有限公司艺术总监。

1. 创业经历

李玉幼年时成长于乡间草木之中，与草木结下了不解之缘，大学前他就常背着竹篓到山间地头采集花花草草。或许是常受草木气息熏陶之故，李玉的草木画作品总能让人看到素朴的自然之气。

2014年本科毕业后，李玉选择继续读研，也就是在这一年，他凭借着对草木的热爱，结合自身艺术兴趣，创立了"子曰草木"品牌，从事草木艺术作品的创作。

2016年11月他从老师那租到一栋位于富阳郊区300平方米的毛坯别墅，老师只象征性地收了一点房租。李玉揣着兜里仅有的8000元（还是当年的研究生学费）开始了草木空间的改造计划。他将原有的品牌名称更名注册为"遇水"，他说，"李玉"之"玉"，通"遇"，意指人与草木的相逢，不期而会；"水"取《老子》"上善若水，水善利万物而不争"之意。

改造初期，李玉在心里给了自己五年时间去完成对遇水·草木生活体验空间的践行。2017年整整一年都没有起色，李玉除了日常的学习、兼职，也会参加艺术市集，出售草木手作。除此之外的时间，李玉都在大自然中采集植物，在工作室探索对草木更多元化的表达与创作，沉浸在阅读、种植、花艺、烹饪上，而每到月底还借款的日子是让人最焦虑不安的。

2018年李玉新春没有回家过春节，父母便来杭州。在父母离杭的前一天晚上，母亲指着他创作的草木画说"儿子，你要是能靠着一棵草养活自己，我跟你姓。"李玉当然理解母亲的担心，在父母看来，美院研究生毕业，什么工作不好找？何苦要这么累地去追寻这些不切实际、看不到尽头的事物与理想呢？

在创业期间，资金的短缺不必说，家人的不理解、毕业论文和创作的压力等并没有压垮李玉，相反让李玉斗志昂扬。李玉得到了许多认识和不认识的朋友的帮助，他一直铭记心中。不忘初心，不仅是不忘记那些给予过李玉帮助和支持的朋友的期许，也是他对自我的鞭策，更是他改造遇水·草木生活体验空间的初心。

为了"遇水工作室"，李玉选择了研究生延期毕业一年。他倾心于自然主义的梭罗，也许这座小别墅之于李玉，就如同瓦尔登湖之于梭罗。在这里，李玉素朴地经营着自己的生活与事业。或许在他看来这两者本就是一体的，因为有草木从中联接。

李玉的"遇水工作室"是一个集手作、绘画、设计，辅以花艺及食物的生活体验场所，人们能于此亲身体验植物如何在手中转化为艺术品，还能品尝到自然之味。作为品牌创立者，李玉试图在其中探究人、草木、生活三者的关系，更想把自己的追求、草木带给他的种种体验以及草木塑造的精神世界分享给更多人。李玉常常以夏令营的形式在工作室举办小型的自然体验课程，邀请来自五湖四海的人们到他的家中小聚，当然，其中不乏希望与他达成合作之人。除了夏令营以外，李玉也深扎非物质文化遗产，努力挖掘其中的价值点，并将其转换为可消费的产品。

后来，在经过了反复调整与思考后，李玉将承接空间规划设计项目作为品牌主营业务，将工作室的业务类别划分为两个板块，一是室内软装设计与陈列设计，二是承接如美学分享会一类的活动策划。工作室的这一转向无疑是成功的。

2018年6月，杭州开了一场特殊的"闭门会议"，参加会议的人里除了马云以外，还有6位诺贝尔经济学奖得主、9位全球顶级专家。在这场会议之后，研究机构罗汉堂正式宣布成立，而"遇水工作室"得以见证这一历史性的时刻——这场特殊会议的空间设计正是由李玉亲自操刀完成。大到桌椅，小到绿植，细至茶歇点心，李玉将他的专业素养与对美的体悟带去了这场高端会议中，让参会者在会议之余，感受草木之魅力。

2018年11月，受"美的"邀请，李玉在一个典雅的场所举办了"美的秋息晚宴"。这次晚宴上，他一共准备了9道菜，盛了270个盘子，每个盘子都经过他精心挑选，在他手中完成的食物，已然成为晚宴上一道亮丽的风景线。

随着各大媒体的曝光，"遇水工作室"的品牌知名度逐渐提高，越来越多的客户找到李玉，希望他能为他们提供空间规划设计服务，回报他的自然是高额的报酬。但李玉知道自己想要的是什么，他从未在社会的物欲中迷失本心。他依旧如最初一般，"在草木中择友""以食会友",在家里亲自下厨,与客人一起分享"遇水君对生活的探索"。他依旧常常在遇水工作室举办以物易物的活动,与这些素未谋面但又似曾相识的人们交换彼此对生活的理解与创造。他在自己的微博、微信公众号上,分享着自己的草木生活,倡导"像草木一样生活""在草木的世界里保持清明",他本人也在草木之气的蒸腾中步履更加轻快,这无疑是一种对现代生活和现代城市秩序的反思。

2019年,李玉成为中国农业出版社独家签约作者,先后出版了两本新书《遇水君草木芳华——藏在古诗词里的那些植物》《随遇而安——与草木相伴的生活》,另外几本书也会在2020年下半年出版。

2. 创业感悟

创业不易,没资源、没资金,有的只是一些有趣的好想法。李玉一直认为,生活也好,创业也罢,是没有那么多迟疑的,趁活着,现在就收拾好东西动身吧,一切都值得。

案例2:

李朝林,中国美术学院跨媒体艺术学院开放媒体系研究生,现为杭州零视文化创意有限公司创始人。

1. 创业经历

本科时期,李朝林一边保持着优异的学习成绩——专心学习专业知识,斩获诸多奖学金,一边积极向外拓展——她先后参加了杭州文化创意博览会、深圳新媒体艺术节等科技盛会,借助这些高端平台展示她在VR、AR、AV、FUI视觉化新媒体创作上的傲人功力。虽然时光匆匆,但一颗创业的种子早已悄然埋在了李朝林心间的沃土,等待着某一天破土而出。

大四时,一位在培训班相熟的学长找到李朝林,希望她能协助他制作《三生三世十里桃花》电视剧的宣传片。此时的李朝林已初步建立了一个5人团队,并创作了一些早期的原创艺术作品。然而,当她满心欢喜地与团队成员提起这个项目时,却意外地遭到了成员们的反对——一个出于相同志趣而组建的、从未接触过商业项目的团队,在面对这么大的IP时,不免担心自己是否有能力胜任。"学长将项目交付给我时,并未质疑我们的水平,反倒是我们自己开始质疑自己,认为自己不能胜任。"李朝林深感机会的宝贵,所以就算项目最终的成果不尽人意,但前进过程中跌倒的痛苦亦是成长。于是,在李朝林的坚持与百般说服下,团队终于肯接下这个项目。令人欣喜的是,这个一开始他们不敢接手的项目,最终在与多方的通力合作下,切切实实地实现了。此次项目合作的成果得到了学长的大力肯定,此后大四的一整个学年,李朝林团队一直向这位学长提供技术支撑,而李朝林也在不断地练习中巩固了自身的基本功,顺便"把假期三维培训班的学费赚了回来"。

本科毕业后的暑假,适逢阿里云建构师王坚主持的"博悟馆"项目实施,李朝林在好友的介绍下,参与了该项目下"互联网的自然起源"影音装置的构建。这段"博悟馆"

的创作经历，让李朝林接触了一批行业内优秀的艺术家和工程师，同时也积累了跨界整合的经验，这是她第一次感受到跨界整合的强大力量，"其实有很多东西可以做。"尝到了甜头的李朝林一改从前多是单打独斗的状态，转而依靠合作的力量——通过资源的跨界整合，将资源利用率最大化，从而打开了一条更加广阔的道路。

李朝林团队开始有秩序、有规模地接手一个个项目，同时参加不少国内外的展览：2015年，摄影装置作品《七宗罪》参加"贝克特——常态下的疯癫"展览，并被中国美术学院收藏；2016年，VR作品《Qther World》参加了"文博会——科技迷航"展览与深圳新媒体艺术节；2017年，VR作品《2217采样乌托邦》参展"深港双年展"与三尚当代艺术馆"无界动生"展览……杭州、深圳、成都、福州，李朝林与团队的身影活跃在各种大大小小的展览，丰富的经验与逐渐积累的资源已成为团队的一大优势。乌镇世界互联网峰会的交互展示项目——"凌特改装警车操作系统的VR展示"，是团队第一次接触到的大型项目，不同于以往，在这个项目中，李朝林团队不再作为第三方、第四方参与运作，而是直接与甲方公司对接。项目落地过程中的困难不难想见，但几番努力后，项目终于成功落地，这群青涩却充满着干劲的年轻人为互联网峰会带去了一场完美的科技盛宴，也在自己的人生经历中留下了浓墨重彩的一笔。

2017年，李朝林与团队以"零视文化"为名申报了中国美术学院"极客计划"奖学金，借此机会，他们进一步明晰了未来的发展路径——他们试图将新媒体艺术与技术相结合应用于商业空间展示，这一想法得到了校方认可，不仅获得了奖学金，更一举摘得优秀奖。团队趁热打铁，以此为契机，真正迈出了创业的第一步——李朝林主动联系学校创业学院的老师，将创业项目计划书交到学校审核。最终，团队成功入驻云栖小镇阿里巴巴创新中心五叶草基地，并在2018年伊始之际，成功创立零视文化创意有限公司。至此，李朝林心中的那颗有关创业的种子终于发芽了。

成立伊始的年轻公司，经之前的合作伙伴介绍，迎来了一个十分"红专"的开头——湖州儒林党建文化中心文化馆设计项目。"零视文化"接手时，文化中心才刚开始打地基，但李朝林依旧抓紧步伐，在为当地政府展示了团队以往新媒体交互的作品后，成功达成了合作。虽然最终这一项目因种种原因未能成功落地，但在这之后，当地政府又交给他们许多其他机构的新媒体党建项目，为他们开辟了另一个全新的方向。而后，2018年9月，随着云栖小镇"2050大会"的发起，李朝林担任了"2050新媒体艺术先锋现场"团聚活动的召集人，零视文化也承担起大会青春舞台开场秀的设计和交互表演任务。在新华智云副总裁王敏女士的建议下，零视文化申请了"2050"展区，向众多参会者展示了团队的VR艺术作品，展现了"零视"的魅力和科技之美。结束了"2050大会"后，"零视文化"不断创新，在以艺术展览与商业运营结合的模式下探索着越来越多的可能：他们参与策划了杭州宝龙艺术中心"九个明天"展览，作品内容形式涵盖VR及大屏环幕；通过与"51VR"合作逐渐与房地产行业产生接触；他们在良渚文化艺术中心"仲夏之夜"的完美表现，让他们获得了向黄龙万科就新开盘的商业综合体K – lab新媒体展示项目提案的机会……一来二去，零视文化与房地产行业、新型商业综合体之间产生了微妙的联系，天马行空的想象力与过硬的技术成为他们涉足地产行业的敲门砖，他们一面在光影声色之中发挥自己的想象力与创造力，一面又在商业的滋养中不断发展壮大。

从艺术装置到商业空间内的新媒体交互展示与沉浸式空间，"零视文化"完整地构建了一套定制化技术架构系统。在找到了适合自己发展的商业脉络、可复制的商业运营模式与业务拓展方向后，它由一开始被动承接项目转向对项目进行可持续开发，赋予了项目无穷的生命力；从过去繁杂的项目中跳脱出来，寻找更多可能性。目前，团队已顺利完成宁海臻腾建材科技互动家装项目。未来，"零视文化"将更加关注家装交互开发、新型商业综合体和新零售概念店，更加关注室内空间的新媒体交互，当然，李朝林也看清了目前公司存在的技术短板，力求今后能突破现状，运用超媒介叙事打造团队的IP文化价值与核心竞争力，为未来创造更多的可能性。

2. 创业感悟

做为一名在校的创业者，在跨媒体艺术学院李朝林学到的不仅是跨媒介创作的能力，更是一种多元思维方式和跨界整合资源的能力；科技和艺术可以有更加多元化的表达，可以融入更多的手法和概念去做更加多元化的尝试，相信什么才能看到什么，看见什么才能拥抱什么，拥抱什么才能成为什么；创业的快乐对于李朝林来说来自于创造本身，极度认真的去过好每一天，用心去感受此刻在做的事情；安住当下，悲喜不惊，修习与人生苦乐共筑的生活态度，感恩一切，尽心尽力做自己命运的掌舵人；胜固可喜，败亦欣然。永远在路上，永远有未知，永远不设限。

科技即未来，艺术即生活。

案例3：

蔡玲萍，中国美术学院染织与服装系2005届本科毕业生，现为卡里努努品牌创始人。

1. 创业经历

蔡玲萍在2005年进入了老师的工作室，从事家纺设计工作，在常人看来，这似乎是一份不错的工作，但只有蔡玲萍知道，自己内心深处一直对玩偶创作情有独钟。于是，2007年，她毅然决然地辞去了工作，开始向心里那个充满童真的世界迈进。

"我对一些可爱、搞怪的小东西非常感兴趣。"本来就喜欢插画的蔡玲萍曾凭借自己的专业优势，将自己的画作制成了玩偶，或刺绣，或拼接。"做玩偶是一个非常开心且值得享受的过程，因为玩偶可以设计出很多不同的形象，而这些形象往往又能带给人们许多新奇的感受。"于是，辞职后的蔡玲萍联手同是中国美术学院染织与服装系的好友，两个年轻的女孩共同创办了"OMESS"品牌。

"OMESS"玩偶，"O"代表"Odd"，古怪，"Mess"指混乱。别样的角色设定赋予了"OMESS"玩偶强大的生命力，而其制作材料又将品牌具有的后现代主义特征完美地体现了出来。蔡玲萍选用了无纺布、棉线、纽扣等作为玩偶的制作材料，做出来的玩偶样子古怪，乍一看还有些杂乱无章，但这正是"OMESS"玩偶的特点，借助复杂多样的材料对结构进行分解，对玩偶进行多元化解读。正是因为这一点，"OMESS"玩偶对消费者而言就显得更加别致、更具吸引力。

玩偶制作完成后，蔡玲萍试图以创意集市为中心，向大众展示、销售"OMESS"玩偶，以此扩大品牌知名度。最初，杭州没有创意集市，蔡玲萍与好友便坐着火车奔波于全国各地，北京、上海、广州、深圳……哪里有创意集市，哪里就能看到她们的身影。一开始，"OMESS"玩偶在创意集市中实现的销售额并不多，除去两人的车旅费、生活支出等几乎所剩无几，但她们并不在意，因为在这一次次的参与背后，是团队积累丰富的市场实战经验，不断改进自我，逐渐形成对市场清晰的认识与了解的机会，这样的价值是金钱无法比拟的。2008年，杭州都市快报在黄龙体育中心附近举办了杭州的第一个创意市集，旨在征集原创设计师的作品，蔡玲萍自然不会错过这样宝贵的机会。这些凝聚着团队心血的手工玩偶与蔡玲萍一同出现在了创意集市上，而这些颠覆传统审美的可爱怪娃娃受到了市民们的喜爱，销售成绩可观，如此热烈的反响对蔡玲萍而言无疑是极大的鼓舞。

随着"OMESS"玩偶在市场上崭露头角，蔡玲萍团队的名气也逐渐提升，不少客户主动找上门来，其中不乏大批量的订单，但本着对产品质量的坚守，两个小姑娘挑起了玩偶加工制作的重任。而由于经验不足，她们俩也吃过不少苦头。"有一次，我们接到了上海一个服装公司的大订单，当时为了让甲方满意，我们敲定了一个很短的制作周期，虽然其中存在着许多不确定的因素，但我们自以为抓紧时间、加把劲就可以完成。"事实上，大批量订单的生产程序远没有蔡玲萍想象中那么简单，克服个中困难也并非易事，就算两人每天只睡两小时，又请了十几个工人，再加上朋友的协助，她们也还是没能按时完成订单，最后向甲方支付了一万多违约金。吃一堑长一智，这次事件虽然给"OMESS"造成了损失，但在这之后，即使订单数量与体量仍在不断增加，但蔡玲萍再也没有向甲方盲目承诺，而是理性分析，综合各种因素后确定合理的交货时间。这不仅是蔡玲萍对团队的负责，更是对甲乙双方权益的保障。

2009年，"OMESS"的订单量相较最初已实现飞跃，品牌未来如何发展成为蔡玲萍首要思考的问题。面对品牌不容忽视的成长速度，若继续像从前一样扎根创意集市，以团队自行手工制作的形式运转，显然已无法满足市场及品牌成长的需求。"OMESS"未来的发展之路将如何行进？蔡玲萍陷入了沉思。就在此时，淘宝网店的兴起吸引了她的注意，深思熟虑后，团队创立了淘宝店铺。正是这一决定，为"OMESS"品牌打开了新的广阔天地——淘宝店铺的建立和运营带来了相较以往更多的订单和需求，蔡玲萍也因此扩大了生产规模，产品工艺也以数码印花取代了之前的纯手工制作。店铺创立后，她在淘宝和阿里巴巴两大平台进行了线上推广，仅在推广后的第一个月，"OMESS"品牌就接到了三万多张订单。

"OMESS"淘宝店铺的创立让蔡玲萍发现了更大的商机。依靠之前制作"OMESS"玩偶的优势和经验，2010年，蔡玲萍独自创立了"CARINONO"并注册为玩具类目品牌。2010年至2012年，在蔡玲萍的带领下，"CARINONO"结合各类主题风格，设计制作了"NONO系列"的手机挂件、玩偶——在2011年情人节推出的一系列风格各异的情侣娃娃，成功跻身淘宝平台爆款行列，仅情人节当天销售量便达到2000余件。巨大的市场需求让蔡玲萍不得不扩大生产规模，但她对产品质量一如既往地保持着严格的标准，她奔走于各地，只为建立符合自己要求的工厂。而建厂后，她亲自教授工人填充、缝口等一系列制作工艺，在整个制作流程中层层把关。

虽然蔡玲萍在产品上有着近乎"偏执"的坚守，但善于变通的优点同样存于她的品质之中。随着苹果手机抢占手机市场高地，其简约的外形也成为智能手机的主流造型，手机挂件渐渐变得不合时宜，巨大的市场压力下，"CARINONO"开始主动寻找新的发展方向。

2013年，蔡玲萍瞥见了全网汽车创意用品的空白区，面对这一全新的领域，蔡玲萍大胆向前，带领"CARINONO"向汽车创意内饰方向发展，设计并生产了一系列头枕、护肩、腰靠、纸巾盒等车内用品。2014年9月，"CARINONO"成功入驻天猫。2015年，"CARINONO"一年的销售量达到千万件，成功跻身原创车饰行业前列。

渐渐地，"CARINONO"的第一批粉丝的身份几乎都有了转变，从学生变成了社会工作者，从豆蔻少女变成了"新晋妈妈"……面对用户群体身份的转变，同时也为了挖掘更多潜在用户、扩大品牌辐射，"CARINONO"在2016年创办了家居店。车内饰的线下发展会比较困难，但家居用品却很容易得到消费者青睐，继而大大增加了"CARINONO"的曝光度。随着阿里新零售方式的盛行，"CARINONO"在银泰城、龙湖天街等商业综合体中有了专属的家居用品线下体验店，比起将产品单调地摆放在货架上进行展示、销售，蔡玲萍在线下体验店中最大限度模拟了家居场景，在高度还原的场景中对商品细节、功能进行了多方位展示，这不仅满足了消费者切实的需求，更能激起了他们的购买欲望。事实证明，"CARINONO"的转向是成功的，家居系列的加入使品牌销售额大大提高，达到了1800万到2000万的成交金额。

2. 创业感悟

创业需要很强的内核力、兴趣、乐观、坚持和信心。这些内核可以让自己走得更远更久。市场和环境一直在变，永远不要迎合市场去做，而是要提前预见。我们需要提前预见行业趋势，用心做产品，让产品有灵魂和价值，才能吸引一群追随者。创业过程会很艰辛，如果没想好，千万不要轻易走这条路。创业踩过很多坑，寻找志同道合的伙伴很重要，脚踏实地很重要，为一件事坚持很重要。

案例4：

刘文辉，中国美术学院传统书画实践与研究专业2019届硕士毕业生，现为晚峰书屋创始人。

1. 创业经历

2004年，刘文辉从山西师范学院美术系本科毕业。毕业以后，他辗转上海、苏州、国外，先后从事了室内设计、工程建筑、管理运营等工作，均取得了不俗的成绩。但单调、繁琐的工作却让刘文辉在无数个瞬间感觉自己与精神的自我渐行渐远。"那时候没有上下班的区别，有时候即使半夜都要起来去处理工地上的事情，几乎没有多余的时间让我画画写字。"他始终觉得，自己应该重回艺术之路，因为艺术能让他更开心、更自由。于是，刘文辉提出了辞职申请，公司的多次挽留也没能阻止他对艺术梦想的坚定追逐，2013年，他终于如愿。

辞职后的刘文辉决定考研。但"豁出去"的路哪有那么好走，十年间没有动过一次笔，过去从事的工作让他离艺术越来越远，说不忐忑是骗人的。"必须想办法克服。"刘文辉心中闪过一个念头，凭借大学的专业背景，他在苏州开办了面向初中以下学生的基础美术培训班，一方面通过教授孩子来恢复自己对线条、色彩的把控，另一方面也能获取生活来源。两年时间转瞬即逝，2014年年底，刘文辉第一次报考中国美术学院，但成绩却十分不理想，与目标线相距甚远。2015年年初，为了更好地备考，刘文辉来到杭州，在这里积淀自我，潜心学习。

摒除杂念的学习让一切都变得顺利起来。刘文辉报名了中国美术学院继续教育学院的山水画高研班，全身心投入到紧张的学习中，这一年里他取得了很大的进步，年底时以第二名的成绩考上了美院传统绘画理论研究专业，甚至斩获了入学奖学金，其后在2016—2017学年还被评为了十佳大学生……回首过往，自2004年大学本科毕业后，刘文辉用十年时间将梦想照进现实，不难想象，在这条曲折的道路上，他常与孤独为伴，但正是这份孤独照亮了他的前行之路。"当时你可能意识不到，但是往往到后来会发现自己实际上在慢慢沿着一条轨迹前行。"刘文辉如是说。

对传统文化的感悟，对古建筑的深厚感情，在刘文辉的创业过程中发挥着不容忽视的影响。在他看来，建筑是立体的文化，也是被我们忽略掉的、承载了五千年文明的重要载体——人通过感知的方式来了解建筑，这是"以物化人"；了解之后，人又以自己的需求来改进建筑，这是"以人化物"；自古以来，人与建筑便是相互依存的关系。所以，比起其他创业者对改造世界的渴望，刘文辉只想将与人息息相关的中国传统建筑文化传承、发扬下去，"在文化复兴的背景下，做一系列和中国传统文化相关的东西，一定会大放异彩。"

刘文辉关注到中国画里一个很有特色的门类——界画。界画多用于描绘楼台宫室一类的建筑，但如今画中很多古建筑原型都已消失在城市绚烂的霓虹灯下，人们只能通过观察界画的色调、笔墨，在脑海中尽可能还原它们的样子。刘文辉想，如果能以这些画中的古建筑为原型，将图像转化为看得见、摸得着的立体模型，一定很有意义。刘文辉还原的第一个宫殿模型是现存最早的唐代木构建筑——山西五台山南禅寺。为了保证模型的精准度与高还原度，刘文辉专门聘请了技艺精湛的工人，与自己一同制作，不仅如此，宫殿模型的原材料也均选用山西上好的核桃木，软硬适中，花纹淡雅，力求在每个细节上尽善尽美，这般吹毛求疵连他自己都感叹："真的太难了！"

"人文山水，精神家园"，美院良好的人文氛围和学习体验，给刘文辉注入了许多动力与新鲜的念头，在完成南禅寺模型后，将模型制成香炉的想法，就是在与工人闲聊时所得。他没日没夜地工作，直到第一个正式的样品制作完成一共花了将近半年的时间，期间还特意请教了建筑学专家和古建筑研究人员，甚至自费去北京学习专业知识。

如果说古建筑模型的制作，是让存在于历史中的古建筑于当下"重生"，那么南禅寺模型的香炉的诞生，则是历史与现实的结合，让古建筑应用于当下，刘文辉的思路也在这之中被拓宽了——他决定开发一系列斗栱产品。斗栱是中国古建筑中最有特色、最关键的构件，刘文辉试图将中式斗栱按照原本的构造拆卸，再让用户根据图纸进行组装，在方寸之间感受斗栱的魅力。但这并不是一件简单的事情。斗栱产品开发的难度在于榫卯结构的精度，设计者必须严格考虑入榫角度和力度，既不能松垮掉落，也不至于过分紧凑。他一次又一次地描摹图纸，一遍遍调整设计，哪怕是最细微的偏差也不放过。如今，"晚峰书屋"已经有16款斗栱产品，每一款斗栱都按照不同朝代制式进行了分类，配套的布袋包装中附带完整清晰的组装说明书，俨然是中国版的"乐高"。

2017年2月，刘文辉正式注册成立杭州晚峰书屋文化创意有限公司，得益于前期工艺技术和产品经验的有效积累，公司自成立后便迅速发展起来。如今，"晚峰书屋"主要有宫殿微缩模型系列、香炉系列和斗栱系列产品，并以线上销售、线下铺货的形式进行售卖，线上销售仅一天就可以卖出几千套产品。

如何才能让产品被市场接受？刘文辉进一步厘清了思路：一方面，在本质上做到极致，挖掘产品的核心价值和独特内涵；另一方面，拓展功能，让产品具备实用性。于是，刘文辉一边植根产品内涵，一边开发家居用品类产品。酒香不怕巷子深，其后，"晚峰书屋"由古建筑文化滋养出来的"书香气"，吸引来了相隔甚远的北京市政府。北京市政府订购了南禅寺斗栱产品，作为官方礼赠用品。除此以外，"晚峰书屋"还为万达提供产品专属定制服务。

刘文辉身上始终有种使命感，那就是将古建筑文化尽可能传播给大众，"让艺术走进生活"的途径不是只有销售产品，他想借助产品从基础教育开始渗透。"晚峰书屋"现已在杭州市福山外国语小学开设了合作课程，除了给学生授课，介绍古建筑文化知识以外，刘文辉还给孩子们提供产品包，让他们亲自动手组装，在实际参与中感知、触摸中国的古建筑文化。相比在已接近饱和的专业领域开疆拓土，刘文辉选择将产品推广到中小学校园，在广阔的基础教育市场不断打磨自身。

2. 创业感悟

回顾之前走过的创业历程，刘文辉深刻地体会到了"艰难"二字的涵义。用几经生死来形容一点也不夸张，以前拥有的一切重新归零，为了支撑创业梦想，他花光了存款，卖掉了房车，甚至一度连吃饭钱都没有，但他相信，越是有价值的东西，越难得到，坚持才会有所得。慢慢地，从最初的创业初期到现在，他欣喜地看到了前方的希望，方向越来越明确，梦想之路逐渐打开了，梦想的实现是靠汗水和泪水造就的，他相信，他将为社会带来更有价值的产品。

【思考与练习】

1. 以抽签的方式，将学生两两结对，进行创业能力训练，让两位同学互相了解对方的家庭、爱好、特长、创业想法等信息，并用漫画形式表现出来，最后上台向大家展示并互相介绍对方。此实训重在锻炼学生的沟通能力和人际交往能力。

2. 以随机方式将学生分成 3 组，然后以"电灯"或其他任何常用词语为题，让学生进行 200 次快速联想，并将联想词语用关联图表写下来。此头脑风暴的锻炼，旨在锻炼学生的思维扩散能力和创意思维。

3. 以随机方式将学生分成 4 组，每组 6 人，以"公司的一天"为题，让学生以情景剧的方式饰演公司的人员组织结构和管理流程。

4. 以自愿的原则将学生分成若干组，每组 5 人，每个小组根据自己的创业项目撰写创业计划书，并用 PPT 方式进行展示。

第7章
网络创业概论

说起创业,"80后""90后"的大学生们都不陌生。在"大众创业,万众创新"的时代号召下,越来越多的大学生投入到创业浪潮中。网络创业,因其灵活的创业方式、弹性的工作时间、较低的创业成本、公平的创业环境,成为大学生青睐的创业形式。通过本章的学习,大学生可以了解网络创业的概念、类型、特点和发展趋势。

7.1 网络创业的概念、本质及类型

7.1.1 网络创业的概念及本质

早在 2000 年,"网络创业"一词就出现在各种报纸、杂志中,然而那时的"网络创业"只是简单地概括为在网络上进行各种与商业有关的活动,对网络创业的特征、内涵、本质等要素并没有进行科学的梳理和界定。近年来随着网络经济的快速发展和各级政府相关扶持政策的出台,网络创业逐渐成为新型的、时尚的、炙手可热的创业模式而为社会各界所关注,相关领域的学者也纷纷从自身的社会角色和对网络创业的参与程度提出自己的看法和见解,为网络创业提供了丰富的、价值多元化的理论支撑。网络创业除了具备"创业"的基本要素之外,还包括"互联网技术(包含 PC 互联网和移动互联网)、电子通信设备、网络营销"等特定创业条件。

从创业活动的构成要素来看,网络创业与传统创业模式存在着很大的趋同性,包含独立的经营载体(网站站点)、经营项目(网店、论坛、劳务技术创业)、经营模式(销售模式、信息服务模式、劳务提成模式等)、盈利模式(销售收入、广告收入、劳务所得)等。

简而言之,网络创业就是以网络(包含 PC 和移动互联网)为载体的创业形式。网络创业与互联网技术、网络营销密不可分,创业者通过从事与网络资源相关的商务活动,创造性地实现个人价值、经济价值和社会价值。因此,网络创业的本质也是创造。

7.1.2 网络创业的类型

随着社会经济的快速发展和互联网技术及应用(包含移动互联网)的大范围普及,以及近年来各级政府对自主创业的大力扶持,通过网络寻求创业机会的人数呈逐年上升趋势,由此也衍生出众多丰富多彩、各具特色的网上创业项目。据人力资源和社会保障部的一项研究报告指出,具有大中专院校教育背景的年轻人是现阶段网络创业的主力军。另外,网络创业与就业人口主要集中在中东部地区和地级以上城市,与当前整个电子商务的发展布局非常相似。而据其他权威数据统计及大量的网络创业实践证实,电子商务是网络创业中的核心组成部分。

根据网络创业项目所依托的平台及商业模式的不同,目前主要有以下几种网络创业形式:

(1)通过网站销售产品或服务 即电子商务,这是青年人比较容易上手的网上创业方式。创业者在已有的网站或自建的网站上销售产品和服务,并通过电子支付等方式完成交易。创业者的收益来自销售利润及其他增值服务,对于个人和小(微)型创业团队来讲,目前比较主流的电子商务创业模式及发展方向有跨境电子商务、移动电子商务、社交化电

子商务、农村电子商务、O2O电子商务（做传统企业的网络代理商）等。

（2）广告服务　广告服务是网络创业中较为常见的类型和商业模式。创业者通过网站建设吸引流量，当网站流量趋于稳定，即网站积累了一定数量的特定客户群体时，就有了生命。此时创业者可以通过出售广告位、售卖产品或服务、开展线上线下活动等形式进行互联网创业，其中广告位的出售是操作最简单、收效最快、利润最为丰富的商业模式，是互联网创业中的重中之重。国内四大综合性门户网站（腾讯、新浪、搜狐、网易）在网站首页、新闻页、邮箱页面等位置都有开辟专门的广告位，广告收入是这些网站实现盈利的重要途径。

此外，随着网络媒体的发展，尤其是自媒体的出现和快速发展，使越来越多的创业者结合自身的兴趣和专业特长创办独具特色的自媒体平台，目前比较常见的有微博、微信、互动社区、讨论群组等形式。由于自媒体是一种个性化和交互性的信息传播平台，在其平台上投放的广告具有目标客户群更加精准、信息实时反馈等传统广告形式难以企及的特点，自媒体广告的传播价值日益凸显，发展空间无限扩大。

（3）会员服务　创业者通过在网络上提供各种差异化的服务来吸引用户注册会员，并向注册会员和用户收取固定的会员费，或者根据注册会员和用户的使用或下载情况收费。例如，创业者开发了一款软件，用户在注册会员后可使用软件的基本功能，但一些增值性服务需向软件开发者提交一定的费用，此种方式在App Store创业（移动互联网应用商店）中比较常见。

（4）劳务技术创业　指创业者利用自己的特长、兴趣、资源和劳动付出，以网络为营销平台或合作平台，提供劳务服务、赚取报酬的创业行为。主要形式有软件开发、文案写作、外语翻译、创意点子、设计美工等。网络劳务技术创业的主要平台有猪八戒网、时间财富网等。

（5）企业信息化服务　创业者通过帮助企业建设、维护、推广网站，代理销售企业的网络产品，为企业网站提供域名注册、服务器托管等服务，为企业提供网络营销策划和搜索引擎优化等服务来吸引企业用户。创业者的收益来自向企业用户收取的服务费或产品销售的利润，如中企动力、铭万网等。

（6）电子商务第三方服务　即创业者为从事电子商务的商家提供相关的服务，如为淘宝店主提供网店装修、模特摄影等服务；为快递公司提供外包服务等。创业者的收益主要来自向客户收取服务费。

（7）广告中介服务　创业者通过创建广告联盟网站给广告主和站长服务，以差价销售广告，获得利润。例如，百度广告联盟、窄告网等。

（8）推介服务　创业者通过在网络上为商家推介产品和服务，以搜索竞排、产品招商、分类网址和信息整合等方式吸引客户。创业者的收益来自付费推荐和提成盈利。例如，hao123、豆瓣网等。

在纷繁复杂的网络创业类型与模式中，比较适合个人和小（微）型创业团队的模式有以下几种：

（1）电子商务创业　电子商务创业简称电商创业，是目前最主流、最适合、也最受青年创业群体欢迎的网络创业形式。据权威数据统计及大量的网络创业实践证实，电子商务是互联网经济中的核心组成部分，是网络经济的发展命脉，甚至在某种程度上承载了网络创业绝大部分的含义和实践意义。

（2）劳务技术创业　结合青年创业者在兴趣、能力、技能等方面的综合特点及当前网络劳务市场的发展状况，现阶段网络劳务技术创业主要包含以下三种模式：① 利用专业技能在猪八戒网（猪八戒网是全国最大的在线服务交易平台，由原《重庆晚报》首席记者朱明跃创办于2006年，服务交易品类涵盖创意设计、网站建设、网络营销、文案策划、生活服务等多种行业。猪八戒网有百万服务商正在出售服务，为企业、公共机构和个人提供定制化的解决方案，将创意、智慧、技能转化为商业价值和社会价值。2011年，猪八戒网获得IDG千万级美金投资，并被评选为中国2011年度"最佳商业模式十强"企业。2019年，猪八戒网位列《2019胡润全球独角兽榜》第224位。）、时间财富网等进行文案写作、外语翻译、创意设计、美工等劳务技术创业；② 做网商的服务商，如电子商务策划、网站代理、网店装修服务、代理快递业务等；③ 以软件开发的形式在网上提供劳务技术创业，如定制性开发、服务收费、搭载广告、增值服务等。

（3）以微博、微信为主要工具的自媒体创业　自媒体创业主要包括两种形式：一是纯线上经营，即自媒体所有人通过媒体内容经营聚集了一定数量的"粉丝"之后，寻找合适的广告主在平台上做广告，实现广告收益；二是效仿明星、名人、大公司CEO等的做法，依托前期在自媒体上积累的人气和个人影响力，通过线下渠道变现。线下变现的方式有很多，如出书、演讲培训、企业咨询，甚至开网店售书等。相比之下，后者对媒体创办人的要求更高一些。另外，线下变现若要发展成常规稳定的经营项目，一般需要媒体创办人具备一定的社会身份，如畅销书作家、大学教授、媒体记者等由此才能将线上线下资源有机对接，实现经济收益最大化。

（4）基于移动互联网App创业　App创业首先需要明确在哪个平台上开发，就目前的情况来讲，主流的是iOS和Android。有很多创业者不清楚哪个平台更适合自己，其实不论是哪个平台，最关键的还是把产品做好。目前比较热门的应用软件主要有手机工具、移动社交、手机游戏、移动电子阅读、移动定位服务、手机搜索、移动支付等。创业者如果自身不具备软件开发能力或者团队里没有这样的人才，也可以采取外包的形式开发相应的产品。此外，基于微信公众平台的应用开发以及Web App、轻应用等形式也可以归为移动App创业的范畴。

（5）做传统商家的网络代理商　做传统商家的网络代理商与O2O电子商务存在较大的关联，目前比较热门的方式有：帮助传统商家在网络上拓展团购业务，并负责团购业务的日常管理工作；为商家在网络上发放各种优惠券（卡），网络代理商向商家收取一定数额的服务费或佣金；帮助商家管理或推广网站；整合相关资源为传统商家提供广告代理业务；运用相应的营销工具帮助商家做好客户关系管理等。

（6）创建并运营自己的网站　创建并运营一个定位准确、内容充实、流量稳定的网站，通过售卖产品、为客户提供广告服务等形式实现盈利。就目前的情况来看，创建一个网站的难度并不大，成本也不是特别高，网站经营成败的关键在于选择合适的商业模式以及创业者的综合策划和运营能力。对于个人和小（微）型创业团队来讲，比较适合的类型有：出于兴趣和爱好创建并运营网站，通过努力经营获取可观的流量，进而吸引广告主投放广告；出于明确的商业目的创建盈利性网站，并以此作为创业的方向和实现盈利的工具；为自己的企业或创业项目进行宣传而创建推广性质的网站，创业者有自己的企业或创业项目，创建运营网站并非纯粹地依靠网站赚钱，而是将网站作为企业宣传的窗口或者项目推广的渠道和方式，从而吸引更多的顾客，实现企业或创业项目的营收。

未来，随着网络技术的升级以及传统互联网、移动互联网、物联网等网络系统的进一步整合，网络创业无论在广度还是深度上都会有更加精彩的表现，也将为众多有志于通过网络平台实现创业梦想和人生价值的创业者带来更多的福音，网络创业将成为社会经济发展的重要引擎。

7.1.3　网络创业的发展趋势

2018 年，中国实现电子商务交易额 31.63 万亿元，同比增涨 8.5%。我们对网络创业的发展趋势有如下判断。

1. 网络创业和实体经济融合创新，发展速度进一步加快

网络创业的诞生和发展冲击着传统实体经济的经营模式，其与实体经济在商业生态系统中的关系从补充发展到竞争，也推动着实体经济商业模式的发展转型。未来，我国网络经济和实体经济将进一步交织、融合、创新，并孵化出新的商业体系与规则。例如，越来越多的网商开始做线下的"实体体验服务店"。

2. 网络创业技术平台向移动互联方向发展

有专家预言，"能被移动互联替代的服务一定会被替代"。可以预测，随着移动智能手机和其他终端设备的普及，人们会越来越依赖于移动互联网，引导网络创业者大范围创新移动互联技术的服务模式，开拓服务产品，谋求盈利发展。

3. 网络创业产业价值链逐步完善

随着互联网技术对日常生活渗透程度的进一步加深，网络创业产业将进一步向纵深方向发展，将逐步形成小前端、大平台、富生态的"信用、支付、物流"生产经营链条。经营领域从生活性服务向生产性服务延伸；服务空间线上与线下相结合；服务产品从单纯的有形商品转向多元化发展。商业模式、产业价值链将获得进一步的完善。

4. 增加就业机会并促进就业方式变革

网络创业同时也创造了数量非常惊人的就业机会,有力缓解了近几年的就业压力,并日益成为创业就业新的经济增长点。同时,不受时间、空间限制,不受年龄、体能约束,不受文化、习俗影响的就业模式,引发了就业方式的新一轮改变。网络化、自主化、家庭化的就业方式将逐渐盛行。可以说,网络创业为无数有志之士带来了巨大的发展机会和广阔天地。

7.1.4 网络创业就业现状

一是总体状况。地区分布,主要集中在中东部地区和地级以上城市,分别占抽样总数的57.4%和85%;行业分布,主要集中在生产性服务业和生活性服务业;职业分布,主要集中在智力密集型、劳动密集型和技术密集型企业。二是运营状况。审批程序,卖家只需经过用户注册淘宝账号等程序,几小时内就可以免费开店;资金筹措,以工商银行佛山支行网商微型企业贷款"易融通"和阿里巴巴的阿里金融贷款为代表,实现了金融创新;物流渠道,已建立了以物流、商流、信息流有机结合的社会化物流配送体系;生产经营链条,已形成了小前端、大平台、富生态的"信用、支付、物流"电子商务生产经营链条。三是创业主体状况。年轻人是网店创业的主力军,男性居多,已婚者居多,分别占76.6%和60.2%;教育背景,高中/技校/中专占33.4%、大专占29.2%、大学本科占19.7%;人才需求,对电子商务营销、管理、技术和法律人才的需求迫切,分别占81%、34%、34%和20%。网络创业者认为,网络创业既降低了成本,提高了效率,增加了利润,又结交了朋友,找到了乐趣。

7.1.5 网络创业就业特点

具有灵活性,即就业方式灵活,就业弹性大、门槛低,创业成本小、范围广,不受城乡地域限制。具有公平性,青年、妇女、残疾人等弱势群体皆可创业就业。具有智能性,具有智力密集、技术密集和劳动密集等特点。具有衍生性,带动了网销、客服、美工等职业,新创了软件、物流、支付等网商服务业岗位,带动了其他生产、加工、包装等行业快速发展。具有自治性,即网商进行自我约束和自我完善,各类商盟自定网规和网民参与评价相结合的机制已开始确立。

7.1.6 网络创业就业趋势

网络创业就业发展速度、规模和效应将不断提升。网络技术将是社会与经济变化的主要技术性驱动因素，电子商务发展对促进中国制造向中国"智"造转型，推动现代服务业发展将发挥积极作用；不仅促进实体经济和互联网经济在交织中融合创新，并孵化出新的商业体系与规则；网络创业服务将更趋个性化、品牌化和精细化；网络创业创意和管理将更趋专业化、高端化和智能化；网络商务服务的诚信度将逐步得到提升；网络创业将促进就业规模不断扩大，就业质量不断提高。

7.1.7　网络创业 SWOT 分析

网络是一个创造奇迹的地方！正如百度、腾讯、阿里巴巴……一大批如李彦宏、马化腾、马云等创业者们，从"一个人（团队）＋一台计算机＋一个创意"起步，创造了一个个互联网商业神话。另一方面，缔造这些神话的只是"草根"一族中的少数人，大量投身互联网的创业者在网络经济泡沫、对未知商业模式的探索和激烈的竞争中失败。网络创业和传统领域创业有什么不同？网络创业是否是创业者新的致富机会？网络带给每一个人新的思维，也带来创业领域新的机遇和挑战，它与传统领域中商业机会所需要的条件存在很大的差异。可以说在某种程度上互联网创造了真正的公平，不用论资排辈，也无须"拼爹"，只要掌握一定的知识和方法，就可能创造一个互联网神话。

1. 网络创业的优势

网络创业作为新型的创业形态，和传统创业模式比较，有着独特的优势。

（1）创业成本低　传统的创业方式需要场地、设备、人员等基本条件和资金投入，个人和小团队创业者开展网络创业项目，起初并不需要太多的资金。创业者凭借敏锐的商业嗅觉、高涨的创业激情加上一台计算机就可以轻松启动和经营网络创业项目。同时，因网络创业的成本相对较低，自然也带来了创业风险相对较小、人员组成相对简单等先天优势。

（2）创业商机多　我国市场经济的发展，推动了国民经济产业结构的变革，第三产业服务业迅猛发展，带来了很多新的需求和商机。网络创业率先以网络新技术为支撑，在服务业以前所未有的速度扩展商业领域，引领越来越多的个人及企业选择借助网络拓展业务，有效促进了多种形式网络创业平台和商业机会的出现。同时推动着人们生活消费的多元化、个性化、网络化。可以预见，随着网络的进一步普及，互联网上展现的商业新机会将层出不穷，会给那些资金少、经验少、资源少的"草根"创业者带来更多的介入契机。

（3）市场空间大　网络无国界，网络无省界。互联网技术的发展消除了地域的限制，任何对象的交流都像是面对面，节省了很多资源。因此每一个上网的人员都是潜在的客户。它突破了传统商业"此时、此地选此物"的时间、空间限制。创业者可以向更多的顾客销售产品或服务。有一位在淘宝网的创业者，一年四季只卖冬装，而且生意一直不错。分析原因才发现，这位创业者做的是全球生意，因为南北半球冬夏交替，一年四季他都不愁没有冬天、不愁没有顾客。

（4）经营时间灵活　实体经济中绝大多数的工作都受到时间限制，很多工作只能在白天进行，甚至还被限制在特定的时间段。但是网络创业完全不同，创业者可以自主安排时间，随时随地利用计算机或移动终端设备开展业务。这一点对于那些既想创业又不想放弃现有工作的人来讲，无疑是非常具有吸引力的。

（5）创业方式灵活　网络创业无特权限制，没有传统创业市场存在的诸多难以逾越的门槛。网络拥有一个公平公正、相对合理的创业环境，只要符合国家关于互联网经济的相关法律法规，创业者可以省去诸多手续，如注册、资质审核等繁杂流程，选择适合自己的创业方式开展商业活动，也可以在学习和生活之余开展业务。

（6）享受自由与成就感　为自己打工，开拓属于自己的事业，历来是多数人追求的梦想。当创业者的事业呈现蒸蒸日上之势，不必再如传统打工者整日为工作和生活奔波劳碌时，就可以享受时间上的自由和丰厚的物质财富带来的充实与满足，以及随之而来的成就感。

2. 网络创业的劣势

诚然，任何事情都具有两面性，尽管网络创业具有很多传统创业方式不具备的优势，但也有一些创业者必须面对的困难。

（1）竞争激烈　网络创业的准入门槛较低，大量具备一定网络基础和创业激情的创业者已经进入了这个领域，竞争环境激烈。就拿开网店的例子来说，创业者在产品选择上很易雷同，经营方式也存在高度相似的状况。一些传统企业也纷纷上网拓展经营渠道，这使得新进入者面临巨大的竞争压力。尤其在电子产品、服饰、书籍等产品的网上零售领域，竞争异常激烈。创业者在赢得更多顾客的同时，也面临更多的竞争对手以及服务和推广层面的同质化竞争。

（2）推广方式特殊　网络创业与传统创业方式一样，只有采取行之有效的宣传方式才能推广自己的业务，实现创业营收。网络创业因平台的特殊性，不具备实体经营场所随时招揽顾客的特点，必须借助网络平台来推广自己的经营项目。而目前通过网络宣传推广的形式和手段比较复杂，对经营者在网络营销常识方面的要求较高。

（3）网络信用环境有待提高　现阶段，基于网络营销而衍生的在线支付、电子协议、物流配送等形式虽然有了初步的规范，但还没有做到全面的法律保护。例如，网上购物、网上劳务技术创业、线上线下的O2O服务等领域，侵犯个人隐私、收钱不发货、提交作品后杳无音信、篡改信用评价等欺诈现象时有发生，部分消费者在经历了一两次被欺骗的事件之后，开始对网上购物或者其他形式的网络体验望而却步，由此导致消费者信心下降，经营者信誉丧失。

（4）电子商务中的物流成本较高　物流成本主要是基于电子商务而产生的。电子商务作为网络创业的重要组成部分，对物流系统形成了较大的依赖。物流包含商品或服务的配、运、送三个环节，必须依托第三方经营实体和运输工具。我国现阶段物流基础设施相对薄弱、物流信息化水平较低、专业人才也比较缺乏，导致物流配送效率低下、服务质量参差不齐，消费者满意度不高。此外，由于城乡跨度大、人工燃油等成本高，造成配送任务十分繁杂，最终导致网络创业者物流支出成本居高不下。这在某种程度上削减了电子商务在便捷性方面的优势。

通过上面的描述，对网络创业的优势、劣势、机会和威胁有了初步的了解，下面用专业的 SWOT 分析工具对网络创业进行分析，如图 7-1 所示。

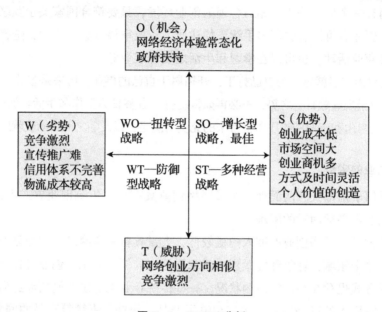

图 7-1　SWOT 分析

其中，S 表示网络创业与传统创业模式相比所拥有的优势；W 代表网络创业当前的劣势；O 代表网络创业面临的外部环境、政策等机会；T 代表网络创业面临的威胁和困难。

需要说明的是，这一分析针对不同的创业者，结果是不同的，针对不同的产品，结果也有差异。此分析提醒创业者要清醒地认识到：

第一，是优势和机会多，还是劣势和威胁多。

第二，通过努力，这些劣势能否转化为优势，威胁能否被排除或降低。

第三，面临不同的优势、劣势、机会、威胁的组合状况，创业者要选择什么样的行动方向、做出什么样的决策。

与传统创业模式一样，网络创业优劣势并存，并非是发财的捷径，同样需要创业者承担风险，同样需要创业者坚持和不断努力才能获得成功。

7.2　电子商务创业的概念、本质及类型

7.2.1　电子商务创业的概念及本质

大量数据表明，电子商务是网络经济发展的命脉。电子商务在中国发展的 20 多年间，

众多具备一定的互联网常识和创业头脑的创业者们从中尝到了"甜头",电商创业也成为社会各界和各大媒体争相赞颂的焦点话题。随着网民人数的逐年增加,市场份额的不断扩大,新兴模式的不断涌现,以及政府职能部门相关扶持政策的密集出台,数以百万的创业者和投资者纷纷涉足电商领域,电子商务创业被冠以无数耀眼的光环。

作为网络创业的核心模式,电子商务创业是依托互联网(包含 PC 和移动互联网)、企业内部网(Intranet)和增值网(VAN, Value Added Network),以电子交易的方式所进行的各类创业活动。在电子商务的创业活动中,亦包括技术、产品服务、财富的创造及个人价值和社会价值的创造等。因此,电子商务创业的本质也是创造。

7.2.2 电子商务创业的类型

电子商务创业可以从多个不同的维度进行划分。从创业所依托的平台来看,可以分为平台型电商创业、垂直型电商创业、品牌型电商创业等;从创业活动中的交易主体来看,可以分为 B2B 电商模式创业、B2C 电商模式创业、C2C 电商模式创业、C2B 电商模式创业、O2O 电商模式创业等;从创业活动所面向的市场和应用划分,可以分为跨境电商创业、农村电商创业、移动电商创业、社交电商创业等。对于个人和小团队创业者来讲,比较适合的模式有在淘宝或者跨境电商平台"速卖通"上开店、做传统企业的网络代理商(在 O2O 模式中创业)等。

7.3 创业意识评估——企业创办前的必要条件

7.3.1 将自己作为创业者来评价

在创业之前,首先要了解什么是企业。根据百度百科的定义,企业一般是指以盈利为目的,运用各种生产要素(土地、劳动力、资本、技术和企业家才能等),向市场提供商品或服务,实行自主经营、自负盈亏、独立核算的法人或其他社会经济组织。现代经济学理论认为,企业本质上是"一种资源配置的机制"。

通过创办企业获取更多的财富和更高的社会地位是很多人梦寐以求的理想,也是受国家政策支持和法律保护的财富增值手段。在全球经济增速趋缓、就业形势空前严峻的社会大背景之下,自主创业成为很多人的选择。尤其是市场空间巨大、创业成本较低、经营方式灵活、国家政策扶持力度较大的网络创业和电子商务创业,近几年来在国内创业者中(尤其是以大学生为主的青年创业者)掀起了不小的波澜。创业者通过自主创业不仅令个人价值得到了充分的发挥,还有效缓解了社会就业压力。

那么作为创业活动中的核心要素之一的创业者应该具备什么样的素质?根据蒙蒂斯的创业理论,创业者至少应该具备"五种素质"和"四种能力",前者分别为健康(身体健康是全身心创业的最基本条件）、承诺（全身心投入企业经营，凡事言必行、行必果）、诚实（诚信经营，打造优秀的企业文化）、动机（动机来自内心强大的目标）、风险（敢于冒险，勇于承担）；后者包含行业知识（做熟不做生，全面深入的行业知识是创办企业的前提）、技术能力（在生产或服务方面的扎实技能）、决策能力（果断的战略决策能力亦表现为创业者的领导能力和人格魅力）、管理能力（包含项目管理、营销管理、团队管理等）。除此之外，还要综合评估自己的财务状况以及最大限度地获得家庭及亲朋好友的支持，这些都是创业的必要条件。

7.3.2 为企业创设一个优秀的构思

企业构思的基本途径主要从两种角度去考虑，一是从创业者的专长出发，将自己在特定领域积累的知识和经验用于创业实践；二是从客户的需求出发，捕捉市场机会，全力整合相关资源满足客户需求。创业者在正式开办企业之前，必须深入了解行业现状并制订出符合客户需求及市场发展趋势的企业构思，并且需要具备将构思转化为计划的能力。

案例1：

游露璐，2009年毕业于上海设计学院染织与服装设计系，现为恬素电子商务有限公司董事长。

她在2008年1月上大三时开始创办网店，通过自身的努力拼搏，从最初的只有三、四名同学做帮手的小网店，发展成一家拥有员工600多人，管理人员近100人，年销售收入8000多万元的电子商务公司——杭州恬素电子商务有限公司。2010年，该公司成功跻身淘宝网女装十强，公司注册的女装品牌"mimius"也成为具有较大影响力的网络品牌。

大三那时的她就敏锐地感觉到，电子商务将会以迅猛的势头在中国发展起来。于是，她尝试着在淘宝网注册了一家女装网店，利用自己平时业余时间多次到一些外贸公司参加社会实践，并利用和这些外贸公司老板比较熟的优势，到他们公司搜罗了一些外贸出口的尾单商品，找了几个本学院平面设计和摄影技术较好的同学帮忙。没有模特就自己当模特，拍照片放到网店里卖了一段时间，生意挺好的。那时修图、客服、售后都请不起，就自己一个人包揽，结果一个月下来竟也赚了七八千元。初战告捷，更坚定了她在新兴的电子商务领域创业的信念。于是，她在学校附近租了一个三居室的商品店，又请了几个平时比较要好的同学一起帮忙，成立了工作室，正式开始做起了淘宝女装生意。

由于自己平时很热衷于参加设计实践活动，寒暑假和课余时间基本都在一些服装公司打工，所以社会经验相对比较丰富，加上自己又是服装设计专业的，有较强的专业能力，而且平时的兴趣爱好比较广泛，涉猎的知识面比较宽，如各种计算机设计软件、摄影、平面设计等，所以很多做电子商务必需的专业性工作，在创业初期，都可以自己亲力亲为来完成，创业的成本相对就比较低，发展的速度也就比较快，到2008年年底店铺信用等级就升到了四皇冠，实现月盈利100多万元。

和传统商业模式相比,电子商务的迅雷不及掩耳之势的发展方式是令人措手不及的。没有核心竞争力,将很难在电子商务领域生存。2009年春节,对她来说是一个很艰难的春节,经常一个人苦思冥想,思考着店铺今后的出路。要避免恶性竞争,走出一条良性发展的道路,唯一的出路就是不再到市场、工厂去拿货,自己设计,自己生产,形成自己的产品风格和特色,降低产品成本。

2009年春节刚过,她毅然将2008年所挣的100多万元,全部投入到扩大店铺规模上去,重新租了一栋300多平方米的别墅做工作室,高薪聘请了三名女装设计师,自己主持产品设计开发,并成立了采购部,自己采购服装面料辅料,外发到加工厂自己生产,实现了产品的设计、采购、生产、销售一条龙。2009年,她的淘宝女装店铺一举实现了销售收入3000多万元,利润突破500万元的业绩,店铺信用等级也达到了五皇冠。

面对战绩,她很清醒,想要自己的事业不断发展壮大,必须走品牌发展战略。2010年年初,她果断将工作室从上海搬到杭州,因为这里的服装产业框架齐全,更加有利于公司的发展。她在杭州萧山注册成立了"恬素电子商务有限公司",租赁了400多平方米的厂房和员工宿舍,注册了"mimius"女装商标。同时,将2009年所赚的500多万元全部投入到生产企业的兼并和控股中,后兼并控股了近20家服装、皮具、皮鞋、牛仔、毛衣、饰品类生产加工企业,拥有生产员工600多人。2010年,公司销售收入突破8000多万元,实现利润2000多万元。

2011年,她又制定了发展淘宝商城和开发打造公司自己的电子商务产品的计划,使公司主营的电子商务产品更加宽广,将女装"mimius"品牌做成中国年轻女性的电子商务消费的一线品牌。

案例2:

苏仁峰,2009年毕业,专业背景为家具设计专业,现为杭州卡咔文化艺术策划有限公司、杭州卓师教育咨询有限公司、杭州网尊电子商务有限公司总经理。

创业,是许多年轻人的梦想,也是一个需要勇气去挑战的目标。历来并不缺乏有志于创业的人,但真正能够在创业的道路上坚持下来并最终做出成绩的人却并不多。创业之路,更多的是未知与艰辛,之后才是收获与喜悦。

毕业之后,当其他同学都在忙着找工作的时候,他就开始了自己的创业之路。一开始,目标也不是很明确,只是感觉到国内电子商务发展很快,尤其是身处杭州这个电子商务之都,氛围更加浓厚。电子商务的发展,会催生一大批的网商,网商服务于网购人群,但网商同样需要很多辅助性的服务。基于这样的感觉,他与几个朋友组建了一个团队,专门挖掘电子商务网商的服务需要,并将它们的需要转变成自己的业务。

在积累了一定的知识与经验之后,2010年他在原有工作室的基础上注册了杭州卡咔文化艺术策划有限公司,专门致力于服务广大的网商与电子商务企业,为企业提供摄影、模特经纪、平面设计、网上店铺装修与第三方运营等服务,并将自己积累的经验无偿地传授给刚进入这个行业的客户。由于团队的努力,公司逐渐成长起来,也开始有了一定的客户基础。

在原有公司的基础上，因电子商务的蓬勃发展以及公司业务需要，他又注册成立了杭州卓师教育咨询有限公司，专门培训与电子商务第三方服务有关的摄影、化妆、服装搭配、数码后期制作等技术性人才。

2011年年初，基于市场需求、自身优势资源与渠道，众多中小企业争相进入电子商务市场，他们又注册成立了杭州网尊电子商务有限公司，专门为中小企业提供电子商务第三方运营服务，帮助中小企业打开电子商务市场。

顾客的成功才是公司的成功，他们一直秉承顾客至上、服务质量制胜的理念。以专业的技术，优质的服务以及真诚的态度回报顾客，伴随着广大网商顾客的成长而获得自身的价值。

创业远不是你想象的那么简单，如果决定创业，就要做好吃苦的准备。没有好的项目，不要轻言创业。诚如战略管理专家迈克尔·波特所言："进入一个有前景的行业是重要的。"团队最重要，志同道合又能力互补的人是最大的财富。要有清晰的定位与切实有效的操作方案，任何计划要实施才有意义。要关注政府政策，创业之初有政府的扶持，将更有可能成功。杭州市有许多鼓励大学生创业的政策与扶持计划，应加以关注。

最后，他想用一句话与有志于创业的同学共勉：有志者，事竟成，破釜沉舟，百二秦关终属楚；苦心人，天不负，卧薪尝胆，三千越甲可吞吴。

案例3：

艾丽华，2008年毕业，专业背景是工业设计（家具设计）专业，现为杭州超拓网络科技有限公司网络运营总监。

杭州超拓网络科技有限公司是一家专注于网络策划，为企业提供专业的网络营销解决方案的互联网应用服务商。公司拥有资深的网络技术人才、完善的网络技术产品和专业的解决方案，能够为企业提供高质量的网站建设、网站推广、网络营销、网络应用技术及完整的电子商务全方位解决方案。

公司创办初期靠网站建设和维护作为基础运营，之后创建了中国现在最具影响力——艺考服务的教育门户网站（至今有5个门户），2011年以《美术之路》杂志为主导项目，已落实分配10个子项目开发，并且有两个项目已申请了国家专利权保护。公司现在已有客户覆盖浙江、江西、安徽、江苏、湖南等省。

创业是艰辛的，但也是人生的一种享受。将创业带动就业，锻炼自身的能力，提升自身的价值观，具备这种能力也将会把公司运营得更好、更快。企业文化是超然不群，开疆拓土。

创办一家属于自己的公司，很难！但是在这个过程中，年轻的创业者学的东西会远远超过同龄人在这个年龄段所要学的东西，一步一个脚印去做，多反问、多想、多尝试、多调研和分析市场，听取有实战性的建议，多拜访一些专业人士和创业导师。做错了或者失败了，不要给自己找理由。对公司团队创业，多以做事来看人，留意身边适合创业、志同道合、看好创业项目前景的人才，因为刚创业没人愿意给你打工，所以，没经验的创业者，初创业时最好选择一个团队，不要孤军奋战，不然失败率会很高。

案例4：

曹懿南，2011年毕业，专业背景是影视广告专业，现为杭州淘婆品牌策划有限公司法人。

从最初一个萌芽的想法，到美术学院挑战杯获奖再到公司的创办仅仅只有半年的时间，或许最初的创业只是一时激情，而去维持和发展一个公司，需要的除了激情还要有更多克服困难的勇气和无限的耐心。

从最开始的一个人到现在的十个人，从最开始的30平方米办公面积到现在的300平方米，从注册至今，又是半年时间。作为一名在校大学生，除了应付公司的各种琐事还要应对学校的课程和毕业设计。其中的忙碌和压力、各种心情、各种滋味也只有自己能够品味。除了有三个给力的合伙人外，还有学校老师和热情学长给予"淘婆"强大的成长动力，如今淘婆品牌策划有限公司已经成功入驻阿里巴巴官方"淘女郎"板块，成功参展义乌文化产品交易博览会，成为杭州大创联盟的会员，积极参与杭州大学生创业联盟的各项活动建设，并在电子商务设计行业拥有一定的知名度和影响力。

"淘婆"是做电子商务一站式服务的公司，主要业务包括网店装修、平面设计、电子商务摄影、视频广告等，作为设计服务行业，仅会做设计、摄影这些事是远远不够的，还需要有对行业的把控能力、策划能力，跟客户良好的沟通能力，并有诚恳的心态、积极的态度。

学校教给的只是工具，怎样去用好工具，是每一个想做好设计的学生的必修课，而这个课程也只有在真正接触客户的过程中才能学到。面对各种各样的客户，各种各样的挑剔，要放下自己的架子，一点点接受。一方面锻炼能力一方面检验自身，在各种挫折中成长和进步。

在校学生应多参加社会实践实习活动，注重培养自己的自信和修养，提升自己的语言表达能力和社交能力。只有过好每一个今天，才会有更好的明天。

案例5：

朱飞，2005年毕业于上海设计学院多媒体专业，现为Arting 365公司（上海）总经理。

2001年，朱飞进入上海设计学院学习，随着专业学习的深入，发现自己作为一名创意者却苦于没有向社会和企业展示自己创意设计的平台，而这样的想法在自己周围的同学身上普遍存在。于是一个想法出现在脑海中，能不能通过网络平台将自己和同学的创意"晒"出来，搭建一个连接创意人群与市场、企业相挂钩的桥梁。

想法虽然有了，但现实的困难却远比想象得多。没有钱请专业人员编程设计，只能自学计算机编程，自写程序开发网络平台；没有钱租用服务器，就将网站挂靠在朋友的服务器上。经过半年的努力，网站终于开通，虽然只建立了最简单的社区，但人气却很快从最初校园里几十人的浏览量发展到每天上千专业创意人群的点击量,这直接导致了朋友服务器的瘫痪,但却看到了网站更多的前景。于是,更换网站硬件、增加网站浏览成了要解决的首要问题。在 2002 年的暑假里,四处兼职打工用积攒下的钱和在老师的支持下,买了一台自己的服务器。

2005 年毕业了,网站每日有超过 200 万人群的点击量,Arting 365 也在业内小有名气了。缘于大学期间的积累,他走上正式的创业之路,开始组建公司、招募团队,正式商业化地进行了运作。

2010 年,Arting 365 形成了为政府企业对接创意服务与将创意产业化应用的经营模式,汇集了国际知名品牌客户群。目前,Arting 365 已成为全球浏览量最大的中文创意门户网站。

【思考与练习】

1. 简述网络创业的概念及本质。
2. 简述网络创业的主要分类。
3. 简述电子商务创业的概念及本质。
4. 简述电子商务创业的主要分类。

第 8 章
职业艺术家指导

  在具有商品经济成分的社会里，市场向艺术家，至少是一部分艺术家提出了挑战，看他们愿不愿、敢不敢、能不能把自己的审美创造与商品交易、市场经济结合在一起。同时市场也为艺术家提供了新的机会。作为艺术院校的大学生，有不少同学计划或将走上职业艺术家的道路。因此对艺术市场有基本的了解，显得十分重要。

8.1 走向艺术市场

8.1.1 市场的挑战

在商品经济社会中，面对市场的挑战，实际上存在着不同类型的艺术家，他们对待艺术市场的态度和由此而来的创作方式是不相同的，以下重点介绍三类艺术家。

第一类艺术家积极地、主动地研究公众口味，创作具有一定主题和技巧、品种多样、价格合理的作品。他们往往受雇于艺术企业或艺术商，或者与艺术经纪人有相对稳定的合作关系，他们的目标对象是具有一定欣赏水平和经济水平的某个消费者群体，他们的想象力和个人风格要与作品的市场销售情况结合起来。例如，美国著名波普艺术家安迪·沃霍尔就是自觉主动走进艺术市场的一个代表。他说过："我最初是一位商业艺术家，是从商业艺术起家的，我希望最终成为一位从事经营的艺术家。在经营上的成功是艺术的最佳境界。"不过这类艺术家应当注意，完全把自己的作品当作商品来创造，是很容易导致媚俗乃至为金钱而丧失个性的情况的。

第二类艺术家创作自己喜欢的而且自认为可以售出的作品，尽管可能还没有人订购他们的作品。他们不受雇于人，对艺术市场并不采取回避或排斥态度。他们想进入艺术市场，但对艺术市场缺乏了解和主动性。他们也想保持自己的创作自由，不愿意使自己的创作过于"商品化"。他们希望能做到既考虑市场的需要，又能尽量保持自己创意构思的主动性和表现的真诚。

第三类艺术家潜心创作风格独特、具有开拓性的作品，他们就是前面所说的"纯粹的艺术家"。他们在创作或者说生产艺术品时，并没有想到要满足他人的购买需要和谋取物质利益。在当前这个被商品经济所包围的生活环境里，这样的艺术家被人称为"清高""天真"的人，然而，他们希望保持艺术这座圣殿的纯洁的愿望，坚持精神劳动的非个人功利性的努力，应当说是难能可贵的。这类艺术家正在分化，商业浪潮的冲击正将他们当中的一些人"拖下水"去，成为走向市场的后来者。当然，他们出售一些作品，也是为了更好地生活和继续创作。也有一些"纯粹的艺术家"的作品因其创造性或其他原因而被市场看好。不过在今天，职业艺术家与商品经济绝对对立变得越来越困难，因为这种对立可能使创作难以为继。

8.1.2 创作（设计）自由与走向市场

在商品经济社会，创作自由与走向市场既是矛盾、对立的，又是在一定条件下可以协调、统一的。职业艺术家服从市场常常会与自己的创作（设计）激情、创造性、想象力相冲突，会影响自己所钟情的艺术主题和艺术表现方法的展现，这是事情的一方面。另一方面，真正的创作自由又是必须以一定的物质条件为基础的，没有物质的保证，精神传达的自由就会受影响，甚至变得不可能。而且面向市场也就是面向大众，为大众服务的艺术创作同样有其美学的规定性和难以限量的发展前景。

艺术史上的例子让我们看到了这种协调、统一的可能性，看到了这样一种行为方式的可能性："通过放弃一些审美自由以便获得经济上的力量，而这力量可以用来赢得更大的审美自由"。例如，18世纪英国画家庚斯博罗热爱"安静的村"而想画"风景画"，然而他发现找不到许多人买他的风景画，所以他的大量作品一直是聊以自娱的速写稿，用以激发和反映自己的一种心情。经济上的困难使他无法充分展开在自己所钟情的风景画上的创作自由，使他无奈地被画肖像的委托"压得"喘不过气来。然而幸运的是，庚斯博罗在肖像画上的投入，使他跻身于世界最杰出的肖像画大师的行列。

又如，法国印象主义大师雷诺阿，在他的早期也经历过经济拮据的日子。他通过复制徽章，为咖啡馆画壁画，画扇面，画宗教画来度日。他是通过面向市场的艺术劳动的报酬来支撑他更遂心愿的创作，而逐渐获得声誉，得到社会承认的。雷诺阿面对拮据的经济需要，终于成功地出售了一幅画，并得以结识一对富人夫妇，即有名的出版商乔治·夏尔潘蒂埃和他妻子，从而大大地影响了他的艺术历程。这对夫妇为那幅画的魅力所折服，委托雷诺阿为他们的大女儿等人画肖像。于是，雷诺阿的经济困难得到了解决，他住在他们城里或乡间的住宅里，接受了订货，绘制了大量的肖像画。当他与这个家庭的联系更稳固地建立起来的时候，也就是他的名声在市场上建立起来的时候，他让自己的作品得到很大的自由，达到了最大胆的色彩效果。这时他的经济资助人和雇主在艺术趣味上与他有了更多的共同点，能够在更大程度上接受他的创造性处理。

再如，我国近代海派大师任伯年尽最大可能处理好市场与艺术、物质生活与精神追求的关系，在他所处时代的上海乃至全国，他都称得上是最出色的双赢的艺术家。在这位以卖画为生的民间画家身上，可以看出其市场形象和学术形象有效的相辅相成的互动关系。尽管在购画者过多时他也有一些草率应酬之作，但纵而观之，任伯年在应对订货时往往能注意倾注艺术激情和社会责任感。他在市场上的成功，又从财力、时间、精力上保证了他那些不直接为商业销售的作品的潜心创作，并促成其具有高度艺术性。大量的订货对任伯年来说意味着更多的艺术实践机会，他不忘在绘制中融入自己非凡的创造性和艺术探索精神，积极地利用市场来实现和证实自己的艺术追求。任伯年的难能可贵之处在于他找到了一种既能满足购画者的需要，又能实现艺术家追求的方式。

我国已进入社会主义市场经济时代，越来越多的艺术家开始认识到，仅仅醉心于"纯艺术"而毫不顾及艺术市场的情况难以适应新的形势和现实，个人采取什么样的态度来对待市场和采用什么样的创作方式，那是由个人不同的主客观条件决定的，是无可厚非的。可以看到的是，社会的发展已经把正视现实、面向市场的问题摆到每一个艺术家面前，它是无法回避的。那么，变被动为主动，对艺术家与市场的关系有一个尽可能清醒的认识，就有着普遍的意义。

8.2 职业艺术家的自我市场形象塑造

一个有实际意义的问题，也是广大有志成为职业艺术家的学生心中的疑问：对一位并不拒绝市场的职业艺术家来说，什么时候进入艺术市场为佳呢？美国艺术市场专家弥尔顿·K·贝莱这样说："时机成熟与否？答案很简单，凡是有人愿意出钱购买你的美术作品，那么出售美术作品的时机就算成熟了。"尽管事情看来如此简单，他还是进而强调："当自己的作品尚未达到一定数量和一定水平之前，最好不要急于出售。"

自觉地以不同方式、不同速度和在不同程度上进入艺术市场的艺术家，都有一个自我市场形象塑造的过程。所谓艺术家的自我市场形象，是指进入艺术市场的艺术家的艺术个性、在艺术市场上的知名度和信誉度所形成的市场面貌。本节就来探讨如何为做一名成功的职业艺术家塑造良好的、鲜明的自我市场形象。

8.2.1 心中有相应的艺术消费受众

在艺术市场，艺术家很少知道自己作品的实际消费对象是谁，也就是说并不知道究竟是谁购买了自己的作品。作品问世后，未必一定能到达作者意欲其到达的特定受众（如果有的话）的手里。而艺术品的实际购买者常常并不知道所购艺术品的真实的创作动机，他们只是按照自己的口味挑选。艺术消费受众的成分构成极其复杂，难以分出明确不变的层次界限。然而，这并不是说艺术品的供应和购买就是一片混乱。事实上，艺术家的创作将要面对的不是单个的对象，而是人数众多的社会公众，而这些公众，即艺术品消费者，正如在前面章节中分析过的，是有着大致群体层次的。层次不同，其购买能力、审美意向和购买趋向是有区别的。一个意欲进入市场的艺术家，想要尽快获取艺术商业上的成功，他可以不在头脑中存在某个假设的特定消费者，却可以而且应当存在着某一群体层次的消费受众，也就是说他在创作时就要考虑作品是适合哪些人购买的。心中有相应的艺术消费受众，这是艺术家市场意识的一个重要内容。"纵使艺术家有完全审美的和职业性的诚实，但一个毋庸置疑的事实——如果他需要通过找到买主而出售作品，或者履行一个委托合同而挣得费用的话，那么他就可能以某种方式试试在他的诚实中找到方法使他的赞助人或顾客满意。有时他将做出自觉的努力取悦这些人，从一开始，他的工作就与他完全自由创作时所会做的不同。"可见，艺术家进入艺术市场范畴而又不失艺术家的诚实，这是一个现实的课题。

年轻的艺术家想要生存和发展就必须要找到自己的定位。而艺术家们本身对物质的贪念也是阻碍自身发展的重要原因。像盲目地跟风，依样画葫芦地做作品都不是长远发展的可行之计。艺术和其他行业一样，要辛苦耕耘才能有所收获，年轻的艺术家更不能认为出自幻想、兴趣、试试看的心态就能一夜成名。能够坚持自己艺术追求的人一定是非常踏实的，甚至是有些固执的那群人。艺术市场上靠实力、创造力和认真的实验态度远大于靠巧合和突发的灵感。

艺术家对自己作品的价格应有一个尽可能符合实际的定位，切莫将自己一次性交易或少数几次交易的结果当成自己的价位标准，也不要同那些艺术水平与自己相仿但已经在市场里有较高价位的同行盲目攀比。艺术品价位是一个相对稳定的指数定位，是艺术家在艺术市场站稳脚跟的标志。初涉市场或入市不久的艺术家，不经过一个有坎坷、起伏、波折的市场检验和考验过程，是不会真正形成自己作品的价位的。艺术家的作品是有一个自然发展的价格爬升过程，这同时也是艺术家的市场形象逐渐鲜明的过程。

8.2.2 具有精品意识

虽然专注于"商品画"之类的作品也能获得一定的艺术商业的成功，就像西方艺术市场上常见到的，一些画家的"商品画"画得又快又有特色，成为他人的范本，名气也不小，但是这些艺术家的市场定位毕竟不高，形象也不够好。因为，艺术家的自我市场形象也是有层次区别的。

为了塑造良好的市场形象，艺术家应当有精品意识，不要与声誉不好的艺术经营企业合作，尤其是刚刚踏入市场的青年艺术家更要慎重。

青年艺术家要保持自己艺术创作水平稳步上升的趋势，对于年轻的新锐艺术家来说作品质量才是硬道理，要严谨地做艺术，好的作品终究会被认可。真正热爱艺术的年轻艺术家，要冷静地站稳立场，不能因为某种风格受到追捧而失去自我，盲目模仿。不要为了谋利而轻率应景，不要制作质量较差的作品。假如有不成熟、不成功的作品流入市场，就需要及时补救。一是回收。对那些除了签名就看不出是出自自己之手的作品，偶尔出现的次品、劣作，重复的、退步的作品，还有材质不好、容易变形变色的作品，要设法尽快收回。二是销毁或改作。画作能修改的，就修改；不能修改的，就干脆销毁，以免劣作继续流传。三是尽量保密。回收措施当然会使艺术家蒙受经济损失，但是它有助于维护艺术家的市场形象和提高艺术家作品的精品率，从长远看还是合算的。要知道有经验的艺术投资家和收藏家只盯精品。许多具有精品意识的艺术家不让自己不满意的作品流入市场，体现出真正艺术家的社会责任感和献身艺术的精神。

精品意识的另一个表现就是要努力创作富有创意性，又为一定艺术消费者所接受的高质量作品。这是精品意识的重点。荷兰画家伦勃朗1632年来到阿姆斯特丹不久就有了名气，这在很大程度上是因为他成功地完成了杜普医生的订货：画一幅群像。那就是后来载入艺术史册的名画《杜普医生的解剖课》。类似题材的传统画法，是让被画人明显地摆出姿势，排成一排，人物之间的情节联系几乎看不出来。伦勃朗的画法则是创意性的，他把画处理成医学院的学生们正听杜普医生讲解的情节性场面，有些听讲者似乎被观众的出现所惊动，在向观众窥视，既表现了解剖学课，同时又是群像画。"对这幅画的崇高评价为大师吸引来大量的订单。"荷兰画派的许多作品都是顾客订货，换句话说，是商业性的，但其中不乏精品。

此外，精品杰作的粗糙复制品，如名家名作数不清的低劣的印刷品，或者被大量的仿作，都会贬损原作，造成受众的错觉和冷淡，从而在实际上降低原作的声誉。这是不可不引起警惕的。

8.2.3 形成鲜明的风格

艺术家树立鲜明的、良好的市场形象的重要条件之一，是要具有自己的艺术风格，保持自己的艺术创作独立性。专家指出："在艺术创作中，艺术家应成为自我表现的主宰，要具备充分的胆量和勇气去探索个人的传达特点，以超越和突破的手段来寻求和建立个人表现风格。"一个艺术家的作品在市场上的命运如何，取决于许多因素，但是作品本身是否具有新颖动人的审美感染力始终是至关重要的。人们对没有个性的作品容易生厌。

风格作为艺术家创作的独特标志，作为艺术家成熟的标准，本来就应当具有相对的稳定性。艺术市场要求艺术家的风格变化不要太快。艺术经营商把一个艺术家推向市场，要花费大量的资金"包装"宣传，经过不少时间和诸多努力，才能使其作品形成市场定位，并得到艺术消费受众的认可。假如艺术家的创作总是在千变万化、随心所欲，顾客就无法把握其风格趋向，因而不敢购买其作品。所以，从市场的要求看，艺术家的风格变化要慎重。即使变化也要让人仍能认出是谁的作品，同时有关艺术经营商要配合以一些必要的操作手段，如解释、宣传等，避免失去消费者。艺术大师毕加索的情况似乎有些特殊。他多才多艺，灵感频闪，一生都在不断地探索、创新，他以自己的艺术创作个性和魅力，制造艺术趣味，影响艺术市场需要。然而，他的风格变化是以他的名声为前提的，也就是说借助于"名人"效应，同时这些变化之间并非没有联系。同时，他的艺术商业的成功也得益于他的经纪人凭借雄厚经济实力所做的有远见的投资，还有艺术批评家、新闻界友人的帮助。2010年5月，毕加索1932年的名画《裸体、绿叶和半身像》在纽约拍出1.06亿美元的天价，刷新了世界名画拍卖史的最高纪录，再次证明这位大师令人瞩目的市场形象的效应。

8.2.4 注重自我"包装"

走进市场的艺术家，仅靠自己在艺术创作上下工夫，或者被动地等待、盼望得到他人的赏识，是难以尽快树立自我市场形象的。这就需要自我推出、自我"包装"，在这方面主动、积极的努力对于艺术家参与艺术市场的竞争是有意义的。"包装"说到底就是美化，只是要注意不要背离实际情况。日本艺术家村上隆说过："Damien Hirst 也付诸行动，在21世纪，艺术家必须懂得利用商业手段来延长自己的艺术生命。"艺术家想要进入市场，那必须要学会如何经营自己。毕加索说："一个大师必须要懂得经营自己，要不然称不上大师。"

第一，与艺术代理商合作。即艺术家借助合适可靠的代理商的客观有利条件和市场信誉，宣传自己。以举办美术展览为例，西方的画廊遵循正规运作程序，是很重视宣传、包装所推出的艺术家的。展览往往准备得很充分。彩色精印的展品目录、请柬、海报，介绍详细而有重点的展览资料，宽敞的展厅，再加上盛大的酒会，彬彬有礼的接待，起到很好的包装美化的作用。无论是由画廊出资，还是由艺术家本人筹集资金或寻求赞助，出一本画册对于宣传艺术家都是非常重要的。专家指出："美术家的代表作品选集（通常被看成是一本'书'）实际上是他（她）的样品册，因而只应包括最好的作品，以最吸引人的方式、效果最佳的状态展示出来……在挑选代表作时，记住质量比数量更为重要，更值得考虑，稍微有些勉强的作品都应去掉。"在编排、印刷上要注意作品集的外观和作品的排列组合，把最出色的作品放在最前面。每页只展示一张作品。积极参加展览是年轻艺术家的一个突破口，在参加一定数量的优质展览后，会在市场上建立一定的地位，让更多的策展人和画廊注意到你，为进一步发展提供多种可能性。

第二，与艺术批评家合作。即聘请合适的艺术批评家，最理想的是聘请了解自己的权威艺术批评家为自己撰写专论专文。艺术家要积极地向他们提供有关自己艺术经历、创作成就和创作特色的资料，介绍自己的艺术观念和创作构想，以便文章更加具体生动和有吸引力。艺术批评家可以从理论上和艺术定位上完善艺术家的观念、构想，并加上自己的恰当评语，帮助艺术家树立市场形象。这种"包装"有益于提高艺术家的名声，使他们从艺术品交易中获益。

第三，与新闻传媒合作。艺术家可以争取报刊、影视、广播等新闻传媒的专访和介绍，利用新闻传媒信息传播快、受众面广的特点，迅速扩大自己的影响，打造市场。同时，也可利用新媒介如网络、微博、微信等平台进行自我宣传。在国外这种合作很多是商业性的。现在国内报刊等传媒也开始以广告版的形式，提供这种商业合作的方式，同时在作品思想倾向上把关。

第四，广交朋友，扩大知名度。一个艺术家只有先经营好自己的人脉才能更好地为自己的艺术发展做规划。这是指要以各种方式扩大社交范围。美国艺术市场专家、纽约州教育部特别顾问贝莱曾谈到艺术家如何主动、积极地开展公关，以提高自己的知名度："谈论你的作品，一有机会便谈论艺术和你的得意之作，积极参加那些使你有机会跟其他人交流的团体和组织。做艺术讲演，如果可能，应当设法在当地美术院校或美术成人教育机构任教，这样会有利于扩大你的知名度。撰写有关自己作品的文章，当地的报纸是提高你的声誉最强有力的工具。"在西方艺术市场上，艺术家常接受委托制作，就是按签订的合同要求来制作美术品，如为委托人画肖像。"如果你想替人画像卖钱，就应在那些付得起钱的人中间传播你的名声……最难的就是寻找第一个顾客。一旦你能拿出一件像样的作品，又有一个对你的作品相当满意的顾客替你宣传，则你的生意就会源源不断。"

8.2.5 保持艺术家的人格

艺术商业首先是商业，塑造艺术市场形象的宗旨也与物质利益相联系，这是没有疑义的。正因为如此，进入艺术市场的艺术家倘若没有自觉的精神追求，就有可能蜕变成金钱的奴隶，而最终也损毁了自己的形象。我国著名画家吴冠中提醒画家不要在卖画过程中将人格也卖掉，呼吁艺术家珍惜自己的人格。

首先，走向艺术市场的艺术家不要制造假作、伪作。艺术市场也有一个防伪打假的任务，而且是国际性的。真诚的艺术家深恶痛绝制假造伪这种扰乱艺术市场、坑害艺术消费者的不道德行径，而且自己决不参与其中。还有一种情况是因作品卖得好而不断复制，这也为真诚、严肃的艺术家所不屑，而且这种行为必将损毁艺术家本人的声誉。

其次，艺术家要丢弃虚伪和盲目自尊。前面已经谈过，在市场经济社会里，无论古今，以艺术劳动和智力劳动换取报酬是没有什么可指责的。进入市场的艺术家要了解市场的规律，正确看待自己的作品价值，不要羞于言价，不敢理直气壮地争取自己的权益，也不要不顾实际地过分抬高自己，因为这都不利于塑造自己良好的市场形象。艺术家自我感觉的"门面价"并不等于其作品实际的市场销售价。一些入市艺术家在商业性展览会的结束那天，为多卖几幅作品来弥补展览费用，以大降价的方式抛售，这可能使自己名声扫地，并且会扰乱市场的价格秩序，因而是不可取的。

再次，艺术家要信守合同。这是指签订合法的合同，并严格遵守、履行合同。有的艺术家在与代理商签订作品展销长期全权代理合同后，瞒着代理商私下向收藏家直销自己的作品，侵犯代理商合法权益，这是违法的，也是不道德的。艺术家应当知法守法、道德自律。艺术家应当了解一些有关的法律知识，才能遵守法规，避免触犯法律。这就是所谓的"防患于未然"。而艺术家的道德自律也可以借助于艺术家的行业规则。例如，在美国，美术家应当遵守的行业准则有：公平交易准则，由美国插图家职业道德联合会、艺术总监俱乐部和美术家协会共同制定；美术品经营准则，在公平交易准则基础上制定；道德准则，由美术家衡平法（即主持公道）联合会的美术家们共同商议签署。

总之，市场是严酷的，丧失人格的艺术家迟早会被市场，尤其是健康的高层次艺术市场所淘汰。近代中国美术史上的杰出画家任伯年，他在上海画市凸显的形象是如何塑造出来的呢？除了得益于胡公寿等人的匡助外，任伯年本人也从各方面做出了不懈的努力：其一，以服务于购画者为宗旨，坚持以满足买主需求为主的基本态度和艺术取向；其二，树立精品意识，进行创造性艺术实践；其三，形成自己鲜明的艺术风格，这是一种清丽新巧、雅俗共赏的风格；其四，具有严格的自律精神，营建高尚的人格、艺德。任伯年是艺术家自我市场形象塑造方面的一个成功范例。

附带说明：入市艺术家还要有风险意识和一定的危机感。在竞争激烈的艺术市场中，以出售作品谋生并求发展自然不会一帆风顺。美国人利奥·卡斯蒂里无疑是世界上最成功的艺术商之一，但即使由他代理的艺术家也一样有风险。他曾说过："在我的画廊中有很多艺术家都没有成功。有一些是从未成功过，另一些则是花费了很多年的时间，直到最后才逐步实现成功。"艺术家要有在市场中奋力搏击、一显身手的进取心，要有面对挫折的心理承受力，要有不骄不躁的态度、坚持不懈的毅力和奋斗自励的精神。

8.3 职业艺术家的公关意识

公关与市场的关系普遍被商界人士所重视，想要进入艺术市场的职业艺术家也必须具有积极的、开拓性的公关意识，故本节重点探讨作为一个职业艺术家所需具备的公关意识。

公众是对艺术经营活动具有现实的或潜在的利益关系或者一定影响力的群体或组织。为了建立和优化艺术家自己与对其感兴趣或有可能感兴趣的公众之间的信息交流和感情交流，艺术家有许多事情可做。

与中间商、艺术品经营者建立相互了解、愉快合作的良好关系，实际上也属于艺术家公关的范围。同时，艺术家应当把有关自己及作品的宣传事务送交合适的、可行的宣传代理，也就是说他对宣传工具、宣传方式、宣传时机应当有选择，以便更好地向公众传递信息，增进公众对宣传内容的理解，加强宣传效果。艺术家也要注意自己在宣传媒体中的"亮相"，注意怎样通过这些信息传播来联络与公众的感情，顾客的愉悦的感情、美好的印象往往会转化为对艺术家作品的需求。艺术家的另一种公关方式是为公众提供艺术服务，如辅导群众美术活动。此外，艺术家积极参加一些社会活动也是常用的公关方式。例如，参加社会福利活动，为残疾人义卖，为救灾活动捐献艺术品乃至捐献钱物，参加大型企业的庆典活动等。

还有一种方式就是广交朋友。无论艺术圈内的朋友，还是艺术圈外的朋友，真诚的朋友关系对艺术家的发展和市场运作，都是有益的。例如，雷诺阿1878年以其作品——《夏尔潘蒂埃夫人和她的孩子》而获得成功，他的艺术声望和艺术市场定位是靠着他的社交关系而得以最后完成的。夏尔潘蒂埃夫人是福楼拜、左拉和杜德作品的出版商的妻子，她的沙龙是当时法国许多知识界名流和政界人物经常涉足的高雅聚会场所。她利用这种有利条件，为雷诺阿和她自己的肖像画进行了热情的宣传，帮助了画家进入市场，使他的作品"流行"起来，从而使许多人看出，雷诺阿实质上是个极其细腻的艺术家，他是能够满足那些资产阶级主顾的趣味的。又如，毕沙罗与高更的友情也帮助了毕沙罗度过经济难关。高更当时在巴黎的证券交易所有一份高薪工作，他购买了毕沙罗的一些作品，经常借钱给毕沙罗，并且还在汽车商当中为毕沙罗找了委托关系，帮助他适应市场、打开局面。

8.4 与艺术商界的合作

职业艺术家本人一般不是艺术商业的实际操作者,艺术家进入艺术市场通常是经过艺术经纪人、代理商或艺术经营者这些艺术商业中介,因而有必要探讨一下艺术家与他们合作的关键性程序。

艺术家应该首先有一个自我定位,认真想一想自己的作品大致适合哪一类画廊或艺术商,自己能为这种合作尽什么义务,自己想让对方代理些什么和承担什么责任,自己期望这种合作有什么样的结果,然后再开始选择合作者。艺术家应当选择适宜、可靠的精英艺术企业或艺术代理商作为自己的合作伙伴。适宜指的是合作者的条件与自己的主客观条件相适应。著名美术家和一般美术家选择的画廊往往是有区别的,这样做比较容易获得艺术商业上的成功。可靠指的是信誉。商界良莠不齐是常态,艺术商界也同样如此。职业艺术家应选择信誉可靠、讲商业道德的商业合作者,为合作打好一个基础。无论是艺术家主动出击还是合作者找上门来,艺术家都应当争取选择的主动权。

1. 了解自己活动范围内有哪些艺术经营企业和经营者

调查了解经营企业和经营者各自的经营范围、经营对象和经营特色,以及他们的经营状况和信誉。

2. 挑选可能合作的精英艺术企业和艺术代理商

选择往往不是一次成功的,可能有多次的尝试、比较。可以先行接触,谨慎地了解和试探,看看自己的作品与该艺术经营企业是否协调。当然也不妨先试试有名的艺术企业,碰碰"运气"。不过应当有一定的思想准备,碰钉子是难免的。

3. 尽可能做好会面准备

在会面前要全面而有重点地准备好有关材料。例如,作品集、幻灯片、生平简历、艺术经历、参展资料、参赛资料、获奖证书、图片资料,权威艺术批评家的评论文章等,提供时要有主次、重点。

4. 妥善谈判

第一,应有友好合作的态度。第二,争取合理的、尽量有利的合同条件。艺术家要有自我权益保护意识,多关注艺术法律条文和有关知识产权保护条例。第三,签订合同。艺术家与代理商的合作关系一旦商定,要以经济合同的方式体现出来。需要强调的是,艺术家在任何情况下将自己作品交给艺术经纪人的时候,都要记得索取有接收人签字的作品接收单或收据。第四,合同到期,在调整的基础上签订新的合同。艺术家本人的情况会有变化,如艺术水平提高、作品市场价位上升,艺术市场的行情变化。当一个合同期满后,艺术家应当对可能的新合同提出新的权益要求，对原有的合同做必要的调整。

艺术家徐冰在《给年轻艺术家的信》中写道："我一直认为，想要做一个艺术家，首先要做的事是把艺术的道理、艺术是怎么回事搞清楚。具体说就是身为一个艺术家在这个世界上是干什么的，他与社会文化之间的关系是什么，更具体地说是你与社会构成一种怎样的交换关系。你要想成为一个以艺术为生的人，就必须搞清楚你可以交换社会什么，社会才能回报予你……。我认为有价值的部分是通过作品向社会提示了一种我的有价值的思维方式以及被连带出来的新的艺术的表达法。这种新的方式是人类所需要的，所以形成了可出售的价值，才能构成交换链。这种新的方式的被发现源于有才能、对其所处时代的敏感及对当下文化及环境的高出常人的认识。所以说好的艺术家是思想型的人，又是善于将思想转化为艺术语言的人。"

案例1：

张飞，中国美术学院2006届油画专业本科毕业生，现为职业画家。从大二开始他就在校外做兼职，毕业后的他，本可以坚持已有的工作，获得50万的年薪，但他选择了职业艺术家的道路。这条路是辛苦的，张飞虽没有经济上的困难，却面临着心理的纠结、折磨。有一段时间，他常常会质疑自己为什么会选择做职业艺术家，而变得不坚定。最终，坚持还是为他带来了成功。

2008—2010年，张飞签约美国Weinstein Art Management艺术经纪公司，2011年回国发展。他的多件作品被北京时代美术馆、刚泰集团、上海刚泰文化发展有限公司、上海大东方艺术中心、美国Weinstein Art Management艺术经纪公司等机构收藏。2014年，他的作品《是谁让玫瑰散落了一地》拍卖了89.7万元人民币。

案例2：

高桂子，中国美术学院2012届硕士毕业生，现为职业画家。1998年中央电视台《讲述老百姓的故事》栏目播出其个人历程专题报道；1999年参加中国美术馆"99全国青少年优秀作品展"（此书法作品被中国美术馆藏）；2006年她的作品入选首届中国当代学院水彩艺术展；2009年油画作品《时空——幻》入选第十二届浙江省美展；2010年4月艺术杂志《艺术财富》有她的专访栏目。尽管如此，毕业后的她也曾迷茫，面对经济的压力，是工作还是继续坚持画画成为了她的难题。她是热爱画画的，她相信只要坚持自己的梦想一定可以收获成功。

2010年，高桂子与法国HADRIEN DE MONTFERRAND画廊签约合作；2011年美国费城报纸对其进行两次报道。目前，其每幅作品成交额约10万元人民币。

【思考与练习】

1. 要成为一名职业艺术家，应该具备哪些素质？
2. 参与一次艺术品展卖活动，了解艺术品市场。
3. 借阅一册关于艺术法规的著作。

附 录

1. 部分就业网站网址

新职业（全国大学生就业公共服务立体化平台）	http://www.ncss.org.cn
中国大学生就业网	http://www.hero163.com
中国国家人才网	http://www.newjobs.com.cn
中国人才网	http://www.zhonghr.com
中国人力资源网	http://www.hr.com.cn
中华人民共和国教育部网站	http://www.moe.edu.cn
中国大学生就业信息网	http://www.jyxx.com.cn
中国高校就业联盟网	http://www.job9151.com
中国高校人才网	http://www.dxdx.cn/main
中国人才热线	http://www.cjol.com
中华英才网	http://www.chinahr.com
中国劳动网	http://www.labournet.com.cn
21世纪人才网	http://www.21cnhr.gov.cn
应届生求职网	http://www.yingjiesheng.com
前程无忧	http://www.51job.com
智联招聘	http://www.zhaopin.com
北京人才网	http://www.bjrc.com
上海第一人才网	http://www.001hr.net
浙江人才网	http://www.zjrc.com
北京高校毕业生就业信息网	http://www.bjbys.net.cn
上海高校毕业生就业信息网	http://www.firstjob.com.cn
浙江省大学生网上就业市场	http://www.ejobmart.cn
中国海峡人才网	http://www.hxrc.com
江苏毕业生就业网	http://www.jsbys.com.cn
杭州市毕业生就业创业网	http://www.hzbys.com

2. 五大顶尖国际设计赛事简介

（1）纽约艺术指导协会（ADC）年奖　国际上最为久远、最为盛大的设计与广告赛事。始创于 1921 年，每年都吸引着全世界数万名优秀设计师的参与。内容涉及平面设计、平面广告、书籍装帧、包装、摄影、插图、影视广告、多媒体及网页设计等领域。ADC 年度奖获奖作品每年从纽约出发，在北美、南美、欧洲和亚洲各国的一些著名的艺术院校、画廊进行巡回展出。该展览收录了 ADC 年度奖金奖、银奖和铜奖的全部作品，这些作品凝聚了当今世界顶级设计师的创意精华。ADC 年度设计奖已经成为全世界设计师交流的舞台，并能够准确传达当今世界设计领域的新趋势。

（2）D&AD 奖　D&AD 奖项几乎遍布各个创造性交流的领域，从写作、艺术创作到建筑、绘图设计、音乐音频和摄影。每年都会吸引来自世界超过 23000 人参加，包括一些诸如设计、室内工作室、建筑实践等团体。

D&AD 提供给创造性团体一个可以让其作品被评论家判断选择的机会。

（3）One Show 广告奖　One Show 广告奖是由美国 One Club 于 1975 年创立和主办的广告大奖。One Show 广告奖的评委都是在国际享有盛誉的精英创意总监，他们组成的强大评审团阵容，决定了这个广告奖项在广告设计、文案等方面的权威地位，它赋予广告人非凡创意的最高荣誉。今天，获得"One Show 金铅笔"已经成为广告创意人员职业生涯的终极成就，甚至成为他们毕生的追求，而他们的作品更成为全世界灵感的源泉。

随着 One Show 声誉日长，One Show 涉及领域也日益扩大。1994 年，One Show 创立了其教育部门，并设立了年度最佳学生作品展，体现了 One Show 着眼于未来的做法，也使 One Show 成为世界权威级广告大奖中唯一注重学院风格的奖项。也正是基于这种远见，各种网络互动类作品早在 1996 年就出现在 One Show 中，这些门类的作品迅速受到重视并成为独立的广告奖项。1998 年，One Show 互动奖被《广告时代》命名为历史最佳互动广告奖。

如今，One Show 奖项设置分为 3 个类别：The One Show（平面、电台和电视广告奖）、One Show Interactive（互动广告奖）及 One Show Design（设计奖）。同时还设有 One Show 短片奖、One Show RX 医疗广告奖、院校竞赛奖等。

（4）SEGD　SEGD 是一个非营利性的国际教育组织，主要为在环境图形设计、建筑设计、景观设计、室内设计和工业设计等领域的设计师们提供资源。SEGD 的成员都是在环境标识设计、展台设计、主题环境设计等方面非常优秀的设计师。

从 1998 年开始，SEGD 每一年都会评选出优秀的设计作品，并且在春季召开的 SEGD 成员会议上宣布，作品也将在随后的展览中展出。

（5）Gold Bee　自 1992 年创立的 Golden Bee 俄罗斯莫斯科金蜂国际平面设计双年展，每届都吸引着世界各地的设计师参赛，参赛作品涵盖了平面设计、海报、字体、环保图形等类别。该赛事旨在加深国际交流，增加设计的文化附加值，提升行业的创造力，展示当代视觉文化的发展趋势。每届比赛获奖作品均会作大规模展出，通过展览促进世界范围的合作，逐渐提升设计水平和设计行业的潜在能力。

3. 其他国际设计赛事

1）纽约字体指导俱乐部年奖（NY TDC Awards）
2）传递艺术年奖（"Communication Arts" CA Awards）
3）图形艺术年奖（Graphis Awards）
4）欧洲艺术指导俱乐部年奖（Art Directors Club of Europe）
5）媒介平面设计大赏（Media Graphic Design Awards）
6）DAF 国际大学生反对皮草设计大赛
7）中国台湾国际创意设计大赛
8）克里奥广告奖（Clio Awards）
9）纽约广告奖（The New York Festivals）
10）莫比斯广告奖（The Mobius Advertising Awards）
11）伦敦广告奖（London International Advertising Awards）
12）艾匹卡广告奖（Epika Awards）
13）亚太广告奖（Asia Pacific Advertising Festival）
14）时报广告奖（Times Awards）

参考文献

[1] 浙江省教育厅. 大学生就业指导[M]. 4版. 杭州：浙江科学技术出版社，2009.
[2] 孙天祥. 大学生职业发展与就业指导读本[M]. 北京：高等教育出版社，2008.
[3] 牛维麟. 国际文化创意产业园区发展研究报告[M]. 北京：中国人民大学出版社，2007.
[4] 高桥，葛海燕. 大学生就业指导[M]. 北京：清华大学出版社，2009.
[5] 陶书中，徐耀生. 大学生就业指导案例教程[M]. 成都：电子科技大学出版社，2008.
[6] 王林，吴健巍. 大学生就业指导[M]. 天津：天津科学技术出版社，2009.
[7] 刘开明，张国锋. 就业指导[M]. 兰州：兰州大学出版社，2008.
[8] 湖南省教育厅毕业生就业办公室，湖南省大中专学校信息咨询与就业指导中心组. 大学生职业生涯规划与就业指导[M]. 长沙：湖南教育出版社，2007.
[9] 高校教材编委会. 大学生就业指导[M]. 长春：吉林大学出版社，2008.
[10] 马良. 创业实训通用教程[M]. 北京：高等教育出版社，2009.
[11] 钱晓，李增秀. 大学生就业指导[M]. 北京：科学出版社，2009.
[12] 高振强. 大学生创业管理教程[M]. 北京：科学出版社，2009.
[13] 宁佳英，大学生职业生涯规划[M]. 广州：华南理工大学出版社，2009.
[14] 王静明，刘秀红. 关于大学生创新能力培养的思考[J]. 沧州师范专科学校学报，2008 (3)：72-73.
[15] 陆伟家，张厚军，施险峰. 大学生科技创新与创业能力的培养途径[J]. 南通大学学报：教育科学版，2008，24 (2)：77-79.
[16] 丁伟民，何伏林. 基于创业教育理念的高校企业家精神教育研究[J]. 现代教育科学，2008 (7)：91-92.
[17] 应焕桃. 大学生创业存在的问题与对策思考[J]. 中国科教创新导刊，2007 (18)：12-13.
[18] 张炳申，何亦名，罗磊. 中外创业教育的发展及其对我国高等教育的意义[J]. 高教探索，2007 (1)：73-75.
[19] 潘晓蕾. 美院学生自我发展的特点[J]. 高校思想政治工作，2008 (6)：35-36.
[20] 裴琦丽，吕继仁. 决胜网络创业[M]. 北京：中国劳动社会保障出版社，2014.
[21] 金海燕，白巍. 引爆网上创业[M]. 杭州：浙江大学出版社，2013.